15 TEMMUZ SIRLARI

HAKAN AYGÜN

15 TEMMUZ SIRLARI

HAKAN AYGÜN

Genel Yayın Yönetmeni
Murat KAPLAN

Kapak Tasarım
Eray AKTAŞ

İç Tasarım
Serdar KÜÇÜKDEMİRCİ

Baskı-Cilt
Alioğlu Matbaacılık Basım Yayın ve Kağıt San.Tic .Ltd. Şti.
Fatin Rüştü Sok. No:1/3A
Ortamahalle Mah. Bayrampaşa / İstanbul
Tel: 0212 612 95 59
Matbaa Sertifika No: 11946

Siyah Beyaz Yayınları
Kayışdağı Mh.Baykal Sk.
No:50/1 Ataşehir / İstanbul
Tel: 0 216 660 10 53
Yayıncı Sertifika No:14813

İstanbul 2017

www.siyahbeyazyayinlari.com
"Okuma alışkanlığınıza renk katmak için..."

15 TEMMUZ SIRLARI

HAKAN AYGÜN

ÖNSÖZ

15 Temmuz gecesi, aklıma önce, rahmetli Levent Kırca'nın sadece TRT'ye el koymanın yeterli olamayacağını anlatıp, olası darbecilerle kafa yaptığı "darbe parodisi" geldi.

O zamanlar "acaba darbe olursa nasıl yapılır" diye düşünmüştüm.

"Herhalde Türksat ele geçirilerek tüm kanallar susturulur, Telekom ele geçirilerek internet başta tüm iletişim ve uydu bağlantıları kontrole alınır"dı.

Darbeciler bu kadarını akıl edememiş veya becerememiş; sanki tek kanallı 1980'deymişiz gibi TRT'ye gitmişlerdi. Bir de, ne gerek varsa, Boğaz Köprüsü'ne!

Keşke Levent Kırca yaşasa ve parodisini yenileseydi!

Neyse ki, yeni nesil mizahçılar vardı!

Ekşi Sözlük'te **"Alseloz"** adlı yazar, verilen ifadelerden yola çıkarak, yaşananları mizahi bir dille muhteşem özetledi:

"Tümgeneral Mehmet Dişli: Komutanım şu evrakı imzala.

Genelkurmay Başkanı Hulusi Akar: Ne belgesi manyak mısınız lan siz!

Dişli: Seni Genelkurmay başkanı yapacağız

Akar: Ben zaten genelkurmay başkanıyım.

Gen.Kur. 2. Başkanı: Ne oluyor burada?

Dişli: Darbe oldu

2. Başkan: Ne darbesi lan?

Dişli: Ne bileyim, öyle bir söylenti var.

Akar: Nasıl söylenti var. Bana evrak imzalatıyordun.

Dişli: Bana imzalat dediler.

2. Başkan: Kim dedi?

Dişli: Bilmiyorum, tanımıyorum.

Akar: Ne olacak o zaman?

Dişli: Biz sizi bir tutuklayalım, sonra bakalım.

Akar: Sıkmazsan şerefsizsin.

Dişli: Neden sıkayım?

2. Başkan: Darbe var ya...

Dişli: Ne darbesi, kim yapmış?

Akar: Manyak mısınız siz lan?

Yaver: Herkes yere yatsın, Akıncı'ya götüreceğim sizi

Akar: Neden?

Yaver: Darbe var.

2. Başkan: Kim yapmış?

Yaver: Neyi kim yapmış?

Akar: Darbeyi.

Yaver: Ne darbesi?

Dişli: En iyisi Akıncı'ya gidelim.

Akar: Öztürk Paşa da oraya gitsin.

Yaver: O orada zaten.

2. Başkan: O mu yapmış darbeyi?

Yaver: Ne darbesi, darbe mi olmuş?

Akar: Kalkın Akıncı'ya gidelim, yoksa kendimi keseceğim.

(Akıncı'ya geçildikten sonra)

Akın Öztürk Paşa: Komutanım hayırdır.

Akar: Ne hayırdır?

Öztürk: Ne işiniz var Akıncı'da?

Akar: Siz getirdiniz ya.

Öztürk: Biz neden getirtelim sizi?

Akar: Darbe olmuş ya.

Öztürk: Ne darbesi?

Akar: Ebenin.. Neyse, sen ne arıyorsun burada?

Öztürk: Darbecileri ikna etmeye siz gönderdiniz ya.

Akar: İşte darbe diyorsun, kim yapmış?

Öztürk: Ne darbesi?

Akar: Allah'a imanı olan biri beni vursun.

İmam: Sonra kanlı darbe yaptılar desinler de mi, yemezler.

Akar: Sen kimsin ulan?

İmam: Ben Hava Kuvvetleri imamı.

Akar: Tamam sakinim... Öztürk Paşam diğer paşalar nerede?

Öztürk: Düğündeler hocam.

Akar: Haberleri yok mu?

Öztürk: Neden haberleri yok mu?

Akar: Yok bir şey Öztürk, yok bir şey.

Öztürk: Komutanım birazdan diğer paşaları da getirecekler düğünden.

Akar: Kim getirecek?

Öztürk: Darbeciler.

Akar: Öztürk buradan sağ çıkalım seni, Dişli'yi ve o yaveri, bu imamın evinde... Tövbe tövbe.

Öztürk: Yav Yaşar, sen ne arıyorsun burada?

2. Başkan Yaşar Güler: Zorla beni buraya getirdiler.

Öztürk: Kim getirdi?

2. Başkan: Darbeciler.

Öztürk: Darbe mi yapmışlar?

Dişli: Ya birileri bir şeyler yapıyor ama kimse bilmiyor ne olduğunu.

Yaver: Ya komutanım... Ne oldukları belli olmayan adamları en yakınlarına getiriyor bizim komutanlar, sonra ne oldu...

Akar: O 1 dolarlar ne?

İmam: Büyüden korusun diye.

Akar: Bu kim lan?

Yaver: Valla biz komutan diyoruz, ama bazıları imam

diyor. Ben de anlamadım, ne olduğu belli değil.

2. Başkan: Komutanım TV'lerde darbe olmuş diyorlar.

Dişli: Darbe mi? Kim yapmış?

Yaver: Allah memleketi korusun. Ne adamlar var ya, resmen ülkeye ihanet...

Akar: Ulan buradan bir sağ çıkayım ben..."

Hakikaten, darbe gecesi yaşananlar bir tiyatro oyununa ilham kaynağı olabilirdi!

Elinizde tuttuğunuz kitap, 15 Temmuz ve sonrasında, "kendisine bile yalan söyleyenler" içindir!

İÇİNDEKİLER

1. BÖLÜM
DARBE TİYATROSU(!)

2. BÖLÜM
CEMAAT NASIL "HAZIR OL"A GEÇTİ

3. BÖLÜM
"THE" DARBE

4. BÖLÜM
DARBENİN "1 NUMARA"LARI

5. BÖLÜM
"BAŞKOMUTAN" VE "BAŞBAKAN" FİRARDA!

6. BÖLÜM
MİT VE İHBARCI ESRARENGİZ BİNBAŞI

7. BÖLÜM
BİR "DÜĞÜN" GECESİ: 15 TEMMUZ

8. BÖLÜM
"CEMAAT DIŞI DARBECİLER" MUAMMASI

9. BÖLÜM
ABD VE AB PARMAĞI

10. BÖLÜM
DARBENİN SİYASİ AYAĞI

SON SÖZ

BİRİNCİ BÖLÜM
DARBE TİYATROSU(!)

AZ KALSIN DARBE OLACAKMIŞ!

ABD ve Avrupa'dan gelen ilk yorumlara göre, darbe "Erdoğan'ın planladığı bir tiyatro"ydu.

Oysa, dökülen kana, darbedeki general katılımına bakınca, "saat öne çekilmek zorunda kalınmasa, darbenin başarılı olabileceği" görülüyordu.

Kalkışmadan 10 gün sonra, Genelkurmay "darbeci bilançosunu" açıkladığında, darbecilerin küçümsenemez bir güce sahip oldukları ortaya çıktı.

Açıklamada "Asker elbiseli teröristlerin sayısı 8 bin 651, bu rakam TSK'nın yüzde 1.5'idir" denilerek darbeciler küçümseniyordu. Ancak, ele geçirdikleri uçak-tank sayısı küçümsenecek gibi değildi:

"Darbeciler 35 uçak, 37 helikopter kullandı, 3 gemi, 3 bin 992 hafif silah kullandı. 74'ü tank 246 zırhlı araç darbeci askerler tarafından sokağa çıkarıldı. Darbe girişimine 8 bin 651 personel katıldı. Bunların bin 676'sı er/erbaş, bin 214'ü ise askeri öğrenciler."

Milli Savunma Bakanı Fikri Işık'ın verdiği döküme göre; kalkışmadan Kasım 2016 ortasına kadar, Kara, Deniz ve Hava Kuvvetlerinde FETÖ ile ilişkisi olduğu tespit edilen 3 bin 665 personel ihraç edilmişti. 16 bin 423 askeri okul öğrencisiyle birlikte toplam 20 bin 88 kişi ise sistem dışı bırakılmıştı.

İhraçların 150'si generaldi. Soruşturmalar kapsamında 116 general, 6 bin 125 subay tutuklanmıştı.

Kullanılan harp silah, araç ve malzemelerinin TSK toplam mevcuduna oranı şöyleydi:

"Uçaklarda yüzde 7 (24'ü muharip 35 uçak), helikopterlerde yüzde 8 (8'i taarruz helikopteri 37 helikopter), tank ve zırhlı araçlarda yüzde 2,7 (74'ü tank 246 zırhlı araç), gemilerde yüzde 1 (3 gemi), hafif silahlarda yüzde 0,7 (3 bin 992 adet hafif silah)"

Kimse kusura bakmasın; darbe girişimi, ilk öngörüldüğü gibi sabaha karşı gerçekleşse, bu kadar general, subay ve silahla çok rahat darbe yapılabileceğini de görebilirdik!

"TİYATRO" DİYENLER KATI "ANTİ-ERDOĞAN"CILARDI

Darbe girişimine ilk geceden "tiyatro" damgasını basanların psikolojileri, Erdoğan karşıtı ABD ve Avrupa ülkeleriyle aynıydı.

MAK Danışmanlık'ın 15 Temmuz'dan 2 hafta sonra yayınlanan araştırmasına göre, vatandaşların yüzde 94,5'u "tiyatro" iddiasına inanmıyordu.

"Hükümet ve Cumhurbaşkanı tarafından tiyatro yapıldı" görüşünde olanlar sadece yüzde 1,5'ti.

Girişimin başarısız olmasındaki en büyük pay, yüzde 70 ile halk ve Cumhurbaşkanı'na verildi. İkinci sırada, yüzde 15 ile basın kuruluşları yer alırken, bir diğer neden olarak da darbecilerin yanında yer almayan asker ve polisler gösterildi.

"Tiyatro" kısmı hariç, genel algıda çok hata vardı!

KALKIŞMA GECESİ MEDYA SAVAŞLARI

15 Temmuz gecesi, "asıl savaş" TV ekranlarından yaşandı.

12 Eylül 1980'deki gibi, TRT'den darbe bildirisi okunup, sıkıyönetim ilan edilerek, başarılı olunacağı sanıldı.

Oysa, özel kanallar harıl harıl çalışıyordu. Bazıları direkt darbeye tavır aldı, bazıları da gidişata bakıp, kimin kazanacağını hissederek yön belirledi.

Darbe girişimi başarılı olsa, aynı medya kuruluşları bu kez AKP'nin kirli çamaşırlarını sergileyecekti. "Darbeye karşıyız ama..." ile başlayan cümleler kurulacaktı.

Her devrin "cadı avcıları" da, önlerine geleni cemaatçilikle suçladıkları gibi, önüne geleni "AKP'nin adamı" olmakla suçlayacaklardı.

Değişmeyecek gerçek ise şu, Binali Yıldırım ve hele de Erdoğan, CNN Türk gibi kanallardan konuşma imkanı bulup, direnişe çağıramasalardı, işlerin gidişatı çok farklı olabilirdi.

SAAT SAAT DARBE GİRİŞİMİ

15 Temmuz gecesi sırasıyla;

Saat 22:00 sularında, Boğaziçi ve Fatih Sultan Mehmet Köprüsü askerler tarafından geçişe kapatıldı. İstanbul ve Ankara'da jetler uçmaya başladı. Ankara'da basılan Genelkurmay çevresinden silah sesleri geldi.

22:15 sularında, İstanbul Atatürk Havalimanı tanklarla ele geçirildi. Giriş çıkışlar kapatıldı. Sabiha Gökçen Havalimanı'nda da benzer bir baskın vardı.

23:00'te Başbakan Binali Yıldırım NTV televizyonuna telefonla bağlandı ve "Bu bir kalkışma girişimidir" dedi.

Ankara Gölbaşı'nda Polis Özel Harekat Eğitim Merkezi, iki F-16'nın attığı füzelerle vuruldu. İstanbul'da Vatan Caddesi'nde Emniyet binasının önünde askerle polis arasında çatışma çıktı.

Anadolu Ajansı, Genelkurmay Başkanı Hulusi Akar'ın rehin alındığını yazdı. TSK'nın üst düzey komutanlarından haber alınamadığı duyuruldu.

23:30 sularında, Türk Silahlı Kuvvetleri internet sitesinde, TSK Yurtta Sulh Konseyi imzalı yönetime el koyma bildirisi yayınlandı.

23:45'te bir grup asker TRT'ye silahlarla girip, spiker Tijen Karaş'a darbe bildirisi okuttu. Milli Savunma Bakanı Fikri Işık bildirinin korsan olduğunu açıkladı.

Darbeciler, TRT'den okuttukları bildiriyle psikolojik üstünlük kazanmışlardı, ama özel kanallardan gelen açıklamalar ile bu hava dağılmaya başladı.

00:25 sularında, Cumhurbaşkanı Erdoğan CNN Türk'e cep telefonundan görüntülü bağlandı. "Silahlı Kuvvetler içindeki azınlığın kalkışma hareketi. Paralel yapılanmanın teşvik ettiği harekettir" diyen Erdoğan, halkı kent meydanlarına ve havaalanlarına çağırdı.

CHP Genel Başkanı Kılıçdaroğlu "Bu ülke darbelerden çok çekmiştir. Aynı sıkıntıların yeniden yaşanmasını istemiyoruz" diye açıklama yaptı.

Erdoğan'ın çağrısının ardından birçok kentte insanlar Türk bayraklarıyla AKP binaları önünde toplandı.

01:00 sularında, sivillerin sokağa çıkıp havalimanına gitmesi üzerine, Atatürk Havalimanı'ndaki darbeci askerler geri çekildi.

01:10'da 1. Ordu Komutanı Org. Ümit Dündar, CNN Türk televizyonuna telefonla bağlanarak: "Küçük bir grubu temsil ediyorlar. Diğer birliklerle birlikte gerekli tedbirleri alıyoruz" açıklamasını yaptı.

01:20'de darbecilerin TSK sitesinden yaptığı ikinci bir açıklamayla saat 01:20'den itibaren sokağa çıkma yasağı ilan edildi.

Bu açıklama sonrası İstanbul ve Ankara'da camilerden ezan ve sela okunmaya başlandı. Türkiye'nin farklı kent merkezlerinde camilerden ve bazı belediye binalarından insanlara sokağa çıkma çağrısı yapıldı.

02:15'de Boğaziçi Köprüsü'nde darbeciler kitleyi taradı, çok sayıda ölen ve yaralanan oldu.

02:30 civarında, Bir askeri helikopter TBMM, Deniz ve Hava Kuvvetleri binası yakınlarına ateş açtı. Meclis ve Genelkurmay binasından dumanlar yükseldi. Bir F-16 Meclis'in bahçesine, binada da hasara yol açacak şekilde bomba attı.

İstanbul'da Harbiye'deki TRT Radyo binasının önü askerler tarafından çevrildi.

02:44'de Fox TV canlı yayınında Genelkurmay binasına bir helikopterin indiği ve bir patlamanın yaşandığı görüldü.

03:00 sularında, Meclis binasına askeri bir helikopterden ateş edildi.

03:15'te Harbiye'de polis TRT İstanbul Radyosu önüne geldi; binayı çeviren askerle çatışma çıktı.

03:25'te Marmaris'te tatil yapan Cumhurbaşkanı Erdoğan Atatürk Havalimanı'na indi. Erdoğan TV'lerden canlı yayınlanan açıklamasında, kendisinin ayrılmasının ardından kaldığı otele saldırı düzenlendiğini açıkladı.

03:30 sularında, çok az sayıda asker CNN Türk binasına girdi. Canlı yayında askerin yayını durdurmaya çalıştığını tüm Türkiye izledi. CNN Türk yayını kesmedi, 10 dakika kadar haber verdikten sonra boş stüdyo görüntüsü kaldı. Binanın içinde askerlerle gazeteciler arasındaki tartışmalar duyuldu.

Fatih'teki İstanbul Büyükşehir Belediyesi önünde asker ve polis arasında çatışma yaşandı.

Gölbaşı'ndaki TÜRKSAT binasına saldırı yapıldığı çok gecikmeli olarak bildirildi. Türksat'a yönelik saldırı tüm özel televizyonları susturmak açısından aslında en önemlisiydi ve darbeciler Türksat operasyonunda çok geç kalmışlardı.

03:40 civarı, Ankara Emniyet Müdürlüğü, savaş uçağı ve helikopter tarafından vuruldu ve TBMM binasına yine ateş açıldı.

04:20'de darbeci askerler Hürriyet binasını bastı.

04:30'da CNNTürk yayını yeniden başladı.

04:50'de Digiturk yayını darbeci askerler tarafından durduruldu.

05:00'te Anadolu Ajansı, polisin Genelkurmay binasını çevrelediğini ve darbe girişiminde bulunan askerlere "teslim olun" çağrısı yaptığını duyurdu.

05:15'de Hürriyet binasını basan askerler gözaltına alındı, Atatürk Havalimanı'ndaki tüm askerler dışarı çıkartıldı. Uçuşlar 45 dakika sonra başladı.

05:45'te Harbiye'deki TRT İstanbul Radyosu'nda bulunan 10 kadar darbeci asker teslim oldu.

Cumhurbaşkanlığı Külliyesi'nin iki F-16 tarafından bombalandığı duyuruldu.

06:00'da İstanbul Boğazı deniz ulaşımına kapatıldı. Ama birkaç saat sonra açıldı. Ardından atamalar, görevden almalar, (Hulusi Akar rehin olduğu için yerine 1. Ordu Komutanının vekaleten atanması vb.) ve tutuklamalar başladı.

Vatandaş "darbe girişimi başarısız oldu" diye yataklarına döndü.

"ŞEF ÇOK, KIZILDERİLİ YOK"TU, DARBE SAVAŞLARI MEDYA ÜZERİNDEN YAPILDI

Asıl yaşanan "medya savaşı"ydı.

Evet, Gölbaşı Özel Kuvvetler'de ve Boğaziçi Köprüsü gibi yerlerde darbecilerle çatışmalar olmuştu; evet, darbeye katılan üst düzey komutan sayısı çok yüksekti ama, darbecilerin her yeri yeterince kontrole alacak kadar "askeri" yoktu!

Deyim yerindeyse, "şef çoktu, kızılderili ise hiç yok"tu.

Medyayı ele geçiremeyen taraf kaybetti.

Oysa, akıl vermek gibi olmasın ama darbecilerin medya ayağında yapması gereken "tek şey" vardı.

Gidip, önce tüm TV kanallarını yayınlayan Türksat'ın fişini çekmek! Sonra da binlerce kanala aynı anda tek yayını basmak!

DARBEYİ TÜRKSAT MÜHENDİSİ ÖNLEDİ

Darbeciler, bildiri okuttukları TRT'nin yayını TÜRKSAT tarafından kesilince TÜRKSAT'a gitmeyi akıl ettiler.

Türksat ve Telekom ele geçirilerek tüm TV kanallarının, internetin ve telefonların susturulması, darbenin başarılması için önşarttı.

Darbeciler bu kadarını ya akıl edememiş ya becerememiş, sanki 1980'de darbe yapıyormuş gibi önce TRT'ye gitmişlerdi.

Gerçi TRT'den darbe açıklaması yapılınca, "galiba darbe oldu, şimdi diğer izlenirliği yüksek TV'lerin havası değişebilir, değişmezse oralara da giderler" diye düşünmedik değil ama, o kadar güçleri yokmuş.

Araştırınca ilginç ayrıntılar ortaya çıktı. Darbeciler, ilk yapmaları gereken iş olduğu halde; darbe girişimi özel TV yayınları ile zora girince Türksat operasyonuna hız veriyorlar.

TRT baskınıyla eşzamanlı olarak Türksat'a yola çıkan darbeci askerlerin hiçbir teknik bilgisi yok. O saatte Türksat'ta nöbetçi buldukları Teknik Destek Uzmanı Asım Akkaya, darbecileri uzun süre oyalıyor.

Askerler işleyişi bilmediklerinden, Türksat'taki teknik ekip, "her yeri aynı anda kapatamıyoruz" deyip, ekran karartmaya izlenmesi düşük yerel kanallardan başlamışlardı.

Darbeciler Türksat'taki yayını bir türlü tamamen kesmeyi başaramayınca, şüpheye düşüp, Samanyolu TV'de görevli cemaatçi teknik elemanları çağırdılar.

Oysa oyalandıklarını anlayınca tek yapmaları gereken, bütün enerjiyi aşağı indirip, tüm televizyonları kapatmaktı. Böyle olsa, Tayyip Erdoğan ve Binali Yıldırım TV'lere çıkamayacaktı!

Eş zamanlı olarak Telekom'la internetin de kontrol altına alınmasıyla, Türkiye karanlığa boğulacak, darbecilerin işi daha kolay olacaktı.

Keza, darbeciler daha baştan aralarına cemaatçi teknik

elemanları alıp gitse, işleri çok kısa sürecekti. Tüm kanalları kapatıp, hepsinin yerine, ele geçirdikleri TRT yayınını basmak yeterliydi.

Vakitleri de boldu! Türksat'a ilk polis ekibi Gölbaşı'ndan geldi. Polis ekibi çevrede helikopterlerin dolandığını ve güvenlikçilerin tarandığını öğrenince, Gölbaşı'na mühimmat almaya gitti. 40 dakika sonra geri döndüler.

Polislerden sadece 3-4 dakika sonra Samanyolu TV'den çağrılan uzmanlar gelebildi. Polis ekiplerine, "bizi içerden çağırdılar, Türksat personeliyiz, acil girmemiz gerekiyor" dediler. Polis kimlik sorunca, içeri girmeyi başaramadılar.

Darbecilerin en büyük hatası Türksat operasyonunu iyi kurgulayamamalarıydı. Birkaç TV'yi basacağına hepsinin ana kaynağını ele geçir, olsun bitsin!

Allahtan akılsızdılar!

TRT'DE NELER YAŞANDI?

TRT baskınının başında, darbe girişiminden bir gün önce Kosova'dan Ankara'ya gelen eski Cumhurbaşkanlığı Muhafız Alayı Komutanı Albay Muhammet Tanju Poshor vardı.

Tanju Poshor kimdi dersiniz!

Balyoz davasında, 1. Ordu Komutanı Çetin Doğan ve çok sayıda komutanın tutuklanmasında bahane gösterilen İstanbul'daki EMASYA seminerinin sekretaryasını yürüten subaydı.

Seminere "darbe semineri" denilmiş ve yargılananların

38

tüm uyarılarına ragmen Tanju Poshor hakkında işlem yapılmamıştı.

Çünkü Poshor belgeleri tahrif edenlerin içindeydi ve 15 Temmuz'da "gerçek yüzü" netleşmişti. Gizlice görevli olduğu Kosova'dan gelmiş, çatışmalara katılmış ve yaralı yakalanmıştı.

TRT 15 TEMMUZ'U BİLMİŞTİ

Ne enteresandır ki, TRT Müzik Kanalı'nin promosyon olarak dağıttığı 2016 takviminde, 15 Temmuz günü "resmi tatil günü" olarak görünüyordu.

Sanki birileri darbenin tarihini takvime basmış gibiydi. TRT hemen soruşturma başlattı.

TRT'deki cemaatçilerin 15 Temmuz'u önceden bilip "27 mayıs gibi" bayram ilan ettiklerinden şüpheleniliyordu.

Ama, 15 Temmuz'u AKP Meclis'ten geçirdiği kanunla "resmi tatil günü" ilan etti.

Yani illa bir komplo teorisi aramak gerekiyorsa, 15 Temmuz'u "resmi tatil ilan edileceğine kadar(!) AKP biliyordu" diyebiliriz!

Darbe girişimi değil ama, yaşananlar tiyatro!

İKİNCİ BÖLÜM

CEMAAT NASIL "HAZIR OL"A GEÇTİ ?

FETHULLAH GÜLEN'İN "İLK DARBESİ" DEĞİLDİ

Fethullah Gülen, 1999'da medyaya düşen ilk kasetinde 3 ana hedefe dikkat çekiyordu: Mülkiye, adliye, ordu...

Dinciliğe engel gördüğü TSK'yı, 1980'lerden itibaren devşirdiği askeri öğrencilerle içten kuşatırken, ileride "askeri bir darbe"de kullanacağı aklından geçmiş miydi?

İlk yıllarda düşünmediyse de, 2010'dan itibaren düşünmeye başladığı kesin!

FETÖ çatı davasının 15 Temmuz'dan iki gün önce medyaya sızan iddianamesinde, Gülen grubunun darbe girişiminde bulunabileceği uyarısı yapılmış, "Humeyni gibi dönmeyi planlıyor" denilmişti.

Gülen, ilk darbe tecrübesini askerken yaşadı. Hem de darbeci Talat Aydemir'in askeri olarak!

Gülen, 11 Kasım 1961'de başladığı Ankara Mamak'taki askerlik döneminde, darbe girişimi başarısız olunca idam edilen Harp Okulu Komutanı Talat Aydemir'in askeriydi.

Gülen, "Ölümsüzlük İksiri" kitabında, teslim olan darbeci askerlerden biri olarak darbe girişiminin detaylarını anlatırken, "Radyo Evini bir onlar, bir bizim taraf teslim alıyordu. Önce ihtilal ilan ediliyor, ardından 'asiler bastırıldı' deniyordu." diye yazmıştı.

15 Temmuz gecesine ne kadar benziyor!

Başka ortak noktalar da var; Harp Okulu öğrencilerinin kullanılması gibi!

Okuyalım:

"O sene Ankara'ya çok kar yağdı. Zaten Kasım ayında teslim olmuştum. Şubat ayında Talat Aydemir hadisesi patlak verdi. Ve Mamak 15.000 mevcuduyla bu hadiseyi destekledi.

Malum, Talat Aydemir, 27 Mayıs İhtilalini destekleyenlerden. O sırada Kara Harp Okulu Komutanı. İhtilalde Harp Okulu'nun çok büyük desteği oldu.

Talebeleri sokağa döktüler, radyoevini onlarla teslim aldılar, Ankara'da asayişi onlarla temin ettiler.

Yedeksubay Okulu da o zaman Mamak'taydı. Sokağa dökülenler arasında bunlar da vardı.

Hatta, Muhabere Astsubay Okulu talebeleri için de aynı şey söyleniyordu. Bir yönüyle ihtilali bunlar yapmıştı. Cemal Madanoğlu ve Sıdkı Ulay gibi sola meyilli insanlar da bu ihtilali desteklemişlerdi.

İhtilalden sonra Türkeş ve arkadaşlarını çeşitli yerlere ataşe olarak gönderdiler. Nasılsa Talat Aydemir kalmış.

Talat Aydemir, 27 Mayıs'ı yapanlara karşı yeni bir ihtilal yapma teşebbüsüne girdi. O zamanlar İsmet Paşa hakim durumda.

Talat Aydemir, Mussolini kafasında bir adam.

Gelseydi, aynen Mussolini gibi hareket edecekti. O ve yakından onu destekleyenler tamamen diktatör insanlardı. Dinle diyanetle alakaları yoktu. Hatta maneviyatla alay ederlerdi.

İhtilal teşebbüsü olmadan bir ay evvelinden hazırlıklara başlandı. Bize hakiki mermi verdiler. Karda kışta, tel örgü boyu nöbet tutuyorduk. Hele son günler iyice sıkıydı.

Son gece hepimiz pür heyecandık. Radyo Evini bir onlar, bir bizim taraf teslim alıyordu. Önce ihtilal ilan ediliyor, ardından 'asiler bastırıldı' deniyordu.

28. Tümen hükümet tarafındaymış. Tabii ki, biz bunun farkına daha sonra vardık. Üzerimize uçaklar uçmaya başladı. Niyetleri Mamak'ı ortadan kaldırmakmış. Bizim taraf teslim oldu."

Kader işte, "ilk darbesi" de, "son darbesi" de başarısız oldu; komutanı Talat Aydemir gibi, Gülen

de "kaybeden darbeciler" listesine girdi.

CEMAATÇI DARBECİLER TALAT AYDEMİR'İ ÖRNEK ALDI

Aklı, Gülen mi verdi bilemiyoruz ama, 15 Temmuz darbecileri, Gülen'in "istem dışı katıldığı" Talat Aydemir'in darbe girişiminden ilham almışlardı.

Ağırlıklı olarak Harp Okulu ve Kuleli öğrencileri ve birkaç yüz askerle yapılmaya çalışılan darbe, Talat Aydemir'in darbe girişimlerini anımsatıyordu. Tek fark, bu kez sadece alt rütbeli subaylar değil, çok fazla darbeci general vardı.

Genelkurmay karargahındaki darbecilerin makamlarında yapılan aramalarda, 1963'teki darbe girişimi sonrası idam edilen Albay Talat Aydemir'in dosyası bulundu.

Kalkışma öncesi Aydemir'in dosyasını arşivden çıkarıp incelemişlerdi.

GÜLEN'İN ASKERLİK TUTKUSU

45 yıl Gülen'in yanında yer aldıktan sonra cemaatten kopan gazeteci-yazar Latif Erdoğan, kitaplaştırması için kendisine hayatını anlatan Gülen'le ilgili şu anekdotu aktarıyordu:

"Gülen'in askerlik saplantısı vardır. Ben 4 ay askerlik yaptığımda, beni ziyarete geldi, 'yahu Latif Hoca seni asker yapmak vardı, gerçi sen de o zaman daha teğmenken ihtilal yapardın' dedi."

Gülen aslında darbelerden korktuğu için orduya sızmaya çalışmıştı. Muhtemelen başlangıçtaki korunma amaçlı sızmalar, zamanla TSK'yı ele geçirip, darbe yapma fikrine dönüşmüştü.

ERGENEKON KUŞATMASIYLA ORDU ELE GEÇİRİLDİ

Soğuk savaş yıllarında yaygındı. Sovyetler'in Batı'ya yerleştirdiği kamufle olmuş, "ölü ajanlar" vakti geldiğinde uyandırılırdı.

Cumhuriyet Gazetesine el bombalarının atıldığı, Danıştay'a suikastın gerçekleştirildiği, Cumhuriyet Mitingleri'nin düzenlendiği, AKP'ye kapatma davasının açıldığı, Hrant Dink'in öldürüldüğü 2006 ve 2007 yılları, cemaat için "uyanış" vakti oldu.

AKP, askerde-poliste kadrolaşamadığı için "ulusalcı tehditi" bertaraf edemeyeceğini düşünüyordu.

Fırsat bu fırsattı!

Kamuya "buzdağı" gibi gizlenmiş cemaat, AKP'nin önüne 'suikast ve darbe planları' ile geldi.

İlk hamleleri, 2006 yılında "Atabeyler" adlı bir çete kurarak, dönemin Başbakanı Erdoğan'a suikast planladıkları suçlamasıyla, iki subay ve iki astsubayın tutuklanmasını sağlamaları oldu.

İkinci adım, 2007 yılında Nokta dergisinde yayımlanan, Orgeneral Özden Örnek'e ait günlüklerdi. Günlüklerde yazıldığına göre, TSK'da 2003-2005 yılları arasında darbeler planlanmıştı.

Örnek, günlüklerinin tahrif edildiğini iddia etse de, askerlerin "darbeci olmakla" suçlandığı bir dönem açılmıştı. AKP ve liberal çevreler, "cemaatin planlarını" memnuniyetle dolaşıma soktu.

İstanbul Ümraniye'de Mayıs 2007'de bir gecekondu çatısında bulunan(!) el bombaları ile başlayan Ergenekon Davası, sürecin 'işaret fişeği' oldu.

Ergenekon, bir generalin görevinin başındayken tutuklandığı ilk yargılamaydı. Artık TSK'dan içeriye adım atılmıştı.

Genelkurmay Başkanı İlker Başbuğ'un tutuklanmasıyla sonuçlanan altı yıllık süreçte; Ergenekon'u, "Karargâh Evleri", "Amirallere

Suikast", "Poyrazköy", "Kafes", "Erzincan", "Balyoz", "İstanbul ve İzmir Askeri Casusluk" davaları izledi.

"Balyoz Davası" sayesinde TSK'nın mahremi niteliğindeki "kozmik odasına" girildi ve "askeri senaryo planları" dışarıya çıkarıldı.

Genelkurmay Başkanı Başbuğ'un tutuklanmadan önce ifade ettiği üzere; TSK, cemaatin "asimetrik psikolojik savaşı" karşısında yenik düşmüştü.

"Sivil iktidara karşı direnen asker" görüntüsü

vermemek için, mecburiyetten sadece cemaate çakılıyordu. Oysa her şey AKP'nin bilgisi dahilinde, onayıyla yapılıyordu!

Kaybedilen "asimetrik psikolojik savaşın" sonunda, Atatürkçü bilinen, teğmeninden orgeneraline, yüzlerce subay tutuklandı, sanık haline getirildi ve nihayet TSK'dan atıldı.

Davalarla gönderilemeyenler, fişlenerek, notları kırılıp baskı altına alınarak yıldırıldı.

Örneğin, Hava Kuvvetleri'ndeki deneyimli pilotlar sivil havacılığa geçmek zorunda kaldı.

Yerlerine gelecek pilotlar, 15 Temmuz darbe girişimi gecesi Türkiye semalarında uçacak, Meclis'i bombalayacaklardı!

ERGENEKON-BALYOZ SAVCISININ İTİRAFI

Gülen Cemaati'nin firari savcılarından Balyoz savcısı Hüseyin Kaplan, kalkışmadan sonra, "itirafçı olup yırtmayı" ümit ederek, yandaş A Haber'e konuştu, ardından da teslim oldu ve tutuklandı.

İtiraflarının en ilginç bölümü Ergenekon-Balyoz operasyonlarını niye yaptıklarını açıklamasıydı:

"Elimizde general listeleri vardı. 2048 yılına kadar askerin içinde kötü bir yapılanma var, bunlar her an darbeye teşebbüs edebilirler diye düşünüyorduk. Bunun engellenmesi lazım diye düşünüyorduk.

Biz Balyoz'da, darbeler tarihinin kesildiğini zannediyorduk ama nereden bilebilirdik darbeye zemin hazırlamışız.''

KOZMİK ODA KUMPASINDAKİ GİZLİ İTTİFAK

Kalkışmadan sonra, "kozmik oda kumpası" operasyonunda 58 kişi hakkında gözaltı kararı çıkarıldı. Yakalanamayıp firar edenler arasında, Genelkurmay karargahını basıp, kozmik odada arama yapan Hakim Kadir Kayan da vardı. Yakalananlardan 14'ü tutuklandı.

Kozmik oda baskınına yol açan süreç, Eski Başbakan Yardımcısı Bülent Arınç'a suikast iddiasıyla(!) başlatılmıştı. Genelkurmay'ın tüm itirazlarına karşın, yaklaşık 1 ay süreyle kozmik oda olarak bilinen Genelkurmay Ankara Seferberlik Bölge Başkanlığı'nda arama yapılmıştı. CD, harddisk ve dosyalardan oluşan çok sayıda gizli belgenin dışarı çıkarıldığı belirlenmişti.

Kısacası Genelkurmay'ın savaş planları dahil tüm sırları, bu operasyonla cemaatin ve dolayısıyla AKP'nin eline geçmişti!

Aslında "darbe planları" bulmayı bekliyorlardı, ama bulamamışlardı!

Kaçağa çıkan kozmik oda savcısı Mustafa Bilgili

ise, Kasım 2016'da, keçi sakalı bırakıp "kamufle olmuş halde", Abdullah Bilgili adına düzenlenmiş sahte kimlikle Ankara'da yakalandı.

Çok uzağa kaçamamıştı ve kozmik oda baskınının Erdoğan ile Adalet Bakanı Sadullah Ergin'in bilgisi dahilinde yapıldığını söylüyordu!

Hatta, ifadesine göre o dönemde Genelkurmay 2. Başkanı olan Hulusi Akar bile (muhtemelen Erdoğan'la temas halinde) içerden bilgi sızdıracak kadar işin içindeydi!

Kurye olarak kullandığı isim de, FETÖ'den tutuklanan Genelkurmay Adli Müşaviri Muharrem Köse'ydi!

Muharrem Köse, kozmik oda kumpasında 1 numaralı şüpheli olmasına rağmen kalkışmaya kadar tutuklanmadı.

Akar, cemaat ve/veya hükümet ile arasında köprü olan Muharrem Köse'yi kollamıştı. Muhtemelen, hangi tarafa yattığından tam emin olamadığı için!

Genelkurmay'da siyasi iktidara yaranmak için "iç savaş" mı yaşanmıştı?

ISLAK İMZA KUMPASININ BİLİRKİŞİSİNDEN İTİRAF

Ergenekon-Balyoz davalarındaki diğer kumpaslar gibi, "ıslak imza kumpası" da açığa kavuştu.

"Islak imza" raporunun bilirkişisi Özlem Karslı, "İrticayla Mücadele Eylem Planı" belgesinde(!) ıslak imzası bulunduğu gerekçesiyle 5 yıl hapis yatan albay Dursun Çiçek'e 'kumpas' kurulduğunu itiraf etti.

'Kumpas' soruşturmasında tutuklanan Karslı, ifadesinde "İncelediğimiz ıslak imza basit ve taklit edilebilirdi. Ancak Jandarma Kriminal Daire ve Şube Başkanı istedikleri yönde rapor vermemiz için baskı yaptı" dedi.

İşin aslı şudur!

AKP "savaş hali tatbikatı" görüntüsüyle başlatılacak bir darbeden korkuyordu.

Zamanın 1. Ordu Komutanı Çetin Doğan'ın da tutuklanmasına yol açan "EMASYA PROTOKOLÜ" gibi, olası bir askeri darbenin provası olarak gördükleri planları merak ediyorlardı.

Güç gösterisi için, Genelkurmay'dan içeri dalmaları gerekiyordu!

Yani kozmik oda kumpası da, ıslak imza kumpası da, cemaatle AKP'nin "ortak suçu"ydu!

DARBECİLER "ERGENEKON-BALYOZ TASFİYELERİ"YLE YÜKSELENLER

Meclis Darbe Komisyonu'na ifade veren eski Genelkurmay Başkanı Hilmi Özkök, dertliydi:

"Ağustos 2004'te, 'Bu örgüt çok büyük imkan ve kabiliyete kavuştu. Bu iş takip edilsin' dedim. Hükümeti kesin olarak bilgilendirdik, 'Bu durum iyi değil' dedik. Açıkça söyleyeyim fazla bir şey yapıldığını da görmedik!"

15 Temmuz soruşturması kapsamında tutuklanan karacı generallerin önemli bölümü, 2013, 2014 ve 2015 YAŞ kararlarıyla terfi edenlerdi.

Özellikle 2010 sonrasındaki dönemde Balyoz, Askeri Casusluk, Poyrazköy gibi bir dizi dava ile yüzlerce kurmay subay, sanık ya da mahkum durumuna düşürüldükleri için YAŞ toplantılarında değerlendirme dışı kalmıştı.

Önü açılan ya da eksik rekabet koşulları içinde terfi edenlerin büyük bir bölümünün, darbe girişiminde tutuklanmış olması, kumpas davalarından nasıl yararlandıklarını gösteriyor.

2011 YAŞ: (Genelkurmay Başkanvekili ve Kara Kuvvetleri Komutanı Orgeneral Necdet Özel)

Bu şurada terfi alan veya generalliğe ilk kez yükselen 38 generalden sadece 6'sı tutuklandı. 2011 YAŞ toplantısı, adı darbeye karışan generaller açısından düşük bir oran gösteriyor.

2012 YAŞ: (Genelkurmay Başkanı Orgeneral Necdet Özel, Kara Kuvvetleri Komutanı Hayri Kıvrıkoğlu)

Bu şurada terfi alan veya generalliğe yükselen 40 generalden 10'u tutuklandı. Korgeneralliğe terfi ettirilen 5 tümgeneralden, birinci ve ikinci sırada terfi eden 2 tümgeneral olan Metin İyidil ve Erdal Öztürk'ün 15 Temmuz'dan sonra tutuklananlar arasında olması dikkat çekiyor. Bu dönemin terfileri içinde darbe girişimine katılım oranı açısından sınırlı bir artış var.

2013 YAŞ: (Orgeneral Özel/Orgeneral Kıvrıkoğlu)

2013 YAŞ'ında terfi eden 21 general tutuklandı. Bunlardan 18'i, albaylıktan terfi eden tuğgenerallerdi. Dikkat çeken nokta, ilk 9 sırada terfi eden subayların hepsinin de tutuklanmış olması.

2014 YAŞ: (Orgeneral Özel/ Orgeneral Akar)

Generalliğe yükselen veya terfi alan 38 generalden 20'si darbeci çıktı. 19'u tutuklandı, 1'i de öldürüldü. Terfilerin yüzde 57'si cemaat kokuyordu.

Bu YAŞ'ta "or" rütbesine terfi eden tek korgeneral olan

2. Ordu Komutanı Adem Huduti darbe girişimi sonrası tutuklananlar arasındaydı. Albaylar arasında devre birincisi olarak tuğgeneralliğe yükselen Semih Terzi ise, Özel Kuvvetler Karargâhı'nı bastığında kendisine direnen astsubay Ömer Halisdemir tarafından öldürüldü.

2015 YAŞ: (Orgeneral Özel/Orgeneral Akar)

Bu YAŞ'ta terfi alan 41 generalden, 22'si darbecilikten tutuklandı. AKP'li Şaban Dişli'nin kardeşi Mehmet Dişli, bu şurada tümgeneralliğe yükselmişti. Albaylıktan generalliğe yükselenlerin 26'sından 18'i, 15 Temmuz sonrası tutuklandı. Cemaatçilerin albaylıktan generalliğe terfi oranı yüzde 70'ti!

2013, 2014 ve 2015 YAŞ toplantılarının darbeci generallerin önünü açan bir işlev gördüğü çok netti.

Benzer bir gözlemi Deniz Kuvvetleri için de fazlasıyla yapabilmek mümkün. 2013 yılındaki YAŞ'ta toplam 8 kurmay albay tuğamiralliğe terfi etti. Bunlardan 7'si darbeden tutuklandı. 2015 YAŞ'ında tuğamiral olan 9 deniz subayından 3'ü tutuklandı, 2'si kaçağa çıktı.

Hava Kuvvetleri'nde de manzara benzerdi. 2013 YAŞ'ta tuğgeneralliğe terfi eden 9 subaydan 4'ü darbeden tutuklandı.

YAŞ'ların tüm işleri "yaş" çıkmıştı!

BİR İLK: HALEF-SELEF GENELKURMAY BAŞKANLARI BİRBİRİNE GİRDİ

Ekim 2016'da Meclis Darbe Komisyonu'nda konuşan eski Genelkurmay Başkanı Işık Koşaner şöyle diyecekti:

"TSK'dan büyük bir kitle hapisteydi. Savcı ve hakimler

bir şey yapmıyordu. Rastgele toplu tutuklamalarla TSK'ya mesaj veriliyordu. Mesaj, aşağılamak ve kendi kadrolarına yer açmaktı. Biz askeriz, biz emir verdiğimiz zaman o asker ölüme gider. Biz de personelin hakkını ölümüne savunduk. Yüksek Askeri Şura'da bu askerlerin hepsini bana attıracaklardı, bu mümkün değildi. Yaptığım zaman ben de bu suça ortak olurdum. Genelkurmay Başkanlığı'ndan istifa ederek suça ortak olmadım!"

Koşaner'in açıklamalarının ardından, halefi Necdet Özel'e yönelik çok sert eleştiriler yine alevlendi. Komisyona gitmemiş, soruları yazılı istemişti.

Özel, "Kaçmadım, buradayım. Komisyonun sorularını bekliyorum. Kaçsaydım 2011'de kaçardım. Ben elini taşın altına koymuş biriyim. O dönem gidenler gibi yapmadım, görev üstlendim" diye tepki gösterdi.

Koşaner "kaçma"yı üstüne alındı. "Özel'in suçlayıcı ifadelerini yakışıksız buldum. Necdet Özel şartlar değişmediği halde görevde kaldı. Ergenekon ve Balyoz'u algılamamız farklı!" dedi.

Özel yanlış anlaşıldığını, Koşaner'e laf çakma niyetinin olmadığını söyledi.

Tarihimizde ilk kez halef-selef Genelkurmay Başkanları laf dalaşına giriyordu.

17-25 ARALIK'TAN SONRA BİLE FETÖ'CÜ ASKERLERE İHRAÇ YOKTU

AKP iktidara geldiği ilk yıldan başlayarak YAŞ'ta cemaatçi-dinci subayların ihracına engel oldu.

Başlangıçta, irticadan ihraçlara Abdullah Gül ve Tayyip Erdoğan "şerh" koydular. Sonraki yıllarda, tüm irticadan ihraçlar durduruldu.

YAŞ'taki irtica tavrı, dönüp dolaşıp "boomerang" gibi AKP'yi vurdu.

Öyle ki, cemaatin 17-25 Aralık 2013'teki yolsuzluk operasyonları sonrasında bile, TSK'ya yapılan 1.912 irticacı subay ihbarına rağmen, sadece jandarmadan 1 subay ihraç edildi.

Eski uygulamada, TSK "şüphe"yi bile yeterli bulup, temizlik yaparken, bu kez sadece 1 askeri ihraç etmiş, 584 askerin tayinini çıkarıp, 138 askeri de emekli ederek durumu geçiştirmişti.

AKP "dindar subayların" tasfiyesini istemediğinden, TSK iç temizlik yapamaz haldeydi! Cezasını, 15 Temmuz darbe girişiminde Türkiye çekecekti!

"CAMİLERİ HAVAYA UÇURACAK" DİYE TUTUKLADIKLARI ALBAYA SIĞINDILAR

Darbe girişiminden sonra, pasifize edilen pek çok Ergenekon ve Balyoz'dan yargılanmış subayın, önemli noktalara geri yerleştirildiği haberleri çıktı.

Somut örneklerden biri, Balyoz davasındaki "Çarşaf Eylem Planı" adlı belgede(!) "camileri bombalayacak" denilen albayın YAŞ'ta tuğgeneralliğe yükseltilmesi oldu.

Balyoz Davası'nda, Fatih, Beyazıt, Eyüp ve İsmailağa camilerini bombalayacağı öne sürülen ve 16 yıla mahkum olan Albay Ali Demir, 15 Temmuz darbe girişimi gecesi sabaha kadar cuntacılarla çatışmıştı.

1990 yılında Harp Okulu'nu birincilikle bitirdiği için önü kesilmesi gereken(!) Ali Demir, artık "darbeci"likten anti-darbeciliğe terfi etmişti!

ÇAKMA "ALTIN NESİL" İSTİLASI

Bir iddiaya göre, "çalıntı sorularla askeri liselere girenlerin yüzde 97'si FETÖ"cüydü.

Tüm askeri okulları bir gecede kapatacak kadar AKP'yi paniğe düşüren rakamdı bu!

Oysa, asıl AKP'li yıllarda, "altın nesil(!)" askeri lise ve harp okullarını doldurup, köşeleri tuttu. 2008'de harp okullarına sivil liselerden öğrenci alımına başlanması, cemaatin elini iyice rahatlattı.

Çoğunlukla cemaat dershanelerinde yetiştirilmiş liseliler, harp okullarına yönlendirildi.

Kalkışma sonrası, kapatılan askeri okullardaki gençlerin okudukları tüm yıllar yanmıştı. Ama artık "güvenilmezdi"ler.

GÜLEN'DEN "HAKİ CÜBBE"YLE DARBE MESAJI

"Haki", asker üniformalarının yeşil tonudur.

Gülen, cemaatçi subaylara "darbenin yaklaştığını" 21 Mart 2016'daki vaaz videosunda "haki cübbe" giyerek vermişti!

Wall Street Journal'ın Türk istihbarat kaynaklarına dayandırdığı haberine göre, MİT Gülen'in "haki cübbesini" fark etti. FETÖ üyelerinin kriptolu yazışma sistemini de kırdı.

Ama ne MİT, ne de ABD darbe olacağına dair net bir teşhis koyamadı.

DARBE 9 AY 10 GÜN ÖNCE ZAMAN REKLAMINDA MÜJDELENMİŞ(!)

Epeyce "fantastik" iddiaya göre, Zaman gazetesinin darbeden 9 ay 10 gün önce yayınladığı TV reklamı, subliminal (bilinçaltı) mesaj içeriyordu.

Hükümet ile cemaat arasındaki soğuk savaş sürerken yayınlanan **"Sükutun çığlığı"** başlıklı reklamda, önce siren sesleri duyuluyor, ardından bir bebek ekrana geliyordu.

Reklamdan 9 ay 10 gün sonra, sanki "darbenin doğumu müjdelenmiş" gibi darbe girişimi oldu.

İlginç bir tesadüf olsa gerek!

"SU UYUR, HULUSİ AKAR"DI, AMA NASIL UYUDU?

15 Temmuz'dan 3,5 ay önce bazı medya organlarında "cemaatçi darbe" haberleri çıkmıştı.

Genelkurmay, "iddiaları ortaya atanlar hakkında gereken hukuki işlemin başlatıldığını" açıklayarak, "Hiçbir dayanağı olmayan haber ve yorumlar silah arkadaşlarımızın moral ve motivasyonunu olumsuz etkilemektedir" tepkisini gösterdi.

Genelkurmay haksız, suçladıkları haklı çıktı!

Genelkurmay açıklaması, aslında "darbe olasılığına karşı meydan okuma"ydı ve iddiaları dile getirenlere "darbe çığırtkanı" olarak bakılıyordu.

Kara Harp Okulu komutanıyken okulda kuş uçurtmayan Hulusi Akar'ın lakabı "Su uyur, Hulusi Akar"dı.

"Hulusi, ilk kez uyumuş"tu…

"YURTTA SULH KONSEYİ" KİMLERDEN OLUŞUYORDU?

15 Temmuz'da, yepyeni bir isimle tanıştık:

"Yurtta Sulh Konseyi"

Başbakan Yıldırım, konseyin 5 generalden oluştuğunu açıkladı, ama emin değildi!

Çünkü ortaya çıkan isimlere bakıldığında konseyde olduğu kesin 4 general vardı, bir ismi de (Akın Öztürk veya Mehmet Dişli) Yıldırım eklemiş olabilirdi.

Bir başka iddiaya göre ise, konsey yani cunta, "Harekat Yıldırım Planı"nda adları karargah sorumlusu olarak geçen 6 subaydan oluşuyordu.

Kurmay Albay Cemil Turhan imzasını taşıyan belgede, görevlendirilen 6 karargah sorumlusu şöyleydi :

Genelkurmay Başkanlığı Karargahı'nın sorumlusu: Tuğg. Mehmet Partigöç,

Kara Kuvvetleri Komutanlığı Karargah sorumlusu: Tuğg. Erhan Caha,

Deniz Kuvvetleri Komutanlığı Karargah sorumlusu: Tuğa. İrfan Arabacı,

Hava Kuvvetleri Komutanlığı Karargah sorumlusu: Kur. Alb. İlhan Karasu,

Jandarma Genel Komutanlığı Karargah Sorumlusu: Tuğg. Faruk Bal,

Sahil Güvenlik Komutanlığı Karargah Sorumlusu: Yarbay Mustafa Şaban Gümüşiğne.

Konseydeki firari tek general Tuğa. İrfan Arabacı, 14 Ekim 2016'da saç-sakal bırakmış halde İzmir Buca'da saklandığı evde yakalandı.

6 isim içindeki 4 general, kesinlikle konseydeydi!

Hava Kuvvetleri Karargahı sorumlusu "albay" ile
Sahil Güvenlik Komutanlığı Karargah Sorumlusu
"yarbay", aldıkları sorumluluğa rağmen konsey içinde
düşünülmemiş olabilir.

Binali Yıldırım'ın "konsey 5 general" demesi ise,
akıllara Akıncı'daki havacı darbeci generallerden
herhangi birini getiriyor. Ya da Mehmet Dişli'yi!

"Konseyi 5 generalle sınırlayan" Binali Yıldırım,
"konseyde olduğu kesin 4 generalin rütbece üstü olan"
Org. Akın Öztürk ve Tümg. Mehmet Dişli'nin, "en
azından ikisinden birini kısmen aklamış"tı!

Kuşkusuz, Yurtta Sulh Konseyi, 12 Eylül darbesindeki
Milli Güvenlik Konseyi gibi "reel bir konsey" değildi.
Hepsi göstermelikti!

"Asıl konsey", Pensilvanya'daki sivillerdi!

KONSEYİN GİZLİ 1 NUMARASI KİM?

Tuğg. Partigöç onaylı "gizli" ibareli bir başka yazıda,
Tümg. Osman Ünlü'nün Ankara Sıkıyönetim
Komutanı, Tuğg. Semih Terzi'nin Özel Kuvvetler
Komutanı olarak atandıkları belirtiliyordu.

Hulusi Akar işbirliği yapsa ve darbe başarılı olsa bile,
birkaç ay sonra bir iç operasyonla Tuğg. Partigöç gibi
alttan bir ismin Genelkurmay Başkanı olacağından
kimsenin kuşkusu olmasın!

Keza, darbe gecesi verilen karargah sorumlulukları,
darbe başarılı olursa, kimlerin zamanla kuvvet

komutanlıklarına getirileceğini de gösteriyordu.

Askeri bir darbede ilk kez, "1 numara" asker değil, bağlı çalışacağı "bir sivil" olacaktı: Fethullah Gülen!

DARBENİN EN AKTİF GENERALLERİ

"Sıkıyönetim görevlendirme listesindeki" komutanların çoğu darbeciyken, bazıları değildi.

Kalkışmadaki rollerine bakılırsa, Yurtta Sulh Konseyi cuntasında yer alabilecek isimler şunlardı:

Tümg. Osman Ünlü: Atama listesinde Ankara Sıkıyönetim Komutanı olarak yer alan Polatlı Topçu ve Füze Okulu Komutanıydı. Darbe gecesi Ankara 4. Kolordu Komutanlığı'nı devralmaya gitmişti.

Tuğg. Semih Terzi: Özel Kuvvetler 1. Tugay Komutanıydı. Kalkışma gecesi öldürüldüğü Özel Kuvvetler Komutanlığı'nı ele geçirmek için Diyarbakır'dan askeri uçakla Ankara'ya gitmişti.

Tuğg. Bican Kırker: Kara Kuvvetleri Personel Yönetim Daire Başkanıydı. Etimesgut Zırhlı Birlikler Okulu ve Eğitim ve Tümen Komutanlığı'na gidip tankların çıkarılması talimatını vermişti.

Tuğg. Sadık Köroğlu: Darbe girişiminin en hareketli adreslerinden olan ve kursiyer teğmenlerin de silahlandırıldığı Ankara'daki Jandarma Okullar Komutanlığı'nın başındaydı. Jandarma Eğitim Komutanlığı'nı devralmak istemişti.

Tuğg. Ünsal Coşkun: Kara Havacılık Okul Komutanıydı. Kara Havacılık Tümen Komutanını derdest ettirip, yerine geçmiş, Ankara'yı kana bulayan helikopterleri havalandırmıştı.

Tuğg. Ali Kalyoncu: Kara Kuvvetleri Personel İşlem Daire Başkanıydı. 28. Mekanize Tugay Komutanlığı'nın komutasını devraldı. Ankara sokaklarında terör estiren tanklar ve diğer zırhlı araçlar, bu tugaydan çıktı.

Tuğg. Kerim Acar: Kara Harp Okulu Dekanıydı. Derdest edilen Kara Harp Okulu Komutanının yerine geçti.

Tuğa. Sinan Süer: Darbecilerin atama listesinde görevine devam yazan Genelkurmay 1. İstihbarat Analiz ve Değerlendirme Başkanıydı. Genelkurmay karargahında, elinde silahla darbecilerle birlikte hareket ettiği güvenlik kameralarında görülüyordu.

DARBE BİLDİRİLERİNİ BİRLİKLERE KİM GÖNDERDİ?

Sıkıyönetim ve yürütmeye el koyma mesajını birliklere gönderen KKK Cari Harekat ve Komuta Kontrol Daire Başkanı Tuğg. Adem Boduroğlu'ydu.

Boduroğlu, Tuğg. Erhan Çağa'nın "Birliklere yayınla" demesi üzerine 'Yurtta Sulh Konseyi Bildirisi' ve atama listelerini göndermişti.

Gelen emirleri gören birlikler şaşkındı. Edirne, Lüleburgaz ve İstanbul'daki birlikler Boduroğlu'nu aradı. Neler olduğunu öğrenmek istiyor, "Ne yapacağız?" diye soruyorlardı.

Boduroğlu arayanlara, "Herkesin komutanı var. Herkes emir-komuta altında hareket ediyor, mesajları aldınız, bana bir şey sormayın" diyerek kaçamak cevaplar verdi.

İstanbul Merkez Komutanı Tuğ. Kazım Dalkıran ertesi sabah kendisini arayıp, "Sıkıyönetim ve yönetime el koyma mesajını iptal mesajı yazabilir misin?" dediğinde bile direnirken, kariyerini bitirdiğinin farkında değildi.

Boduroğlu ifadesinde, "Benim görevim olmadığı için iptal etmedim" diyerek, darbeci görüntüsü veriyordu!

DARBECİLERDEN 20 MADDELİK SIKIYÖNETİM DİREKTİFİ

Darbe konseyinin ismi, "yurtta sulhu hedeflediğinden" kulağa hoş geliyordu.

Darbe gecesi TRT'de okutulan bildiri de, çoğu kulağa hoş geliyordu: "Atatürk, laiklik, istikrar"…

Yapmaya çalıştıkları ise pek hoş değildi!

Konsey, kalkışma gecesi tüm bakanlıklara 20 maddeden oluşan sıkıyönetim direktifi gönderdi.

General/Amiral Şube Müdürü Kur. Alb. Cemil Turhan tarafından hazırlanan, Personel Planlama ve Yönetim Daire Başkanı Tuğg. Mehmet Partigöç'ün onayladığı, "Harekat Yıldırım" önceliğiyle e-imzalı ve "Gizli" ibareli 3 sayfalık belgede yer alan bazı maddeler şöyleydi:

- Atamaları Yurtta Sulh Konseyi yapacak

- Meclis feshedilmiştir

- Yurt dışına çıkışlar engellenecek

- Vali ve belediye başkanlarını sıkıyönetim komutanları atayacak

- Tüm siyasi partiler kapatılacak

- Polis teşkilatı, sıkıyönetim komutanı emrinde olacak

- Sıkıyönetim komutanları, belediye ve emniyetle işbirliği içinde olacak.

Özetle, tüm kamu teşkilatlarındaki yönetim değişecekti.

DARBECİLER KİMİ BAŞBAKAN YAPACAKTI?

Kılıçdaroğlu, "Darbe sonrasının cumhurbaşkanı ve başbakanının adlarının yazıldığı bir kitapçık olduğu söyleniyor" iddiasını ortaya attı.

Cumhurbaşkanı ve Başbakan acaba kim olacaktı?

Genel kanı cumhurbaşkanlığı için Abdullah Gül'e, başbakanlık için de Bülent Arınç'a veya Ahmet Davutoğlu'na teklif götürülebileceğiydi.

Başka sürpriz isimlerin de dedikodusu yapılıyordu.

Darbe başarılı olursa, cemaatin "bazı AKP'lilere ihtiyacı" vardı.

DARBE HÜKÜMETİNDE KİMLER BAKANDI?

Bakanlardan valilere, TRT Genel Müdürü'nden Türksat Genel Müdürünün kim olacağına kadar, tüm stratejik makamlar için atama listesi vardı.

Tümg. Oğuz Serhat Habiboğlu Dış Ticaret Bakanı, Tuğg. Mustafa Sözer Dışişleri Bakanı, Kur. Alb. Ertuğrul Uzunoğlu Ulaştırma Bakanı, Tümg. Şaban Bulut Ekonomi Bakanı, Tümg. Ahmet Cural Enerji Bakanı, Tümg. Hakan

Evrim Milli Eğitim Bakanı, Tuğg. Faruk Bal İçişleri Bakanı ve Tuğg. Yücel Topcu Maliye Bakanı olarak atanacaktı.

İstanbul'a Hava Harp Okulu Komutanı Tümg. Fethi Alpay'ın, Ankara'ya Hava Kuvvetleri Komutanlığı Eğitim Daire Başkanı Tuğg. Kemal Akçınar'ın, İzmir'e ise Hava Eğitim Komutanlığı Kurmay Başkanı Tuğg. Veyis Savaş'ın vali olarak atanması planlanmıştı.

Cuntacılar, TRT'nin başına, Kara Kuvvetleri Komutanlığı Lojistik Komutanı Korg. Yıldırım Güvenç'i düşünmüşlerdi.

Listede, Kur. Alb. Mesut Yurttan'ın ismi Anadolu Ajansı Genel Müdürü olarak geçiyordu.

THY Genel Müdürlüğü'ne Kur. Alb. Nedim Karabulut, Atatürk Havalimanı Müdürlüğü'ne Kur. Alb. Orhan Tolluoğlu, Sabiha Gökçen Havalimanı Müdürlüğü'ne Kur. Alb. Murat Devril, Ankara Esenboğa Havalimanı'na ise Tuğg. Kemal Mutlum atanacaktı.

Genelkurmay Harekat Başkanı Korg. Satı Bahadır Köse İstanbul Büyükşehir Belediye Başkanlığı'na, Hava Kuvvetleri Destek Kıta Komutanı Kur. Alb. İlhan Karasu Ankara Büyükşehir Belediye Başkanlığı'na ve 2. Hava İkmal Bakım Merkez Komutanı Tuğg. İsmail Yalçın ise Kayseri Büyükşehir Belediye Başkanlığı'na düşünülmüştü.

ERDOĞAN'I PAKETLEYECEK GENERAL MİT MÜŞTEŞARI OLACAKTI

Erdoğan'ın Marmaris'te kaldığı otele saldırı düzenleyen Tuğg. Gökhan Şahin Sönmezateş, atama listesine MİT Müsteşarı olarak yazılmıştı.

Şırnak Çakırsöğüt Komando Tugayı Komutanı Ali

Osman Gürca, listede Emniyet Genel Müdürü olarak geçiyordu.

Darbeciler Halk Bankası Genel Müdürlüğü'ne Tümg. Halit Günbatar'ı, Merkez Bankası Başkanlığı'na Tuğg. Ali Suat Aktürk'ü, TÜRKSAT Genel Müdürlüğü'ne Alb. Yıldıray Hızır'ı, Türk Telekom Genel Müdürlüğü'ne Alb. Adem Durak'ı, Vakıflar Bankası Genel Müdürlüğü'ne Kur. Alb. Yaşar Anar'ı atamayı planlamıştı.

MGK Genel Sekreteri ise Tuğg. Oğuz Karaman olacaktı.

CUNTACILAR 4 AY BOYUNCA GİZLİ TOPLANTILARLA DARBEYİ PLANLAMIŞLAR

Kalkışma, hazırlıklar olgunlaşmadan gerçekleşti.

Temmuz, darbe için ilk belirlenen ay değildi.

MİT'in hazırladığı "cemaatçi asker tasfiye listesi"nin Ağustos 2016 YAŞ'ında uygulanacağı bilgisi sızınca, sonbaharda planlanan darbe tarihi apar topar YAŞ öncesine çekildi.

"Acelecilik" 15 Temmuz'un "darbe tiyatrosu" dedirten taraflarına yol açtı.

Pensilvanya'nın talimatlarını iletmekle görevli Adil Öksüz, 11 Temmuz'da gidip kalkışmadan 36 saat önce döndüğü ABD'de, darbe planlarını Gülen'e onaylattı, 15 Temmuz'u 16 Temmuz'a bağlayan gece düğmeye basma kararı alındı.

Cuma akşam saatleri de, ilk belirlenen saat değildi.

Darbeyle ilgili MİT'ten istihbarat geldiği hissiyatıyla, 15 Temmuz'u 16 Temmuz'a bağlayan gece 03:00-04:00 arası olarak belirlenen kalkışma saati, 6-7 saat öne çekildi.

Darbenin ön çalışmaları Şubat ortasında tamamlanmış, Mayıs ayından itibaren de darbe toplantılarıyla hareketlenme başlamıştı.

ByLock-Eagle gibi programlardan ve WhatsApp'tan haberleşen darbecilerin, rütbeleri yarbay ile yüzbaşı arasında değişen subaylarla, 16'lı ve 32'li gruplar halinde; İstanbul, Konya, Antalya ve Trabzon'da "darbe toplantıları'" yaptığı ortaya çıktı.

Darbeci askerlerin cep telefonlarının son 2 aydaki HTS kayıtları çıkartıldı, bulundukları konum bilgilerinden eşleştirmeler yapıldı.

Bazı subayların son 2 ayda "aynı yerlerde bir araya geldikleri" saptandı. Telefon sinyalleri, uçak ve otel kayıtlarından, toplandıkları yerlere ve başka kimlerle buluştuklarına ulaşıldı.

Özellikle Ankara'daki iki toplanma yeri öne çıkıyordu.

ADİL ÖKSÜZ'ÜN ABD'YE DARBE ÖNCESİ SON ZİYARETİNDEKİ "YOL ARKADAŞI"

Pensilvanya'ya son talimatları almaya giderken, Adil Öksüz'ün bir yol arkadaşı vardı.

Akıncı Üssü'nde beraber olacağı Kemal Batmaz!

Batmaz'la Öksüz'ün ABD'ye beraber gidip, 13 Temmuz'da İstanbul Atatürk'ten birlikte yurda giriş yaptıkları kamera kayıtlarından görülüyordu.

Akıncı Üssü'nün kalkışma gecesi kamera kayıtlarında, darbeci Tuğg. Hakan Evrim, "sivil" Batmaz'a baş selamı veriyordu.

Batmaz, havaalanındaki Adil Öksüz'le görüntüsünü

yalanlamıyor, ama "tesadüfen konuştuğu, tanımadığı bir kişi olduğunu" iddia ediyordu.

Keza, Akıncı Üssü'nün güvenlik kamera görüntülerindeki "selamlanan sivil"in de kendisi olmadığını savunuyordu.

Görüntülerde "bir sivile asker selamı veren(!)" Tuğg. Hakan Evrim ise, selam verdiği Batmaz'ı, o gece üste gördüğünü doğruladı.

Evrim, o gece Akıncı'da darbeyi yönetenlerden olduğunu anladığı Adil Öksüz'ü ise daha önceden tanımadığını söylüyordu.

Batmaz ne derse desin; işin içindeydi. O da cemaat şirketlerinde çalışmış, o da Akıncı Üssü yakınında yakalanmış, o da Adil Öksüz gibi "arsa bakmaya gelmiştim" demiş; ama Adil Öksüz serbest bırakılırken, Batmaz tutuklanmıştı.

Batmaz'ın Adil Öksüz'le birlikte aynı dönemlerde 4 kez daha ABD'ye gittiği belirlendi.

Ankara Cumhuriyet Başsavcısı Harun Kodalak, "Kemal Batmaz kritik bir isim, Adil Öksüz'ün de üstünde olabilir" diyordu.

Oysa, Batmaz, aynı uçakta Adil Öksüz business sınıfında uçarken, ekonomi sınıfında uçmuştu!

AKINCI ÜSSÜ'NDEKİ 5 ESRARENGİZ SİVİL

O gece Akıncı Üssü'nde olduğu saptanan 5 sivil vardı.

Birincisi, Adil Öksüz. 1967'de doğdu, Ankara Üniversitesi İlahiyat Fakültesi'nden 1991 yılında mezun oldu. Sakarya Üniversitesi İlahiyat Fakültesi'nde öğretim üyesi olarak görevliydi.

İkincisi, Kemal Batmaz. Kalkışma sonrası kayyum atanan cemaatçi kurumlar arasındaki Kaynak Kağıt A.Ş'nin genel müdürüydü. Saat 21:50'den 01:40'a kadar Akıncı'da olduğu tespit edilen Batmaz'ın darbeci askerlerle birlikte hareket ettiği görülüyordu.

Üçüncüsü, Anafartalar Koleji'nin sahibi Hakan Çiçek. Darbe girişiminin merkezi Akıncı'da yakalandı. İfadesinde, "Okuldan öğrenci velimiz Alb. Ahmet Özçetin, cuma akşamı 20:30'da sosyal etkinliğe davet ettiği için Akıncı'daydım" dedi.

Dördüncüsü, ifadesinde Kemal Batmaz'la Kazan'a tarla bakmaya gittiğini söyleyen elektronik mühendisi Harun Biniş. Akıncı'daki görüntülerine ilişkin "montaj" dedi. TİB'de çalıştığı dönemde aralarında Cumhurbaşkanı Erdoğan'ın da bulunduğu devlet yöneticilerinin kullandığı kriptolu telefonların dinlenilmesine ilişkin davada sanık olduktan sonra kurumla ilişkisi kesilmişti.

Beşincisi, Nurettin Oruç. Akıncı'da yakalandı. İfadesinde, film yapım şirketinde çalıştığını söyleyen Oruç, "Akıncı kışlası yakınlarındaki köye hayvan yetiştiriciliği konusunda hazırlayacağımız bir belgeselle ilgili ön görüşme ve sözleşme yapmak amacıyla gittim" dedi.

Hepsinin "planlanmış sahte öyküsü" vardı!

MİT 600 DARBECİ SUBAYI AYLAR ÖNCEDEN BELİRLEDİ AMA NİYE BEKLENDİ?

WhatsApp, telefon ele geçerse silinmiş mesajların geri getirilebileceği bir uygulamaydı.

WhatsApp'tan daha güvenilir, şifreli bir haberleşme gerekiyordu.

MİT, darbe girişiminden aylarca önce (6 ay deniliyor), cemaatin ByLock uygulamasıyla haberleştiğini saptadı.

ByLock kayıtlarından ismi ilk saptanan 40 bin kadar devlet kurumu çalışanı, kurumlarına bildirildi.

600 kadar subayın ismi de Genelkurmay'a bildirilmişti. Ama konuyla ilgilenecek Personel Dairesi'nde Fethullahçı örgütlenme vardı!

Belki de, o ana kadar darbeyi akıllarından geçirmeyen cemaatçi subaylar için alarm zilleri çalmaya başlamıştı.

TSK'daki cemaatçiler, Temmuz sonunda yapılacak YAŞ'ta tasfiye edilecekleri bilgisine böyle ulaştı.

Cemaat, MİT'ten Emniyet ve Başbakanlık'a giden uyarılardan haberdar olunca ByLock'u terketti.

Emniyet İstihbarat'daki bir mühendis, MİT'in saptadığı 40 bin ByLock kullanıcısının isimlerini Başbakanlık Veri Toplama Merkezi İstihbarat Şefi Mustafa Koçyiğit'e ileterek, cemaati bilgilendirdi.

Koçyiğit de, "Burak" ismiyle tanıdığı mühendisten aldığı isim listesini (ifadesinde 20 bin isim diyor) "Selahattin" ve "Furkan" isimli "abilerine" teslim etti.

MİT'in TSK ve kamudaki ByLock'çuların isimlerini belirleyip, mesajlaşmalarını çözmeye çalıştığını öğrenen cemaat, panikle 2016 için darbe planlaması yapmaya başladı.

MİT, cemaatin deşifre olan ByLock'u terk edip, Eagle yazılımına geçtiğini de çok geçmeden saptadı. "Turquoise" da, kullandıkları bir başka programdı.

Eagle'ın kodları kırılıp, yapılan hazırlığın darbe girişimi olduğu ortaya çıkarılamadan, 15 Temmuz kanlı girişimi yaşandı.

Ya da, biliniyordu, gözlendi, risk alındı, beklendi ve "tiyatro"ya dönüşen darbe girişimine bilerek-bilmeyerek, ya da beceriksizlikle yol verildi.

Çok tuhaf, 600 subaya kadar saptıyorsun da, darbe yapsınlar diye mi bekliyorsun!

BYLOCK'UN ÇAKMA SAHİBİ KİMİ KORUYORDU?

200-300 bin arası ByLock kullanıcısı vardı. 2016 bitiminde yarısından fazlasının ismi belirlendi. İsimler saptandıkça, yıllarca sürecek tutuklama ve gözaltılar başlayacaktı.

ByLock uygulaması, ABD'de David Keynes tarafından piyasaya sürülmüştü.

MİT, ByLock yazılımının kaynak kodları arasına bazı Türkçe komutların yerleştirildiğini görünce, araştırma derinleşti.

Yazılımın sahibi görünen şirketin tabela şirketi, "David Keynes"in de aslında Türk olduğu belirlendi.

ByLock'un Türkiye'de yazılıp, lisansının yurt dışında alınmış olması da büyük ihtimaldi.TÜBİTAK eski yöneticilerinden Mesut Yılmazer, ByLock'u yazan ekipte yer aldığı şüphesiyle tutuklandı.

ByLock'un lisans sahibi ve sonradan David Keynes adını almış eski Türk vatandaşı, ismini veremeyeceği bir ev arkadaşının programın yazılımını hazırladığını söyleyecekti.

"Bayram değil, seyran değil, bu adam gazetelere niye konuştu" diye düşündüğümde, yanıtı buldum.

Muhtemelen, hedef şaşırtarak Türkiye'deki yazılımcı arkadaş(lar)ını korumak istemişti!

MİT'TEN LİTVANYA'YA ÇOK GİZLİ BYLOCK OPERASYONU

ByLock sunucusu Litvanya'daydı. Mesajlaşmaları, ABD'de görünen bir e-posta adresine kopyalıyordu.

Hükümetin cemaat kontrolündeki Telekomünikasyon İletişim Başkanlığı'nı (TİB) kapatmaya karar vermesiyle, MİT'in Litvanya operasyonuna başlaması eşzamanlı oldu.

MİT'in siber güvenlik ekibi Litvanya'daki sunucuya girerek, verileri Yenimahalle'deki karargaha aktarmaya, ByLock'un içini boşaltmaya başladı.

İlk etapta ele geçirilen 18 milyon küsur yazışma ve 3,5 milyon e-postanın yüzde 99'u Türkçe idi.

Aynı şekilde IP'lerin yüzde 98'i Türkiye kaynaklıydı. Görünüşte, ByLock 2014 Kasım ayında Orta Doğu'dan gelen hesapları kapatmıştı, ama bu Türkiye'den girişleri VPN ve Proxy gibi kimlik gizleme yollarına sevk etmek içindi.

Zaten ByLock'taki kullanıcı adlarının tamamına yakını da, Türkçe isim ve ünvanlardan oluşuyordu. Eylül 2016 başı itibarıyla, ByLock'a kayıtlı 215 bin 92 hesaptan 165 bin 178'inin kimlikleri saptandı.

Kalkışmadan 5 ay sonra bile, 57 ilde 500'ü aşkın subayın ByLock kullanmaktan gözaltına alındığını belirtelim ki, olayın vehametini anlayın!

"ByLock'çuların en önemlileri", gizli yazışma ağını başlatmak için "ilk üye olan 25 kişi"ydi.

ByLock kullananlar arasında, çok sayıda hakim ve savcı da çıktı. Cemaatçiliklerine delil olarak görüldüğü için meslekten atılarak, tutuklandılar.

ByLock öyle yaygındı ki, Konya'da 24 kişinin gözaltına alındığı ByLock operasyonunu yürüten cumhuriyet savcısı Fatih S. bile ByLock kullandığı iddiasıyla açığa alındı!

FETÖ KİMLİK NO'SU VE BYLOCK'A GİRİŞ ŞİFRESİ: 1 DOLARDAKİ SERİ NUMARASI

"Ergenekon asparagaslarının benzerleri başladı" dedirten haberlerden biri, "darbecilerin üzerinden çıkan 1 dolarlık banknot" haberleriydi.

Rivayete göre, "F" serisinden doların üzerindeki rakamlar cemaatçilerin bir nevi "TC kimlik no"suydu.

Gülen'in Pensilvanya'daki evinde tutulan bilgisayar kayıtlarına girilip, 1 doların seri numarası yazıldığında, o kişinin adına, soyadına ve nüfus bilgilerine ulaşılıyordu.

ByLock tarzı gizli yazışma programlarında, birbirlerini tanımalarını sağlayan 'kod adı" ya da programa girmelerini sağlayan şifreydi.

Abartılı haberler vardı ama, 1 dolar işi ciddiye alınmayacak gibi değildi. Gözaltına alınan akademisyenlerin İstanbul Üniversitesi'ndeki odalarında da okunmuş (okunduğu nereden anlaşılıyorsa!) 1 dolarlık banknotlar bulundu.

Yakalanan asker-polislerin cüzdanlarında da vardı.

Muazzam büyüklüğe ulaştığı için birbirini tanımayanlardan oluşan "gizli yapı"nın böyle bir işarete başvurması akıllıcaydı.

Cemaatçi esnafa verilen "1 dolar"lar, işlerinde bereket getirsin diye "okunmuş" olabilirdi.

Ama tüm cemaatte, özellikle de askerler arasında, "kartvizit" gibi kullanılması mantığa aykırı değildi.

Metal parayı ise, hiyerarşide daha üst noktalarda olanlar taşıyormuş!

"1 dolar efsanesi" doğru gibiydi, ama ya abartılıysa!

"F SERİSİ" 1 DOLARI OLAN, HERKES FETULLAH'ÇI MI?

Zaman Gazetesi'nin Gülen'in eline geçmeden önceki ilk ekibinde yeralan İslamcı popüler yazar Fehmi Koru'nun Habertürk'teki yazılarına darbe girişiminden aylar önce son verilmişti.

Fehmi Koru, İngiltere'deki üniversite yıllarından ev arkadaşı olduğu Abdullah Gül'ün sözcüsü gibi algılanıyordu. Erdoğan'ın "sivil diktatörlük çabalarına" eleştiriler getirmeye başlayınca "istenmeyen adam" olmuştu.

Hakkında "cemaate yakın" izlenimi olan Fehmi Koru, içeri alınabilecek bir isimdi. Blogunda yazdığı yazıda, "1 dolar meselesi"yle dalga geçiyordu:

"Dün ben de tedirginliğe kapılıp ani seyahatlere çıkmam gerektiğinde uzandığım cüzdandaki yabancı paralara göz attım. Çok sayıda bozuk para yanında

1 dolarlarım da var. Hem de tam 9 adet. İçlerinden 3 tanesi 'F' silsilesinden.

Eminim, Cumhurbaşkanı Erdoğan ile Muhammed Ali'nin cenazesine katılmak üzere geçen ay ABD'ye giden heyetin üyelerinde de 1 dolarlar vardır. Bazısı herhalde 'F' silsilesindendir de...

Ben şimdi son ABD seyahatimden geri getirdiğim o 1 dolarları ne yapmalıyım?''

2017'ye girildiğinde, dolar artık 4 TL'yi zorluyordu. Arkasından korkanlar, 1 dolarlarını yok ediyordu!

Erdoğan, "1 dolarla mücadeleyi" daha da ileri götürdü, doların yükselmesine tepki olarak "kim dolar taşıyorsa terörist sayılacağını" ilan etti!

Sadece 1 doları değil, doları olan herkes teröristti(!)

TANDOĞAN TOPLANTISINDA BAHSEDİLEN DARBENİN BAŞINDAKİ ORGENERAL

15 Temmuz öncesi, birbirlerini tanımayan subayların gruplar halinde bir araya getirilip "darbeden haber edildikleri" netti.

Toplantılara katılan jandarma yarbaylardan, MİT Müşterek İstihbarat Koordinasyon Merkezi'nde görevli A.K. itirafçı oldu:

" 15 Temmuz olaylarından yaklaşık 1 hafta önce, (…) isimli bir yarbay, beni arayıp görüşmek istediğini söyledi. Tandoğan'da buluştuk. Bir binaya girdik, içeride 35 yaşlarında biri oturuyordu. Bana 17-25 olayları sonrası cemaatin yaşadığı sıkıntıları anlattı ve Ağustos YAŞ toplantısında 3 bin askerin ihraç edileceğini, Gülen'in

YAŞ toplantısını istemediğini, gidişata dur deme zamanı geldiğini, darbe yaparak cemaat mensubu subayların TSK ve devlet yönetimini ele geçireceklerini söyledi."

A.K.'ye "yarbay abisi" enteresan bir bilgi daha vermişti:

"Bir orgeneralin işin içinde olduğunu, Genelkurmay Başkanı ve kuvvet komutanlarının darbe başladıktan sonra ikna edileceğini söyledi. 'Var mısın' diye sordu. Cemaatle bağım olduğundan kabul ettim."

Oldu bitti bu sızdırılan gizli tanık haberlerine güvenmem. Ama gerçek ise, "darbeci orgeneral"in kimliği hakkında en ufak bir dedikodu çıkmadı!

Tutuklanan tek "karacı" orgeneral 2. Ordu Komutanı Adem Huduti'ydi. Kastedilen Huduti olsa, 15 Temmuz gecesi Malatya'da değil, Ankara'da darbenin başında olurdu!

Şubat 2017'de Huduti'yle ilgili iddianamede, İnsanlı Keşif Uçağı ile Ankara'ya götürülmek üzere hazırlık yapıldığı ortaya çıktı. Kabul etse, götürülecekti!

ANKARA'DA DARBECİLERİN TOPLANDIĞI İKİ ADRES

Ankara'daki darbe toplantılarının yapıldığı iki adres kesin olarak saptandı. İzmir'den bir general "gizli tanık" olmuş(!), darbe öncesi toplantılara çağrıldığı iki binayı göstermişti.

Bu yerlerden ilki, Çayyolu'nda Ahmet Taner Kışlalı Mahallesi'nde bulunan bir villaydı. Bu villada "Empati Danışmanlık" adlı firmanın izine rastlandı. Ancak firma sahiplerinin Kızılay'da adresi belirlenemeyen bir noktaya taşındığı ortaya çıktı.

Darbe toplantılarının yapıldığı 2. adres, Çukurambar Kızılırmak Mahallesi'ndeki site içindeki Çınar Apartmanı'nın 2. katındaki 4 numaralı daireydi.

Daireyi eşiyle beraber cemaatçi Atlantik Eğitim Kurumları'nda öğretmen olan A.Ö. kiralamış, katılımcıların deşifre olmaması için binanın kamera kayıt cihazını sökmüştü.

Çukurambar'daki daire, Eylül 2016 sonunda 695 bin TL'ye satılığa çıkarıldı.

Belki de "el konulur" diye sahipleri "darbeci daire"yi elden çıkarmaya çalışıyorlardı.

İSTANBUL'DAKİ HAVA HARP OKULU'NDA TEBDİL-İ KIYAFETLİ DARBE TOPLANTISI

Darbe girişiminden 1 gün önce, Yeşilköy'deki Hava Harp Okulu'na 20 subay ve general sivil kıyafetleriyle geldi.

Okul Komutanı Tümg. Fethi Alpay'ın ev sahipliğindeki toplantıya katılanlar "darbenin İstanbul ayağının beyin kadro"suydu:

"Eniştesinin hareketlenmeyi görüp, Erdoğan'a bildirdiği birlik olan" İstanbul 66. Mekanize Tugayı'nın Komutanı Tuğg. Mehmet Nail Yiğit.

Cumhurbaşkanı Erdoğan'ı Marmaris'teki otelden almaya giden darbeci Tuğg. Gökhan Şahin Sönmezateş.

Darbe başarılı olsa Ankara Valiliği'ne atanacak Tuğg. Kemal Akçınar.

Toplantı sonrası Hava Harp Okulu'nda geceleyen bazı subaylar, girişim başarısız olunca parayla satın aldıkları okuldaki erlerin elbiselerini giyerek, halkın arasına karışıp izlerini kaybetmeye çalıştılar.

İçlerinden tek kaçabilen 66. Mekanize Tugayı Komutanı Tuğg. Mehmet Nail Yiğit oldu. Zeytinburnu'ndaki lojmandan ailesini yanına alarak, 69 (Bayburt) plakalı aracıyla kayıplara karıştı.

NİYE İLLA 15 TEMMUZ, NİYE CUMA GECESİ?

15 Temmuz cumaya denk geliyordu. Ertesi gün tatildi. İki günlük hafta sonu tatilinde, az sayıda subayla, darbeye direnecek subayların birlikleri kolayca kontrol altına alınabilirdi.

Gündüz MİT'ten gelen "hareketlenme" istihbaratı üzerine, gece yarısından sonra 03:00-04:00 arası olan kalkışma saati öne alınarak, akşam 21:00'e çekildi, bu yüzden de "kontrol güçlüğü" sağlandı.

Zaten, ilk verilen kararda, belirlenen gün de 15 Temmuz değildi. 23 Temmuz Cumartesi'yi 24 Temmuz Pazar gününe bağlayan gece, ilk planlanan zamandı.

16 Temmuz'da 600 subaya FETÖ operasyonu yapılacağı yönündeki şüphe, cemaatin darbeyi 1 hafta öne çekmesine yol açtı.

Cemaatçi subaylara operasyon hazırlığındaki Ankara Savcısı Serdar Coşkun ve İzmir Başsavcıvekili Okan Bato'nun yazışmaları, TSK'daki cemaatçi istihbarat subaylarının önüne gidiyor, ama tam detayları bir türlü alamıyorlardı.

Savcılardan sürekli ek bilgi isteniyor, "soruşturmalar gizli" yanıtıyla afallayıp kalıyorlardı.

Cemaatçi istihbarat subayları, Genelkurmay Başkanı Akar'a sürekli bilgi notu sunup, eski Ergenekon-Balyoz sanığı subayların ihbarlarını ciddiye alan savcıları şikayet ediyorlardı.

Cemaatin istihbaratçı subayları kıvranıyordu. 16 Temmuz'dan önce harekete geçilmeliydi. Yoksa, "planlanan darbeyi yapacak cemaatçi subay kalmayacak"tı.

Hazırlıklar, TSK'daki cemaatçilere operasyon beklenen 16-17 Temmuz'un arefesi 15 Temmuz'a yetişebildi!

Bir başka son dakika golüyle, kalkışma 6-7 saat daha öne çekilince, iyice iki ayakları bir pabuca girecekti!

KALKIŞMAYI ÖNE ÇEKTİREN ÖZEL SOHBET

Kızının düğününde HKK ile derdest edilip, YAŞ'ta orgeneralliğe yükseltilmeyince istifa eden Korg. Mehmet Şanver, 15 Temmuz öncesi, Genelkurmay Başkanı Akar'a terfi listesindeki askerlerle ilgili değerlendirmelerini anlatmaya gitmişti.

Şanver ifadesinde, "Fethullahçıları Genelkurmay Başkanımıza anlatırken Fethullahçı general de söylediklerimi not alıyordu." diyordu.

Anlattığı isimlerin biri hariç, hepsinin darbeci çıktığını belirten Şanver'e göre, darbeciler söylediklerine kulak misafiri olunca, deşifre olduklarını anlamışlar ve girişimi öne çekmişlerdi.

Bahsettiği "not alan cemaatçi komutan", daha sonra tutuklanacak olan Genelkurmay Personel Başkanı Korg. İlhan Talu'ydu.

Talu'nun cemaatçi olduğu ve darbe girişimine karışıp karışmadığı çok tartışmalıydı.

"Duyduğu bilgileri" muhtemelen paylaştığı kendi ekibinde ise cemaatçiden bol bir şey yoktu!

DARBENİN 03:00'TE PLANLANDIĞININ BELGESİ

Darbenin "Atatürkçü(!)" olduğunun anlatıldığı 20 sayfalık sıkıyönetim direktifinde, gece saat 03:00'te harekete geçilmesi öngörülüyordu.

Gerekçelerin, "huzur, güven, özgürlükler, hukuk devleti, uluslararası itibar, cumhuriyete yönelik tehditler, insan hakları, yolsuzluk ve terör, laiklik" olarak sıralandığı direktifte, "TSK 16 Temmuz 2016 saat 03:00'dan itibaren yönetime el koymuştur. Aynı saatten itibaren tüm yurtta sıkıyönetim ilan edilmiştir" deniliyordu.

Sıkıyönetim direktifinde, saat 03:30'dan itibaren ikinci bir emre kadar Türk vatandaşlarının yurt dışına çıkışlarına izin verilmeyeceği belirtiliyordu.

06:00'dan itibaren de sokağa çıkma yasağı vardı.

Darbe saati öne çekildiğinden, direktif TRT'de "saat ibareleri" verilmeden okundu!

DARBE EMRİ TEMMUZ BAŞINDAKİ RAMAZAN BAYRAMI'NDAN SONRA VERİLDİ

Darbenin "İstanbul'daki beyin takımı" olan Harp Akademileri'ndeki 60 civarındaki subay tutuklandı.

Akademideki subayları darbe için eğiterek motive eden, örgütsel direktifleri ulaştıran "8 sivil abi" saptandı. Hepsi eşleriyle birlikte içeri atıldı.

Harp Akademileri Komutanlığı'nda görevli 120 subayın, 1. Ordu Komutanlığı, İBB, İstanbul Valiliği, İstanbul Emniyet Müdürlüğü, Atatürk Havalimanı, Sabiha Gökçen Havalimanı, Fatih Sultan Mehmet Köprüsü, TRT, Telekom gibi 11 ayrı noktanın koordinasyonunda (yarısı tatbikat sanarak) aktif olarak rol aldıkları ileri sürülüyordu.

Harp Akademileri Komutanlığı'nda, darbeci subaylara ait çok sayıda çöpe atılmış CD ve tablet bilgisayar bulundu.

Çöpten çıkanlara bakılırsa, hazırlıklar en az 1 yıl önceden başlamış, kesin talimat ise Temmuz başındaki Ramazan Bayramı'ndan sonra verilmişti.

Yani "darbe kararı" 6 ay önce ByLock deşifre olunca veya son birkaç ayda TSK'daki cemaat tasfiyesi istihbaratı alınınca değil; çok daha önce alınmıştı!

Her halükarda denenecek kalkışmaya "uluslararası konjönktüre göre'' uygun zaman kollanıyordu!

ANKARA'DA 6-13 TEMMUZ ARASI HER GÜN "ÖLÜ AJANLAR" TOPLANTISI

Ramazan Bayramı tatiline denk gelen 6-13 Temmuz günlerinde, Ankara Çukurambar'daki villaya küçük gruplar halinde çağrılan subaylar, bazı "dava arkadaşları"yla ilk kez yüz yüze geliyor, çok mutlu oluyor ve "ne kadar çok olduklarını" gördükçe cesaretleri artıyordu.

Soğuk savaş dönemindeki "günü geldiğinde bir emirle harekete geçen" Sovyetler Birliği'nin Batı dünyasına yerleştirdiği "ölü ajanlar" gibiydiler.

Yıllardır bekledikleri "görev günü" ve "gerçek kimliklerine göre davranma saati" gelmişti.

Birbirini yeni tanıyan subaylara, kendi ilinde ve birliğinde neler yapması gerektiği anlatılıyordu.

İddialara göre, karşısına çıktıkları heyette, Adil Öksüz, İstanbul Kuzey Deniz Saha Komutanı Kora. Ömer Faruk Harmancık, Genelkurmay Personel Plan ve Yönetim Daire Başkanı Tuğg. Mehmet Partigöç ve YAŞ üyesi Org. Akın Öztürk(düşük ihtimal!) de vardı.

Ramazan Bayramı tatili süresince bu ana çekirdek ekip, Çukurambar'daki villada neredeyse her gün, gruplar halinde gelen "ölü ajanlar"la buluştu.

Toplantılara katılan generallerden biri "itirafçı gizli tanık(!)" olarak, ifadesinde şunları anlattı:

"Görev tebliği için toplantıya giderken herkes cep telefonlarını evde bıraktı. Dikkat çekmemek için kot ya da şort ve tişört gibi rahat kıyafetler giymemiz istendi. Önce en az iki kez araç değiştirip buluşma noktalarına gittik. Buralardan bizi kapalı minibüslerle alıp villanın garajına götürdüler.

Oradan da villadaki büyük bir salonda, Adil Öksüz ve Akın Öztürk'ün(!) de aralarında bulunduğu heyetin karşısına çıktık. Her komutana darbede kendi ilinde yapacakları anlatıldı. Ama kimseye yazılı bir belge verilmedi. Konuşmanın başında da bir kere anlatacaklarını söyleyerek uyardılar."

Villadaki parmak izi aramasında, sadece Kuzey Deniz Saha Kurmay Başkanı Tuğa. Ömer Faruk Harmancık'ın parmak izi bulundu.

Darbe toplantıları ve Harmancık'ın toplantılarda bulunduğu kesinleşmişti.

Adil Öksüz ve Akın Öztürk için delil, çoğu kez güvenilmez çıkan gizli tanık ifadesiydi.

Harmancık ifadesinde tüm iddiaları reddediyor, Akıncı

Üssü'nde bile o gece misafir olarak(!) bulunduğunu söylüyordu.

Oysa, Akar, darbe bildirisini kendisine imzalatmak isteyenin Harmancık olduğunu ifade etmişti.

Harmancık yakayı "parmak izinden" de fena ele vermişti!

GENELKURMAY'DAKİ "POKER FACE": PARTİGÖÇ

Pokerde yüzüne bakıldığında "elini" çaktırmayana, "poker yüzlü" anlamında "poker face" denilir.

Genelkurmay'daki 1 numara Partigöç'tü ama, kalkışma gecesi "rolünü" çok iyi oynamıştı.

Partigöç'ü yakan ilk ifade, Tunceli Hozat 51. Motorlu Piyade Tugay Komutanı Tuğg. Abdülkerim Ünlü'den geldi:

"İzinli olarak Ankara'daydım. 14 Temmuz günü askeri lojmanlarda Tuğg. Mehmet Partigöç ile buluştum. Bana 15 Temmuz'da Elazığ Sıkıyönetim Komutanı olarak görevlendirildiğim darbe bildirisini ve çalışacağım personel listesini verdi."

Ünlü iki kez itirafçı olmak istemiş, sonra vazgeçmişti.

Acaba ifadesi "sonradan reddetme ihtimaline" karşı mı, medyaya sızdırılmıştı! Bilemiyoruz!

Bildiğimiz şu ki, Partigöç Genelkurmay karargahında "rengini belli etmeden" kalkışmayı dakikası dakikasına yöneten isimdi.

Kalkışma başarısız olunca da, yalana dolana sığınmadı, hep koruduğu "poker face"iyle, teslim olmanın pazarlığını yürüttü.

DARBE BİLDİRİSİ ERDOĞAN'IN SARAYINDAKİ HIGH-TECH ODADA YAZILDI

Tüm askeri birliklere kapalı devre sistem üzerinden geçilen darbe direktiflerinin, Çankaya Köşkü ve Cumhurbaşkanlığı Külliyesi'ndeki yaverlik binalarından gönderildiği belirlendi.

TRT'de okutulan darbe bildirisi, Cumhurbaşkanlığı Külliyesi ve Çankaya Köşkü'nde yazılmıştı!

Bildiriyi kaleme alan, Cumhurbaşkanı Başyaveri Alb. Ali Yazıcı'ydı. Kara, hava, deniz yaverleri de bildirinin hazırlanmasına yardımcı olmuştu.

Başyaverlik binasındaki aramalarda, Başyaver Yazıcı'nın odası ve bilgisayarının özel bir yazılımla korunduğu ortaya çıktı.

İzinsiz erişim durumunda bilgisayardaki tüm verileri silen yazılım, aynı zamanda odanın kapısıyla da entegreydi!

Oda, kapısı izinsiz açılırsa, içerdeki bilgisayar başta, her şey otomatikman kilitleniyordu!

Başyaveri neler de biliyormuş! Oysa, Erdoğan Periscope'la bile kalkışma gecesi tanıştı!

ERDOĞAN'IN BAŞYAVERİ DARBEYİ 1 GÜN ÖNCEDEN DUYURDU

Erdoğan'ın Başyaveri Yazıcı, darbeyi duyurmaya 1 gün önceden başladı.

İzinlerini bile yarıda kestirdiği emrindeki subay-astsubayları, 14 Temmuz günü Muhafız Alay komutanı Muhsin Kutsi Barış ile birlikte uyardı:

"Yarın yapacağımız tatbikat çok önemli, gerçek reaksiyonu ölçmemiz için kimsenin haberinin olmaması gerekiyor. Muhafız Alayı'nın yapacağı bu tatbikatta sizin göreviniz 23:00'ten sonra başyaverlik binasının kapısını açıp beklemek. Gelenler ne emir verirse yapın. Sakın konudan kimseye bilgi vermeyin, bu çok önemli, yoksa gerçek durumu ölçemeyiz."

Saray'daki darbe hazırlığı, pek çok askeri birlikteki gibi "tatbikat görüntüsü" altında yapılmıştı.

ERDOĞAN, CEMAATÇI BAŞYAVERİNDEN ŞÜPHELENİYORMUŞ

Danışmanı Şeref Malkoç, "Erdoğan'ın, yaverlerinin FETÖ bağlantılı olmasıyla ilgili ciddi tereddütleri sürekli vardı" diyordu.

"Yaverleri seçip gönderen Genelkurmay Personel Dairesi FETÖ'nün elindeydi. Bunu bilen(!) Cumhurbaşkanımız, son 3 aydır Başyaverini çok mecbur kalmadıkça yanında tutmuyordu" diyen Malkoç şöyle devam ediyordu:

"Aslında görevden azledecekti. Onuru zedelenmesin diye yollamak için Ağustos'taki Yüksek Askeri Şura'yı bekliyordu. Başyaveri Yazıcı'yı güvenmediği için Marmaris'teki tatile giderken yanına almadı."

Erdoğan darbeci Başyaverini Marmaris'e götürmüş olsa, "yeri, noktası noktasına kolayca öğrenileceğinden" belki çok kolay esir düşecekti.

Malkoç'un dediği gibi, Başyaver Yazıcı kalkışma gecesi Marmaris'te olsaydı, çok daha korkunç şeyler yaşanabilirdi.

Yine de, Erdoğan'ın "Başyaverinin Fetö'cü olduğunu kesinlikle bilmesi", sanki Malkoç'un "her şeye muktedir(!) lideri yüceltme amaçlı" bir abartması!

DARBE GECESİ WHATSAPP'TAN DUA ZİNCİRİ

Cemaat, darbenin başarılı olması için günboyu "Nusret ve Galebe" ile "Hizbul Hasin" dualarını okumuştu.

Dualar, darbe gecesi cemaatçilerin WhatsApp yazışmalarında paylaşıldı ve dua zinciri oluşturuldu.

"Nusret ve Galebe" duası, zalimin zulmünden korunmak, düşmana karşı galip olmak için okunuyordu.

O gece bazı darbeci askerlerin üzerinden çıkan "Hizbul Hasin" duası ise şöyleydi.

"Bismillahirrahmanirrahim, sağıma bismillah, soluma bismillah, arkama bismillah, önüme bismillah, üstüme bismillah. Allah'ın adıyla korunduk, onun muhkem korumasına dehalet ettik, aşılmaz kalesine gizlendik, güzel isimleri ile donandık, Celil isminin nurlarının sırrına büründük; Kavi ve Kahir isimlerinin imdadı kuvveti ile üstün geldik, cin, ins vesair mahlukattan düşmanlarımıza galip geldik, onlardan gizlendik, onlara üstün geldik ve muzaffer olduk."

Darbe başarısız olunca, Pensilvanya'dan yeni dualar gönderilecekti.

GÜLEN "DARBECİ CİNLERİNİ" DEVREYE SOKTU

Hep diyoruz ya, "İslamcı darbeciler, İslamcı iktidarı devirmeye çalıştı, biz normal insanlar da şaşkınlıkla seyrettik" diye…

Darbe gecesi muhtemelen "Cinler savaşı(!)" da yaşanmış.

AKP'li Ankara Büyükşehir Belediye Başkanı Melih Gökçek, Gülen'in darbe girişimi başta olmak üzere birçok olayı cinlerle yaptığını duyuruyordu:

"Bana da altın gibi değerli bir metal ve cevşen vermişti. Bu işleri üç harflilerle (cin) yapıyor."

Gökçek "gerçekten inanıyor musunuz buna?" sorusuna ise "İnanırım. Canlı olarak benzer olaylarla karşılaştım." yanıtını veriyordu.

Eski müritlerinden gazeteci Lütfi Doğan da, Gülen'in cinlerle konuşmaya merakını şöyle anlatıyordu:

"Birkaç kere cinlerle konuşmaya çalışmış sonra vazgeçmişti, ama etrafındakilerin 'cinlerle temas kurduğuna inanmasını' istiyordu. Öyle ki etrafına 'Ergenekon dosyalarını cinler getirdi' diyor. Espriyle karıştırıp, cin inancını pekiştiriyordu!"

Gülen, Gökçek'i cinlerine inandırmıştı ama bilindiği kadarıyla "tutuklanan tek cin" yoktu!

GÜLEN'İN CİNLERİNE KARŞI AKP'DEN ÖLÜM BÜYÜSÜ

İslamcı darbeciler ile İslamcı iktidar arasındaki kavga, "seçmen-mürit seviyeleri" gibi yerlerdeydi.

Gökçek, "Gülen bize cinleriyle darbe yapmaya çalıştı" der de, Gülen geri durur mu!

Kalkışma sonrası yabancı gazetecileri toplu olarak kabul etti. Ve AKP'lilerin kendisini öldürmek için 10 kere büyü yaptırdığını iddia etti.

Daha da ileri gitti, Erdoğan'ı yakalanacağı bir çapkınlık gecesinden kurtardığını "ilk kez" kameralara söyledi. "Ayıpçı sırrı"nı bildiği için, Erdoğan'ın kendisini sevmediğini sözlerine ekledi.

"Belden aşağı vuruş"tan vazgeçemiyorlardı.

Muhaliflerin yatak odalarını gizlice çekip, işbirliğiyle yayınladıklarını da görmüştük!

ABDÜLKADİR SELVİ, GÜLEN'LE AYNI TARİKATTAN

15 Temmuz'un "savaşan İslamcı tarafları" birbirini "cin"lerinden "büyü"lerine öyle iyi tanırlar ki, darbe haberleriyle yıldızı parlayan Abdülkadir Selvi de başarısını 'içlerinden biri" olmasına borçluydu.

Abdülkadir Selvi'yi Fethullah Gülen'in içinden koptuğu Said-i Nursi'ci Yeni Asya Gazetesi'nde çalışırken tanımıştım.

Gariban, mütevazi, efendi bir çocuktu.

O dönem çalıştığım TV kanalındaki haber programı için "Said-i Nursi'nin kayıp mezarını" araştırırken, yardım istediğim Yeni Asya grubu, Selvi'yi bana yardımcı olması için görevlendirmişti.

"27 Mayıs'çılar cenazeyi uçaktan denize attılar" efsanesi yalandı.

Mezar, Isparta'daydı.

Yaşarken etrafında yeralıp artık Yeni Asya'cı olan "abiler", mezar yerinin duyurulmaması vasiyeti nedeniyle Nursi'nin mezar yerini gizli tutuyorlardı.

O dönem yeni patlayan özel TV'lerin cazibesine

kapılarak sırrı kulağıma fısıldadılar!

Program yayınlandıktan sonra da, "mezar bulundu" diye kendi gösterdikleri mezarı, Yeni Asya'da manşete taşıdılar.

Hatta, Risale'i Nur'larından metinler bulup, "üstadın gün gelip, o devirlerde henüz icat edilmemiş TV'lere çıkacağını çok önceden bildiğini" yazdılar.

Saidi Nursi, yaşarken televizyondan bihaberdi. Risalelerinde "icat edilmeyen televizyonu tarif ettiğini" Yeni Asya'cılar yakıştırmıştı.

Tüm bunları kim yazdı dersiniz?

Abdülkadir Selvi...

Fethullah Gülen, nurcu "Yeni Asya hareketi"nden 1974'te ayrılmıştı.

O da Selvi gibi eski "Yeni Asya'cı"ydı!

Selvi'nin yardımıyla epeyce sansasyonel "Saidi Nursi'nin mezarı" haberini yaptığımız yıllarda, Gülen takipçisi olduğu Said-i Nursi'yi unutturup, yerine kendisini bir numara ilan etmeye hazırlanıyordu!

WHATSAPP'TAKİ DARBE GRUPLARI NELERDİ?

Üst düzey darbeci subay ve "cemaat abileri" kalkışma haberleşmesini "Yurtta Sulh Biziz" adlı WhatsApp grubundan yaptılar.

Değişik görevler bazında da, WhatsApp grupları oluşturuldu.

Mesela, Yalova'dan İstanbul'a kalkışmaya götürülen Hava Harp Okulu öğrencilerinin başındaki darbeci subaylar, "Canavar Meclisi" adlı WhatsApp grubundan haberleşti.

Boğaziçi Köprüsü ekibi de, "Ananas Gücü" adlı WhatsApp grubu kurmuştu.

Kurdukları WhatsApp grubundan, Boğaziçi Köprüsü, TRT ve AKOM'a giden askerleri yönlendirdikleri iddiasıyla Kurmay Albaylar Nebi Gazneli ve Müslüm Kaya kaçtıkları Konya'da yakalanıp, tutuklandılar.

Yakalandıkları ev, "çapkınlık için garsonyer lazım" denilerek, Albay Gazneli'nin kardeşinin bir arkadaşını kiracı göstermesiyle kiralanmıştı.

DARBEYE İNTERNET ADRESİ DE ALMIŞLAR

Darbeciler, "www.yurttasulhkonseyi.com" domain adını kalkışma günü satın aldılar.

Kayıt bilgileri korumalı olan hesabın kim tarafından alındığı bilinmiyordu ama kayıt yeri Panama, satın alını saati ise TSİ 16:00'ydı.

Kayıt yerini (Panama vs.) istedikleri gibi göstermeleri kolaydı.

Kalkışmadan saatler önce darbeyi internetten de haber vermişlerdi.

"MİLLETİN A... KOYAN" İŞADAMI DA HEDEFTEYDİ

17-25 Aralık yolsuzluk ses tapelerinde, aldığı ihalelerin sevinciyle "milletin a... koyacağız" diyen Cengiz Holding'in sahibi Mehmet Cengiz vardı.

Aldıkları ihaleler karşılığı "rüşvetimsi" şekilde, Sabah-ATV grubunu görünüşte satın alıp, işletmek için oluşturulan 800 milyon dolarlık fona para veren işadamlarından biriydi.

Erdoğan aleyhinde rüşvet itirafları almak amacıyla, Cengiz'i yakalayıp, Maltepe Askeri Cezaevi'ne götürmeleri için 2 yüzbaşıya talimat verilmişti.

Yüzbaşılardan İbrahim Karakuş, 15 Temmuz'da başka ilde kursta olmasına rağmen, Tuzla'ya gelip karargahtan çıkışları organize etmişti. Ancak yollara dökülen halk yüzünden trafik felçti, Cengiz'in adresine ulaşılamadı.

Soruşturma kapsamında Tuzla Piyade Okulu personeli 1 binbaşı, 35 üsteğmen ve teğmen ile 2 astsubay tutuklandı.

17-25 ARALIK İÇİN DE TOPLANTILAR YAPILMIŞ

Cemaat,17-25 Aralık yolsuzluk operasyonları sırasında da, İstanbul'da toplantılar düzenlemişti.

Cemaatin MİT'ten ve bürokrasiden sorumlu imamı Murat Karabulut'un yardımcısı olan Sesli Battaniyeleri'nin sahibi Hazim Sesli'nin cep telefonu HTS kayıtlarından, Türkiye mütevelli üyelerinin 17-25 Aralık 2013 yolsuzluk operasyonları sürecinde İstanbul'da 2 ayrı toplantı yaptığı belirlendi.

25 Aralık operasyonundan 1 gün önceki toplantıda, o dönem Türkiye mütevellisinin 1 numarası olan Mustafa Özcan ve mali konularda yardımcılığını yapan Süleyman Gülez de vardı.

HTS kayıtlarına göre, 26 Ocak 2014 günü Anafen

Okulları Ataşehir Şubesi'nde, Türkiye genelindeki üst düzey FETÖ mensuplarının katılımıyla 6 saat süren bir toplantı daha düzenlenmişti.

Toplantıya katılan isimler çok önemli, aynen kayda geçsin:

Türkiye Mütevellisi: Mustafa Özcan, İsmet Aksoy, Naci Tosun, Mustafa Yeşil, Hidayet Karaca, Ergün Çapan, Sedat Yetişkin.

Not düşelim; Samanyolu Medya Grubu Başkanı Hidayet Karaca gibi cezaevine atılanlar ve yeni yapılanma ihtiyacıyla, 2016 Kasım'ında Türkiye mütevellisi şöyle güncellendi: Mustafa Özcan, İsmet Aksoy, Naci Tosun, Mustafa Yeşil, Şerif Ali Tekalan, İrfan Yılmaz, Reşit Haylamaz, Abdullah Aymaz, Mehmet Erdoğan Tüzün, Mehmet Ali Şengül, Sadık Kesmeci.

Bölge ve il sorumluları: İstanbul ili Marmara bölge imamı Ahmet Kirmiç, İzmir'deki üst düzey abilerden Barbaros Kocakurt, Erzurum ili Doğu Anadolu bölge imamı İhsan İnal, Gaziantep ili Güneydoğu Anadolu bölge imamı Mehmet Kocatürk, Trabzon ili Doğu Karadeniz bölge imamı Yüksel Yavaş.

Finans Sektörü: Asya Katılım Bankası sorumlusu Ali Çelik, Bank Asya Genel Müdürü Ahmet Beyaz, Bank Asya Genel Müdür Yardımcısı Murat Demir, Bank Asya Destek Hizmetleri Grup Başkanı Murat Aydoğan.

Tüm detaylar, 17-25 Aralık yolsuzluklarını, "darbe girişimi" olarak zihinlere yerleştirme mücadelesi verenlerce medyaya sızdırılmıştı.

DARBECİLER İMRALI'YI BASIP APO'YU ÖLDÜRECEK MİYDİ?

Kalkışma gecesi efsanelerinden biri de, darbecilerin İmralı'yı basıp Apo'yu öldüreceklerdiydi.

İddiaya göre, "darbeci infaz timi" İmralı'ya gidip, Apo'yu yok edecekti.

Kalkışma gecesi İmralı Adası çevresinde plansız helikopter uçuşları dikkat çekiciydi.

İmralı'daki güvenlik birimlerini alarma geçiren bu hareketlilik çatışmaya dönüşmedi. Ancak darbecilerin uygulayamadıkları planın ayrıntıları sonradan ortaya çıktı.

İddiaya göre, Kazlıçeşme'den Marmara'ya açılacak 12 albay, Abdullah Öcalan'ı kaçırmak için İmralı Adası'na gitmeyi planlamıştı.

Albaylar, Zeytinburnu Limanı'ndan zodyak botlara binip Donanma Komutanlığı'na ait gemilere ulaşacak, İmralı Adası'na gideceklerdi.

Darbeciler helikopterden adayı tarayıp çatışma görüntüsü de yaratacak, sonra da adaya inerek sabaha doğru saat 04:00'te Öcalan'ı infaz edecekti.

Darbe girişiminin başlamasıyla İstanbul polisi tüm trafiği kesince, hareket alanı daralan darbecilerin İmralı'ya gitme planı gerçekleşemedi.

Polis, Kazlıçeşme'de trafikte sıkışan askeri cipte 4 albayı gözaltına aldı. Götürüldükleri Güven Timleri Şubesi'ne albayları kurtarmak için gelen 2 cip içerisindeki 8 albay da gözaltına alındı.

Cemaatin İmralı planı, ihraçlara da da yansıdı.

Öcalan'ın kaldığı İmralı'daki Jandarma Komando Ada Güvenlik Komutanlığı'nda görevli Jandarma Asts. Üçvş. Mehmet Sarıca'nın TSK ile ilişiği kesildi.

İmralı Cezaevi'nin dış güvenliğinin bağlı bulunduğu Bursa İl Jandarma Alay Komutanı Alb. Yurdakul Akkuş da, darbe girişimi kapsamında tutuklandı.

İddiaya göre, Akkuş, İmralı Planı'nı yürütecek kilit isimdi.

İMRALI'YA HELİKOPTER İNDİRMEYE ÇALIŞTILAR

Kalkışma gecesi İmralı'da neler yaşandığını, avukatları bile Öcalan'la görüştürülmediği için uzun süre öğrenemeyecektik.

Ancak Eylül başında, Demirtaş "Darbe girişiminde İmralı'ya helikopter indirmeye kalktıklarında çatışma çıktı" diye çok somut bir iddiayı ortaya attı.

"İmralı'da çatışma" iddiası ilk kez duyurulmuştu!

Adalet Bakanı Bozdağ'dan "Öcalan'ın güvenliği ile ilgili son iddialar saçma sapan" diye genel bir yalanlama geldi.

Darbecilerin halk desteği almak için, Apo'yu idam etmeyi düşünmeleri oldukça akla yatkın!

Sivil darbe sürecinde, AKP'nin Kürt siyasetçileri tutuklayıp, idam tartışmalarını yeniden canlandırmasına benziyor!

ÜÇÜNCÜ BÖLÜM

"THE" DARBE

15 TEMMUZ'UN ACI BİLANÇOSU

"Şehit ve gazileri anma günü" olarak bayram ilan edilen 15 Temmuz'un bilançosu ağırdı.

Kalkışmada yaralanan 27 yaşındaki Özcan Özsoy'un, yaklaşık 4 ay tedavi gördüğü Gazi Üniversitesi Hastanesi'nde hayatını kaybetmesiyle, ölenlerin sayısı 247'ye ulaştı.

Şehitlerin 62'si polisti. Polis şehitlerin çoğu Ankara'daydı, 5'i İstanbul, 2'si de Muğla'daydı.

Şehitlerin 5'i askerdi.

247 şehitin yanı sıra, Ankara'da 18, İstanbul'da 15, Malatya'da 1 olmak üzere 34 darbe girişimcisi öldürülmüştü.

İlk 2 haftada, İstanbul'da 4 bin 233, Ankara'da 3 bin 756, İzmir'de 605 ve diğer illerde 10 bin 162 kişi olmak üzere 18 bin 756 gözaltı vardı.

Gözaltıların bin 900'ü rütbeli olmak üzere 4 bin 315'i polis, bin 135'i subay olmak üzere 11 bin 31'i asker, 2 bin 226'sı hakim ve savcı, 95'i mülki idare amiri, 689'u da sivildi.

İlk 2 haftadaki tutuklu sayısı 10 bin 192'ydi. Başbakan Yıldırım, tutukluların dökümünü, 853'ü rütbeli olmak üzere bin 751 polis, 157 general, 2 bin 71 subay, diğer rütbelerde 3 bin 925 olmak üzere 6 bin 153 asker, 2 bin 131 hakim ve savcı, 64 mülki idare amiri, 93 sivil olarak veriyordu.

55 bin 978 kişinin pasaportu iptal edilmişti. Yıldırım, 14 bin 780 tanesinin umuma mahsus pasaport, 38 bin 703 tanesinin hususi pasaport (yeşil pasaport), 2 bin 109'unun hizmet pasaportu ve 386 tanesinin de

diplomatik pasaport olduğunu kaydediyordu.

Gümrük ve Ticaret Bakanı Bülent Tüfenkçi'ye göre, 15 Temmuz darbe girişiminin Türk ekonomisine faturası ilk belirlemelere göre 300 milyar liraydı.

Darbe sadece Meclis'i değil ekonomiyi de vurmuştu!

KİM NEREYE BOMBA ATTI?

15 Temmuz gecesi, savaş uçakları İstanbul ve Ankara semalarında "sonik" dalışlarla "darbenin güç gösterisini" yapıyordu.

"Sonik şov" yetersiz kalınca, aralarında Cumhurbaşkanlığı Sarayı ve TBMM'nin de bulunduğu 6 kritik noktaya 13 bomba atıldı.

Anayasal Düzene Karşı İşlenen Suçlar Soruşturma Bürosu'nun raporuna göre "bomba dağılımı" şöyleydi:

1- Gölbaşı Havacılık Dairesi: Saat 23:18'de bir bomba atıldı. Talimatı Albay Ahmet Tosun verdi. Bombayı, pilotlar Mehmet Çetin Kaplan ve Ertan Koral attı.

2- Gölbaşı Özel Harekat Daire Başkanlığı: Albay Ahmet Tosun'un talimatıyla saat 00:33'te bir bomba atıldı. Bombayı atan, Pilot Uğur Uzunoğlu'ydu.

3- Ankara Emniyet Müdürlüğü: Kurmay yüzbaşı Mustafa Mete Kaygusuz'un talimatıyla saat 00:56'daki bombayı pilotlar İlhami Aygül ve Mehmet Yurdakul, saat 01:08'deki bombayı ise Mustafa Özkan attı.

4- TBMM: Bombalama talimatını Albay Ahmet Tosun verdi. Saat 02:35, 03:24 ve 03:25'te 3 bomba atıldı. İlk bombayı Pilot Hasan Hüsnü Balıkçı ve Uğur Uzunoğlu, ikinci bombayı Pilot Hüseyin Türk attı.

5- TÜRKSAT: Talimatı Albay Ahmet Tosun verdi. 03:14, 03:15, 03:17 ve 03:19 saatlerindeki 4 bombayı da Pilot Hüseyin Türk attı.

6- Cumhurbaşkanlığı Sarayı ve Cumhurbaşkanlığı Köprülü Kavşağı: Saat 06:18 ve 06:19'da atılan iki bombanın talimatını Yarbay Hakan Karakuş verdi. Bombayı atan pilot Müslüm Macit'ti.

Saatlere bakıldığında, darbecilerin saat 24:00'den sonra kontrolü kaybettiklerini anlayınca, **"son çare"** bombalamaya başvurdukları anlaşılıyor.

DARBE UÇUŞLARININ MALİ BİLANÇOSU: 37,5 MİLYON TL

İstanbul'da bombalanan hedef yoktu. Bazı F-16'lar inişte risk olmaması için bombalarını Alibeyköy barajına bıraktılar.

15 Temmuz gecesi darbecilerin Türkiye genelinde yaptıkları uçuşların bilançosu da çıktı.

Darbeciler, Diyarbakır 8'inci Ana Jet Üs Komutanlığı, Akıncı'daki 4'üncü Ana Jet Üs Komutanlığı ve Malatya Erhaç'taki 7'nci Ana Üs Komutanlığı'ndan, yani 3 hava üssünden toplam 15 F-16 kaldırmıştı.

10 saat boyunca uçan 15 F-16'nın devleti 37 milyon 500 bin lira zarara uğrattığı saptandı.

Ankara Emniyeti'nin hazırladığı rapora göre ise, helikopterlerden atılanları da ekleyince, Ankara'da atılan bomba ve füzelerin sayısı 35'e ulaşıyordu.

Raporda, Ankara'da 74 tankın kullanıldığı 172 zırhlı aracın sokağa çıktığı, 3 bin 393 silah ile saldırı yapıldığı vurgulanıyordu.

Ankara, İstanbul'a göre çok daha hareketli bir gece geçirmişti.

MECLİS'E "KANDİL BOMBASI"

Darbe girişimi gecesi, Erdoğan'ın sarayı ve Meclis'e, PKK'nın üslendiği Kandil için ayrılmış bombalar atıldı.

Ankara'yı bombalayanlar, Malatya ve Diyarbakır'daki, Kuzey Irak'taki PKK kamplarını bombalamak üzere hazır bekleyen 12 savaş uçağı arasından seçilmişti.

Kalkışma bastırıldıktan sonra, Erdoğan'ın sarayı ve Meclis etrafına roketsavar ve füzesavarlı polis ekipleri yerleştirildi.

ERDOĞAN'IN SARAYINA TEK BOMBA YOK

Sabaha karşı, Cumhurbaşkanlığı sarayının çevresinde toplananlar bombalanmış, 5 sivil hayatını yitirmişti.

Erdoğan'ın sarayına ise, tek bomba fırlatılmamıştı!

Sarayın etrafındaki sivilleri bombalayan F-16 pilotlarının telsiz kayıtlarına göre, saat 00:17'de Akıncı Üssü'nden Kurmay Yüzbaşı Ahmet Tosun, Kurmay Yüzbaşı Oğuz Alper Emrah ile İlker Hazinedar'a Erdoğan'ın uçağını tarif ediyor ve önlemesini istiyor.

Talimatı alan füze yüklü F-16'lar, Erdoğan'ın uçağına müdahale etmek üzere harekete geçiyor.

Ancak Isparta hava sahasında Akıncı kule ile temasları kesilince saat 01:09'da geri dönüyor ve aldıkları talimat üzerine Cumhurbaşkanlığı sarayı üzerinde alçak uçuş yapıyorlar.

Telsiz kayıtları şu şekilde:

Filo (Ahmet Tosun): Anlaşıldı, önleyeceğiniz uçağı tarif edeceğiz, hocam gözlük kullanacaksınız, önleyeceğiniz uçağı tarif edeceğiz.

Şahin 2 (Oğuz Alper Emrah): Tamam.

A.T: Hocam vereceğimiz uçak muhtemelen Cumhurbaşkanlığı uçağı forsu olacak, kocaman bir uçak Cumhurbaşkanlığı forsu olan bir uçak

O.A.E: Mutabık.

Telsiz kayıtlarından, eski Hava Kuvvetleri Komutanı Akın Öztürk'ün damadı Yarbay Hakan Karakuş'un da, sivillerin beklediği sarayın etrafının vurulmasını koordine ettiği ortaya çıkıyor:

Aslan 6 (Müslim Macit): (İstenen vuruş noktaları) tekrar eder misiniz?.

6 Kule (Hakan Karakuş): Yol kavşağı, camii önü.

M.M: Söylenen iki hedef başarıyla vuruldu.

H.K: Anlaşıldı ellerinize sağlık.

Darbeci pilotların "kaçak saray" dedikleri Cumhurbaşkanlığı sarayı üzerinde alçak uçuşla gözdağı vermelerine ilişkin telsiz konuşmaları da şöyleydi:

Filo (Kur. Yzb. Mustafa Mehmet Kaygusuz): Aslan 4-2 numara, kaçak sarayın koordinatını Şahin 2 ye iletin, yakıt bitene kadar MACH (ses duvarı) üstü geçsin üzerinden.

Şahin 2 (Oğuz Alper Emrah): Anlaşıldı.

Kayıtlardan anlaşılıyor ki, eski Hava Kuvvetleri Komutanı Akın Öztürk'ün pilot damadı Hakan Karakuş sonuna kadar işin içindeydi.

MECLİS'E BOMBA BAHÇE HEDEFLENEREK ATILDI

CNN Türk'te yayınlanan telsiz konuşmalarında, Meclis'e bomba atanlar, Meclis'in önündeki yeşilliği yani bahçeyi hedef aldıklarını belirtiyorlardı.

Konuşmalardan sarayı ve Meclis'i yerle bir etmekten daha çok; camların gürültüden kırılmasıyla panik yaratmayı hedefledikleri anlaşılıyor.

TBMM'yi bombalayan Kur. Yarbay Hasan Hüsnü Balıkçı, ifadesinde Meclis'in bahçesine denk gelecek şekilde, Akıncı Üssü'ndeki darbecilerin talimatıyla işaretlenen noktaya, 1 adet LGB isimli lazerle giden bomba bıraktığını söylüyordu.

Doğruydu!

Yarbay Balıkçı, Meclis'i bombaladıktan sonra ailesinin yanına gittiğini anlatarak, "Ben evin üst katında yalnız kaldım. Eşim ne olduğunu sorduğunda ona TBMM'yi bombaladığımı söyleyemedim. Çocuklarımla görüşmeyi göze alamadım" dedi.

Bahçesi bile olsa, Meclis'i bombalamış olmak, çocuklarına bırakacağı en kötü miras olmuştu!

GÖLBAŞI'NDAKİ ÖZEL HAREKAT'TA 44 ŞEHİT

Ankara Gölbaşı'ndaki Özel Harekat Binası'nda yaşanan çatışma, dehşet vericiydi.

Darbeciler özel harekat merkezine önce birer ton ağırlığında lazer güdümlü 2 bomba attı. Ardından, helikopterlerle roket atıp, taramaya başladılar.

Karşı ateşle, saldırgan helikopterler vuruldu. Kan gövdeyi götürüyordu!

Aynı saatlerde herkes Meclis ve Külliye çevresindeki bombalanmalara odaklanmışken, oralara yardıma koşması gereken Gölbaşı Özel Harekat kendi canını kurtarma derdindeydi.

Başkentlilere Kızılay gibi kritik bölgelerde toplanma çağrısı yapıldı. Havaalanına yakın AKP'li belediyelerin yönlendirmesiyle,15 bin kadar vatandaş da Esenboğa Havaalanı'na gitti.

Henüz resmi anlamda mezun olmamış 4 bin 500 Özel Harekat polis adayı, Doğu ve Güneydoğu Bölgesi'nden 2 bin özel harekatçı ve 1.300 normal kadrolu personel olmak üzere toplam 7 bin 800 personel çevre illerden Ankara'ya intikal ettirildi.

Ankara emniyeti ve Gölbaşı gibi saldırı altındaki İstanbul İl Emniyet Müdürlüğüne de, bin 729 Özel Harekat polisi, civar illerden takviye olarak gönderildi.

Cematten arındırılmış polis, AKP'nin kurtarıcısıydı. Gölbaşı'nda 1'i imam 44 polisi şehit veren özel harekat, gecenin kahramanlarından biri oldu!

Emniyet Havacılık Daire Başkanlığı'na hava saldırısında şehit düşen 7 polisle birlikte, 51 polisi şehit düşüren darbeci pilotlar hakkında ölümlerine yol açtıkları her bir şehit için 1'er, "Anayasa'yı ihlal", "hükümete ve yasama organına" karşı suçlardan da 3'er kez ağırlaştırılmış müebbet hapis cezası olmak üzere toplam 54'şer kez müeebbet istenecekti.

Eğer polisteki cemaatçileri ayıklama operasyonu yapılmamış olsa, "Gülen darbesi"nin başarıya ulaşma şansı çok daha artacaktı.

GÖLBAŞI ÖZEL HAREKAT'I ASIL KURTARAN NE OLDU?

Özel Kuvvetler Komutanlığı'nı basan Tuğg. Semih Terzi'yi öldüren Astsb. **Ömer Halisdemir'i** şehit eden timler, Diyarbakır'dan gelmişti.

Baskında görev alan Ütğm. Mihrali Atmaca, ifadesinde Özel Kuvvetler'e 100 kişilik özel bir ekiple gidilmesinin planlandığını, ancak uçağın kapasitesi nedeniyle 2 timden oluşan sadece 40 askerin uçağa binerek Diyarbakır'dan Ankara'ya gidebildiğini söylüyordu.

Uçakta yer olmadığı için Ankara'ya gidemeyen 60 kadar özel kuvvetler askeri, saat 04:00'e kadar Diyarbakır 4. Ana Jet Üssü'nde bekletilmiş, kalkışma başarısız olunca birliklerine geri dönmüştü.

100 kişilik ekip, fire verip, 40'a düşmese, 43 şehit veren Özel Harekat'ta daha neler olurdu, kim bilir!

SANKİ "YENİÇERİ" İSYANI: ERDOĞAN'IN MUHAFIZ ALAYI

Osmanlı'da özel seçilmiş devşirme savaşçılardan oluşan Yeniçeri Ocağı, başkaldırmalarıyla ünlüdür. Direkt padişaha bağlı olduklarından, havalıydılar.

Kalkışmanın "Yeniçeri ocağı" da, Cumhurbaşkanlığı Muhafız alayı oldu.

Ankara'da TRT ve Genelkurmay gibi kritik kurumların ele geçirilme planının yapıldığı yer Cumhurbaşkanlığı Muhafız Alayı'ydı.

100'er kişiden oluşan 3 muhafız alayı birliği, TRT ve Genelkurmay başta, Ankara'daki değişik yerlere yollandı.

"Kazan kaldıran Yeniçeriler" başka birlikler tarafından da desteklendi.

Bir kısmı karayoluyla istanbul'a götürülen Yalova kampındaki Hava Harp Okulu öğrencilerinin 142'si de, helikopterlerle Etimesgut'a taşındı.

Öğrenciler Ankara'da sokaklarına sürülecekti. Hiçbir eyleme karışmadıkları halde, İstanbul'daki kalkışmada kullanılan okul arkadaşlarının Silivri'ye atılması gibi, Sincan Cezaevi'ne atılacaklardı.

Ankara caddelerindeki, 16 adet M16 T tankı, 20 zırhlı personel taşıyıcı (ZPT), 20 zırhlı muharebe aracı (ZMA) ve 2 zırhlı havan taşıyıcı (ZHT) Mamak 28. Mekanize Piyade Tugayı'ndan çıkmıştı.

Ankara Emniyet Müdürlüğü, Cumhurbaşkanlığı sarayı, Genelkurmay Başkanlığı ve Meclis çevresinde kullanılan bu zırhlı araçlar arasında, Kızılay'da ve Genelkurmay önünde halkın üzerine sürülenler de vardı.

Tanklardan 2'si, 100 darbeci asker tarafından kuşatılan ve çıkan çatışmada 5 polisin şehit düşüp, 133 polisin yaralandığı Ankara Emniyet Müdürlüğü baskınında kullanıldı.

Civar illerden getirilen binlerce polis ve vatandaşlar, Mamak'tan gelen tankları tek tek ele geçirdi. Şehirlerarası ve şehiriçi yollara ağır araçlar konularak, tankların hareketi engellendi.

Tankların engellenmesi, kalkışmanın belini kırdı.

Teknoloji devrinde, tanksız topsuz "Yeniçeri ayaklanması"nın başarıya ulaşması imkansızdı!

MUHAFIZ ALAYI GENELKURMAY KARARGAHI BASKININDAYDI

Genelkurmay'ın kapısını yıkarak içeri giren tank, Mamak 28. Piyade Tugayı'nın tankıydı.

Karargahta görevli Uzman Çavuş Ramazan Ulutaş, savcılık ifadesinde o geceyi anlattı:

"Genelkurmay'dan ilk tank kapıyı kırarak geçti. Özel Kuvvetler'den, Cumhurbaşkanlığı Muhafız Alayı'ndan askerler vardı. Çıkanları, girenleri vuruyordu. Sonra helikopterler geldi. Biz diyoruz: 'Helikopterler bizden, bize niye ateş ediyor?' Anlamadık.

Tabur komutanı, 'Halkı tanka bindirmeyin, kuleyi sağa-sola çevirin, düşürün, ezin. Genelkurmay bizim namusumuz. Yıkın geçin, ateş yapın' şeklinde bölük komutanımıza emir veriyor, bölük komutanımız da bize söylüyordu."

Bu ifadeye göre "darbenin Yeniçerileri" Muhafız Alayı askerleri Genelkurmay'ın içine girmişti!

EMASYA PROTOKOLÜ KALDIRILMIŞTI AMA RUHU SÜRÜYORMUŞ

Mamak 28. Piyade Tugayı'ndaki tanklar, haftalar öncesinden tam bakımdan geçirilmişti. Yakıt depoları, 15 Temmuz'un 1 hafta öncesinden başlanarak, "her an göreve çıkacak" şekilde "tam dolu" tutulmuştu.

Tugayda görevli Alb. Deniz Ay ifadesinde, aylar öncesinden başlatılan, son haftalarda gerçek mermi kullanılan tatbikatların, eski günlerdeki EMASYA uygulamasını hatırlattığını söylüyordu.

Darbeye zemin hazırladığı iddiasıyla Ergenekon-Balyoz davası süreçlerinde kaldırılan EMASYA protokolü, askere şehirlerdeki toplumsal olaylara müdahale imkanı tanıyor, terör şüphesi durumunda devreye giriyordu.

Protokol güya artık yoktu ama, fiiliyatta darbe girişimi öncesi provası yapılmıştı.

SARAYDAKİ "16 TÜRK DEVLETİ ASKERLERİ"NİN SON ROLÜ: "DARBECİLİK"

Eski darbelerde, darbecilerin işi daha kolaydı.

Çankaya Köşkü arazisinde Muhafız Alayı, Meclis arazisinde de AKP döneminde kaldırılan askeri tabur vardı.

Tıpkı, padişah ve Divanı'nın yanı başında olduğundan, kolayca sarayı denetime alabilen Yeniçeri Ocağı gibi!

Erdoğan "koskocaman saraya" taşınınca, Muhafız Alayı bir anlamda "devre dışı" kaldı.

Cumhurbaşkanı ve Genelkurmay başkanıyla birlikte tüm kuvvet komutanlarının konutlarının olduğu, nispeten küçük Çankaya Köşkü'nde, Muhafız Alayı devletin zirvesini kolayca kontrole alabiliyordu.

Devasa sarayda ise "sembolik" kalmışlardı!

Hatta, Erdoğan bari bir işe yarasınlar diye "16 Türk Devleti'nin üniformalarını" sarayındaki Muhafız Alayı askerlerine giydirdiğinde, "magazinsel polemik" olmuştu.

Erdoğan'ın "16 Türk Devleti'nin askerleri rolünü oynattığı" Muhafız Alayı askerlerinin tamamı darbeye karıştıkları gerekçesiyle gözaltına alındı.

Yine "rol var" denilerek, başta Genelkurmay karargahı, çakma tatbikatlara götürülmüşlerdi. Kandırıldıkları anlaşılınca, serbest bırakıldılar.

Efsanevi Muhafız Alayı artık 'figüranlaştırılmış"tı!

"ÇAKMA ŞEHİT" HABERİ

Yandaş medya, darbenin önlenişine ilişkin "vatandaş efsaneleri" üretmeye çalışıyordu.

Medyaya sızdırılan bir videoda, Ankara Emniyeti'nin önünde, darbecilerin hedef gözeterek başörtülü bir kadını vurma anı vardı.

Hem de başörtülü şehit! Nasıl üzerine atlanmaz!

Gerçekten aşağılık bir saldırıydı, haberde vurulan kadının "şehit" olduğu anlatılıyor, methiyeler düzülüyordu.

Kadının ismi, Münire Aydın'dı. Şehit olduğuna ilişkin haberleri hastaneden izlerken hayretler içindeydi!

Kocası Bahri'yle birlikte açılan ateşte yaralanıp, "gazi" olmuşlardı!

GECEKONDUDA SAKLANAN GÖKÇEK'E CESARET BERATI!

Ankara'da bombalamalar yaşanırken, Büyükşehir Belediye Başkanı Gökçek "ne yapıyordu" dersiniz?

Kendisi açıkladı:

"Gece saat 10 civarında belediyeden ayrıldım. Yolda jetleri gördük. Ben de evime yakın mesafede bir gecekonduya sığındım."

Gecekonduda saklanan Gökçek'e, darbe kalkışmasına karşı gösterdiği "milli duruş, tereddütsüz dirayet ve cesaretinden" dolayı Türkiye Gaziler ve Şehit Aileleri Vakfı tarafından, "Üstün Feragat ve Cesaret Beratı" verildi!

"KÖPRÜ KAPATMA TİYATROSU"NUN SIRRI

İstanbul'da köprülere gönderilen tanklar(!), Anadolu yakasındaki, şehrin bir ucu olan Kartal'daki 2. Zırhlı Tugay'dandı.

2. Zırhlı Tugay'a bağlı birliklerin görevi sadece köprülerin Anadolu yakası tarafını kontrole almak değil; Sabiha Gökçen Havalimanı, Üsküdar Çevik Kuvvet Amirliği, 1. Ordu Komutanlığı'nın takviye edilmesi, Ümraniye Avea, Acıbadem Telekom binalarının da emniyet altına alınmasıydı.

Darbecilerin İstanbul Sıkıyönetim Komutan Yardımcısı olarak atadığı 2. Zırhlı Tugay Komutanı Tuğg. Özkan Aydoğdu'nun ifadesine bakın ve "köprü tiyatrosu"nu anlayın:

"FSM ve Boğaziçi Köprüleri'ne iki tank, iki tane zırhlı personel taşıyıcı, Sabiha Gökçen Havaalanı'na 4 tank, 2 ZPT, 2 ZMA, Birinci Ordu Komutanlığı'nın emniyeti için 4 ZPT, Acıbadem Telekom için 4 ZPT, Üsküdar Çevik Kuvvet için 8 tank, 2 ZPT aracı, 2 tane de ZMA olarak adlandırılan araç gönderdim."

Cuma gecesi en yoğun trafik saatinde, köprüleri trafiğe kapatmayı düşünme saçmalığı bir yana; sadece 2 tank ve 2 ZPT ile köprülerin kapatılacağı zannedilmişti!

Madem tankın az, o zaman Boğaz köprülerini kapatmayı hiç deneme! Zaten o saatte trafik felç olduğu için fiilen kapalı haldeler!

İmamdan darbeci bu kadar olur!

Kalkışmanın kendisine 2 gün önceden haber verildiğini itiraf eden Tuğg. Özkan Aydoğdu'nun anlattıkları "tiyatro"nun da ötesiydi:

"Sabiha Gökçen'e giden Tabur Komutanım olsun, köprüye giden Tabur Komutanım olsun, beni arayarak halkın yoğun trafiğinden dolayı ilerleyemediklerini, tankların üzerlerine sivil insanların çıkmaya başladığını söyledi. Gerekirse havaya birkaç el ateş etmelerini söylemiştim. Tanklar insan kalabalığı arasına sıkışıp kalmıştı. Bir süre sonra personelimle de telefon irtibatım kesildi."

Zaten, "yola çıkarılabilen" araçların içinde, sadece 1 Yüzbaşı, 3 Üsteğmen, 5 Astsubay, 20 Uzman Çavuş ve 34 asker vardı!

Boğaz köprülerini kontrole almakta, Kuleli Lisesi askerleri ve Yalova'daki kamptan getirilen Harp Okulu öğrencileri, yapayalnız kalmışlardı! İnanılmaz bir dram yaşadılar!

"GARDROPTA SAKLANAN" DARBECİ KOMUTAN

Köprüleri kapatmakla görevlendirilen komutan, iki köprü arasında deniz kenarında yeralan Kuleli Askeri Lisesi'nin Okul Komutanı Kur. Alb. Muaammer Aygar'dı.

Kuleli Askeri Lisesi Anadolu yakasında olduğu için, Boğaziçi Köprüsü'nün önce Anadolu yakasından Avrupa'ya geçişleri kapatıldı.

Cuma gecesi Avrupa tarafından Anadolu'ya geçişte trafik felçti. Avrupa'dan geçişi kapatma görevini üstlenenler, görev yerine bile ulaşamamıştı!

"Tek taraflı köprü kapatmakla darbe mi olur?" sorusunun yanıtı bunlardır!

Kuleli Komutanı Aygar, darbeden 1 hafta sonra Antalya'da bir akraba evinde "saklanmaya çalıştığı gardropta" yakalandı.

WhatsApp yazışmalarında, Aygar'ın "Kuleli'de yoğun

çatışma var, gruba ateş ediyoruz", "İkinci köprüye uçakla hava taarruzu değerlendirilebilir mi?" ve "Çengelköy'de direnen 4 kişiyi vurduk. Sorun yok" gibi ifadeler kullandığı belirlendi.

DİRENİŞÇİ SİVİLLERİ AKP İL BAŞKANI ORGANİZE ETTİ

Kalkışma gecesi AKP İstanbul İl Başkanı tüm üyelerini alarma geçirdi.

AKP'li vatandaşların gelmesinin ardından, il binasını darbeciler kuşattı. Ama dışardaki kalabalık artınca, AKP il yönetimi, askerleri çılgına dönen kalabalıktan korumak zorunda kaldı.

AKP İl Başkanı Selim Temürci, darbeci askerlerin bulunduğu yerlere "sivil direnişçi sevkiyatı" yaptığını gururla anlatıyordu:

"Köprüleri, havalimanlarını tutarak dünyaya mesaj vermek istiyorlardı. O resme milletçe karşı olduğumuzu göstermeliydik. Biz belirli bölgeler belirledik. Ve onlarla koordineli çalıştık. 2 bin kişi Kısıklı'da kalsın, diğerlerinin hepsi Boğaziçi Köprüsü'ne yürüsün mesajını verdim."

Erdoğan'ın televizyondan verdiği "sokaklara çıkın" mesajı işlerini daha da kolaylaştırmıştı.

AKP İl Başkanı, daha sonra darbecilerden kurtarılan Atatürk Havalimanı'na inen Erdoğan'ın yanına koştu.

Erdoğan'a "aman efendim çelik yelek giyin" diye yalvardı. Erdoğan da "siz gömlekleyken, ben giyemem" dedi.

AKP İl Başkanı, liderinin cesaretine bir kez daha hayran kaldı!

ÜÇÜNCÜ BÖLÜM / "THE" DARBE

GEZİ DİRENİŞÇİLERİ DARBE DİRENİŞİNDE VAR MIYDI?

Kalkışma gecesi Boğaziçi Köprüsü başta, direniş için yollara dökülenlerin "ruh hali karışık"tı.

Beşiktaş'ta oturduğum sokaktan örnek vermek gerekirse; bir pencere "Kemalist müdahale" diye sevinçle tencere-tava çalarken; diğer bir pencere dinci cemaat darbesi olduğu için; bir başka pencere ise her kimden gelirse gelsin askeri darbeye karşı olduğu için protesto amaçlı tencere-tava çalıyordu!

Pencereler arasında kısa süreli atışmalar da oldu!

Direnişçi vatandaşların profiline ilişkin ilk sağlıklı analizi Konda yaptı.

Araştırma, "Demokrasi Nöbeti" tutulan Kısıklı, Saraçhane ve Taksim'de 1.875 kişi ile yüz yüze yapılmıştı.

Darbeye karşı sokağa çıkanların yüzde 53'ü Erdoğan'ın çağrısıyla karar vermişti.

Katılımcıların yüzde 67'si darbe girişimini TV'den, yüzde 24'ü arkadaş ya da tanıdık aracılığıyla, yüzde 9'luk kısmı ise sosyal medyadan haber almıştı.

Araştırmaya göre, demokrasi nöbet ve mitinglerine katılanların yüzde 83'ü muhafazakar yaşam tarzını benimserken, bu kitle içerisinden yüzde 17'lik bir kesim kendisini 'sofu' olarak tanımlıyordu.

Katılımcıların yüzde 79,5'i "1 Kasım seçimlerinde hangi partiye oy verdiniz?" sorusuna "AKP" yanıtını veriyordu.

Mitinglere katılanların yüzde 61'i erkek, yüzde 39'u kadındı. 29-43 yaş grubundaki katılımcıların oranı yüzde 43, 18-28 yaş arasında katılım sağlayanların oranı yüzde 31, 44 ve üzerindeki yaş grubundan katılım da yüzde 26'ydı.

Mitinglere katılanların yaş ortalamasının 35,8'di. Yüzde 79'u Türk, yüzde 12'si Kürttü.

Yüzde 25'i ilkokul, yüzde 35'i lise, yüzde 21'i üniversite mezunuydu.

Gezi direnişindeki özgürlükçü gençlik, darbe karşıtı AKP yandaşı protestolarda yoktu!

Çünkü, İslamcı askeri darbeciler gibi, İslamcı sivil darbeci iktidardan da hoşnut değildiler!

"15 TEMMUZ ŞEHİTLER KÖPRÜSÜ"NÜN İSİM BABASI

Darbe girişiminin başlangıcı Boğaz Köprüsü'nün trafiğe kapatılmasının TV'lere ve sosyal medyaya yansımasıydı.

"Sivil katliamına" sahne olan Boğaziçi Köprüsü'nün adı, "15 Temmuz Şehitler Köprüsü" olarak değiştirildi.

AKP açısından "sembolik anlamı" çok büyük olan bu isim değişikliği önerisi, Erdoğan'a yakınlığıyla bilinen ünlü futbolcumuz Rıdvan Dilmen'den gelmişti.

Zaten, maalesef AKP döneminde verilen şehitler yüzünden, şehit ismi verilmeyen yer kalmamıştı.

Belki de en doğrusu, "Şehit İstanbul", hatta "Şehit Türkiye" deyip, işi toptan halletmekti!

BOĞAZİÇİ KÖPRÜSÜ'NDE GERÇEKTE NELER YAŞANDI?

Darbe girişiminin ilk habercisi, Boğaziçi Köprüsü'nün kapatılmasıydı.

"TRT'ye el konuldu, darbe bildirisi okundu", "Erdoğan Periscope'tan-FaceTime'dan konuştu" tarzı medya savaşlarına dalınmışken, yaşanan kanlı çatışmalar ve sivil katliamı gün ağarmaya başlayınca duyulacaktı.

İlk gelen haberlere göre, en büyük sivil katliamı Boğaziçi Köprüsü'nde yaşanmıştı.

Ölenler arasında, direniş için Boğaziçi Köprüsü'ne koşan AKP'nin reklamcısı Erol Olçak ve 16 yaşındaki oğlu da vardı.

Görüntüler dehşet vericiydi.

Darbeci askerler kalabalığın üzerine ateş ederken, Beylerbeyi girişinden bir tank ve zırhlı araç hızla köprüdeki protestocuların üzerine yöneliyordu.

Asker dolu bir otobüs de vatandaşlar tarafından durduruluyordu. Otobüsün camları kırılırken, içeridekiler kendilerini korumaya çalışıyordu.

Köprüde yaşanan ölümlerin "kırılma dakikaları"ydı.

"Niye getirildiğini gerçekte tam bilmeyen" asker ve askeri öğrenciler ile, "askerlerin niye getirildiklerini bilmediğinden habersiz" siviller, kim önce diğerinden korktuysa, birbirine saldırıyordu.

Oysa birkaç darbeci subay dışında vatandaşı tarayan ya da saldıran yoktu!

Tam bir "kim vurdu"ya gitme ve yanlış anlamalar vaziyeti!

BOĞAZİÇİ KÖPRÜSÜ'NDE LİNÇ GİRİŞİMLERİ

Boğaziçi Köprüsü "muharebesi", köprüyü tutan askerlerin, polise teslim olmasıyla sona erdi.

Öfkeli sivil kalabalık teslim olan erlere ve otobüsten

indirdikleri askeri öğrencilere saldırdı.

İlk önce "başı kesilen asker" söylentisi çıktı, bu söylenti doğru değildi, ama boğazı kesilen bir asker vardı. Fotoğrafları medyaya yansıdı, "sahte" denildi, ama doğruydu.

Keza askerlerin linç edilmek istendiği video kayıtları ve fotoğrafları da ortaya çıktı.

Dayak atılan 6 er köprüden aşağı atılarak öldürülmek istendi. Bu arada 1 erin de linç edilerek öldürüldüğü iddia edildi.

Linç edildiği iddia edilen piyade er Kurtuluş Kaya'nın babası Satılmış Kaya, "Oğlumu 'tatbikat var' diyerek oraya götüren komutanlarından ve linç edenlerden davacı olacağım" diyordu.

Annesi Kadriye Kaya, cenaze yıkanırken farketmişti ki, oğlunun cesedinde sol gözü yoktu!

Yandaş Sabah Gazetesi'ndeki iddiaya göre ise, halka ateş açmadığı için komutanı darbeci Binbaşı Ahmet Taştan tarafından gözünden vurulmuştu.

Babası, "Komutan vurmuş diyorlar. Nerede otopsi raporu" diyordu.

Olayı çözecek otopsi raporu hiç ortaya çıkmadı.

Kurtuluş Kaya terhisine 12 gün kala "kim vurdu"ya gitmişti!

Zaten, Başbakan Yıldırım ertesi günkü basın toplantısında göstericileri överken "Bazen de linç etmeye varacak şekilde kahramanlık gösterdiler" diyerek linç girişimlerini ağzından kaçırdı.

Kuşkusuz en vahşice olanı, sivil halkın keskin nişancılar ve askerler tarafından rasgele taranmasıydı.

Ama linç edenlerin de, tarayanlardan farkı yoktu!

KÖPRÜDE LİNÇ EDİLEN HAVA HARP OKULU ÖĞRENCİSİNİN İNANILMAZ KEHANETİ

Linç iddialarını yalanlayanların, çıt çıkaramadıkları bir başka vaka vardı.

Boğaziçi Köprüsü'nde linç edilerek öldürülen 21 yaşındaki Hava Harp Okulu öğrencisi Murat Tekin'in cenazesi 12 gün sonra morgda bulundu.

Ceset tanınmaz haldeydi. Direnişçi kahramanlar(!) lime lime etmişlerdi!

Yeşilköy'deki Hava Harp Okulu 2. sınıfta okuyan Murat Tekin, 15 Temmuz günü, eğitim için okul arkadaşlarıyla Yalova'ya götürülmüştü.

Tekin'in de aralarında bulunduğu askeri öğrenciler "tatbikat var" denilerek, otobüsle Boğaziçi Köprüsü'ne doğru yola çıkarıldı. Otobüs, köprüye

girerken direnişçi vatandaşlarca kuşatıldı.

Acılı ablası Mehtap Tekin'in ifadesinden dinleyelim:

"Kardeşim 'Halk ayaklandı, canlı bomba var' denilerek, götürülmüş. Çocuklar otobüste uyuyormuş. Halk, otobüsün camını kırınca uyanmışlar. Biri 'Çocuklar inin, size birşey olmasın' diye bağırıyor. Duyumlarımıza göre çevik kuvvet ekipleri geliyor. Öğrencileri kurtarıp götürüyor. Kardeşim ve iki arkadaşı kalıyor. Murat, bir arkadaşının linç edildiğini görüyor. Sonra da arkadaşına doğru gidiyor ve orada öldürülüyor."

Kamera görüntülerinde, Murat Tekin'in, öldürülmeden hemen önce kalabalık içinde şaşkın halde etrafına bakındığı görülüyordu.

Otopsi tutanağında ölüm nedeni "vücutta yaygın darp, kesici delici alet yaraları ile boyun baskısı ve ağız burun kapamasına bağlı boğulma"ydı.

Ve bir üzücü ayrıntı…

Linç yüzünden tanınmaz haldeki cesedi, Yenibosna Adli Tıp Morgu'nda ailesi tarafından güçlükle "parmağından" teşhis edilebildi.

Annesi, tanınmaz haldeki cesede bakmak için morga giden büyük oğluna, "Murat kaygılandığında, başparmağının ortasını kemiriyordu, oyuk kalmıştı. Parmağına bakın" demişti.

Ailedekiler Murat'a hep tırnağını yememesini söylerlermiş. Murat da 'Belki şehit düşerim, oradan tanırsınız beni' dermiş.

Sanki vatan hainiymiş gibi(!) İzmir'de selasız şekilde toprağa verilen genç Harbiyeli hazin sonunu bilmişti!

BOĞAZ KÖPRÜSÜ'NDE GERÇEKTE KAÇ KİŞİ ÖLDÜ?

"Şehitler Köprüsü" adı verilen Boğaz Köprüsü'nde kaç şehit vardı?

Hiçbir zaman tam sayıyı bilemeyeceğiz!

Ama sıkı durun….

Sanıldığı gibi onlarca-yüzlerce kişi değil!

Cenaze işlerinden sorumlu olan İstanbul Büyükşehir Belediyesi'nin Meclis'e sunduğu rapora göre, tüm İstanbul'da 99 kişi hayatını kaybetti.

Ölümlerden sadece 25'i Üsküdar'daydı. Bu rakama Çengelköy'de ölenler de dahildi, linç edilen ve öldürülen darbeci(!) askerler de!

Yani İBB raporuna göre, Boğaziçi Köprüsü'nde şehit düşenlerin sayısı 20'ye yakındı diyebiliriz!

Sayı az mı, kesinlikle hayır! Ama kamuoyundaki algılanan rakam çok daha yukarlarda!

KARA HARP OKULU ÖĞRENCİLERİ NASIL UCUZ KURTULDU?

Gecenin en bahtsız ve en çilelileri, Hava Harp Okulu öğrencileriydi.

İstanbul Ulus'taki TRT binası ve Harbiye'deki Radyoevi binasına düzenlenen baskınlarda da, Yalova'daki yaz kampından getirilen Hava Harp Okulu öğrencileri kullanıldı.

Komutanları, her ikisi de sabaha karşı yakalanacak olan Hava Harp Okulu Öğrenci Alayı Komutanı Hüseyin Ergezen ile Yzb. Metin Mustafa Ateşoğlu'ydu.

İstanbul'daki TRT binalarının çevresi de vatandaş direnişlerine sahne oldu. Ama linç veya ölüm olmadı.

Çanakkale kampındaki Kara Harp Okulu öğrencileri de darbeye destek için İstanbul'a getiriliyordu.

Ancak, Çanakkale Boğaz ve Garnizon Komutanı Tuğa. Serdar Ahmet Gündoğdu komutasındaki 467 Kara Harp Okulu öğrencisi ile 20 subay ve şoför Çanakkale Valiliği'nce gözaltına alındı.

Müdahaleyi yaptıran, "gecenin yıldızı" 1.Ordu Komutanı Ümit Dündar'dı.

Kara Harp Okulu öğrencileri hiç olmazsa, çatışmaların içine düşen Hava Harp Okulu öğrencilerine kıyasla daha şanslıydılar!

ATATÜRK VE SABİHA GÖKÇEN HAVALİMANI "MUHAREBELERİ"

Atatürk Havalimanı'na sadece 50 kadar asker, birkaç da tank ve zırhlı araç gönderilebilmişti!

Atatürk Havalimanı'nın darbecilerden geri alınması kan dökülmeden, kolayca oldu. Ama, 1. Ordu'nun darbe girişimini kırması açısından çok önemli bir "geri dönüş" hamlesiydi.

O saatlerde bilmediğimiz ise, Kartal'daki 2. Zırhlı Tugay Tank Taburu'nun tanklarının gönderildiği Sabiha Gökçen "muharebesi"ydi.

Gecenin en çilelisi Hava Harp Okulu öğrencilerinin bir kısmı da Sabiha Gökçen'e çevre güvenliğini sağlamak üzere gönderilmişti.

Yalova'dan Sabiha Gökçen'e geçiş daha kolaydır. Yeni açılan, Osmangazi Köprüsü sayesinde karadan geçiş de iyice kolaylaşmıştı.

Hava Harp Okulu öğrencisi **A.A.Ş.**, başlarındaki Bnb. **Ferhat Günay**'ın darbe yapıldığını, otobüs Sabiha Gökçen Havalimanına yaklaştığında, kendilerine "tehdit"le bildirdiğini söylüyordu:

"Bnb. Ferhat Günay bize 'AKP terör örgütü başı Recep Tayyip Erdoğan tutuklandı. Ayrılıp inmek isteyen varsa insin, kurşun bilin ki en yakınınızdan gelir' dedi."

Ancak, havaalanına giden yol vatandaş ve polislerce kapatılmıştı. Hava Harp Okulu öğrencileri, araçtan indirildi ve çatışma yaşandı. Öğrencilerin başındaki darbeci Bnb. **Ferhat Günay** öldürüldü.

Sabiha Gökçen Havalimanı'na giden tanktaki Asts. Ferhat Daş askerlerin ifadesine göre, "Biz vatan haini

116

değiliz" diyerek intihar etti.

Teslim alınan tanklardaki askerleri emniyete götüren polis aracına Orhanlı gişeleri civarında açılan ateşte polis memuru Ozan Özen şehit oldu.

İstanbul'daki ilk kabul edilen darbe iddianamesi Sabiha Gökçen'i işgale giden 28'i rütbeli 62 şüpheli hakkındaydı.

3 kişinin öldüğü Sabiha Gökçen "muharebesi", Erdoğan'ın uçağı indiği için gözlerin üzerine çevrili olduğu Atatürk Havalimanı'nın tersine kanlıydı!

ÇENGELKÖY'DE ASLINDA NE OLDU?

Üzücü olayların bir adresi de Çengelköy'dü.

Çengelköy, asker ve askeri öğrencileri Boğaziçi Köprüsü'ne çıkışları engellemede kullanılan Kuleli Askeri Lisesi'nin burnunun dibidir.

Gün ağarırken Çengelköy'de yaşananlar, Kuleli Askeri Lisesi'yle yakından ilgiliydi.

Peki neler yaşanmıştı?

Kuleli'den Çengelköy'e götürülen erlerden birinin ifadesi, "darbeci ve darbe karşıtı komutanlar arasında nasıl iki arada bir derede kaldıklarını" anlatması açısından inanılmazdı:

"Kemal astsubay bize, 'Askerlerim, evlatlarım, bir oyun var, sizi kullanacaklar. Oyunlarına oyuncak olmayın, beni takip edin' dedi. Sonra Samet yüzbaşı geldi, 'dinlemeyin' dedi. Sonra Kemal astsubay, 'Samet sen karışma' diyerek tartışmaya başladılar. Başka rütbeliler de geldi. Kemal astsubay, 'Allah'ıma kitabıma hepinizi vururum, çocukları bırakın. Siz bir örgütün itliğini mi yapıyorsunuz?' diyordu."

Erlerden Şafak Korkut, darbecilerin helikopterinin inip kalkması için okulun halı sahasındaki kale direklerini söktüklerini anlatıyordu. Ve sonrasında Çengelköy'de yaşadıkları:

"Sabah namazı saatiydi. Sağda solda polisler vardı. Cami imamını rütbeliler dışarı çıkartmaya çalışıyordu. Cami imamı da halkı sokağa çağırdı. Üzerimize gelen halkı, 'terörist' diye düşündüm."

Şafak Korkut, adının «Halit» olduğunu ve helikopterle geldiğini sandığı bir yüzbaşı ile Üstğ. Mustafa Paycı'nın, imamın yönlendirdiği camiden çıkanlara ateş açtığını söylüyordu.

Erlere göre, darbeci yüzbaşı 1 polisi vurmuştu. Ama sonuçta hakimiyeti polis sağlamıştı.

"Kalkışmada iradeleri dışında kullanılmak istenen" erler, sonrasında Kuleli'ye geri kaçtılar.

Er Recep Özbakır'ın ifadesinden de, Kuleli'den bir başka grubun, Beykoz'da biriken sivillere gönderildiği anlaşılıyordu:

"Alb. Mehmet Karapekmez, yoldaki kişileri, 'sıkıyönetim ilan edildi' diye uyarmamızı istedi. Beykoz'a yaklaşınca bazı insanlar karşı gelmeye başladı. Alb. Karapekmez bunun üzerine havaya ateş etmeye başladı. Yrb. Erdal Kılınç, 'biriken halka silahlarınızı sıkın yoksa ben sizin kafanıza sıkarım' diyordu. İnsanlar fazlalaşınca Kuleli'ye geri döndük."

Kuleli'ye geri kaçanların teslim olmalarına izin vermeyen okul komutanı Alb. Mürsel Çıkıkçı idi.

Öğlene doğru, Kuleli'dekiler, "lince uğramamak için sivil kıyafetlerini" giyerek teslim oldu.

Çengelköy'de de kaç ölüm olduğunu tam bilinmiyor. İddia edilen rakamlar 20'nin biraz altı veya üstü!

Ama sanki, Çengelköy'de ölenler ile Boğaz Köprüsü'nde ölenler toplu hesaplanıyor!

KULELİ ÖĞRENCİLERİNİ OKUL KOMUTANLARI YAKTI

Kuleli'dekilerin ifadeleri birbirlerini doğrulayacak şekilde Okul Komutanı Mürsel Çıkıkçı aleyhindeydi.

Çengelköy Karakolu'nu ele geçirenler de, Kuleli Lisesi'nden gönderilen öğrencilerdi. Toplam 62 öğrenci, Kuleli'deki askerlerle birlikte tutuklandı.

Darbe için kullanıldıklarından habersiz oldukları anlaşıldı, 2 hafta sonra topluca tahliye edildiler.

OHAL kararnamesiyle Kuleli Askeri Lisesi kapatıldığında, tüm öğrencilere tastiknameleri verildi.

Kuleli'deki tüm yılları yanmıştı ama giriş puanlarına göre Anadolu liselerine yerleştirildiler. Yeni mezunların da ayrı bir üniversite sınavına tabi tutularak, sivil üniversitelere geçmeleri sağlandı.

Hiç günahları yokken, hayatlarının akışı değişmişti!

KALKIŞMA GECESİNİN TEK GAZETECİ ŞEHİTİNİN HAZİN YAŞAM ÖYKÜSÜ

Çengelköy'de hayatını kaybedenlerden biri de, Yeni Şafak foto muhabiri İsmail Canbaz Hasan'dı.

Sosyal medyadaki son paylaşımında, "Başkomutan Erdoğan'ın isteği ve emriyle sokağa çıkıyoruz" demişti. Yani "meslek icabı" değil!

Yaşam hikayesi dokunaklıydı!

Orduya katılmayı reddettiği için Yunanistan vatandaşlığından çıkarılınca Türkiye'ye sığınmıştı.

"Ödülü", şehit düşünce KHK ile Türk vatandaşlığına alınmak oldu. böylece yakınları şehit imkanlarından faydalanabilecekti.

KADİR TOPBAŞ HAKKINDA "ÖLDÜREN ŞÜPHE": NİYE YURTDIŞINDAYDI?

İstanbul Büyükşehir Belediyesidarbecilerle kanlı çatışmalara sahne oldu.

"Belediyenin stratejik önemi ne ki!" demeyin!

Nedeni, askeri araçları bloke etmek için, belediye araçlarının hangarlardan çıkarılarak kışlalara yollanmasıydı. Belediye bir anda darbecilerin öncelikli hedefi haline gelmişti.

Kadir Topbaş'ın ağzından dinleyelim:

"Belediyemizin önünde 17 şehit, 50'ye yakın gazi var. İlk harekat Emniyet Müdürlüğü'nde başladı. Vatandaşlar oraya geçti. Darbeciler orada muvaffak olamadılar. Daha sonra İstanbul'un simgesi belediyemize, AKOM'a, lojistik merkezimize ve valiliğe girildi. Büyükşehir Belediyesi'ne 42 asker, 3 rütbeli gelmiş."

İBB'de 1.108 çalışan hakkında işlem yapıldı, 461'i anında ihraç edildi.

Topbaş'ın deyişiyle, darbecilerin belediyede işbirlikçileri vardı.

Damadı Mustafa Kavurmacı saf değiştirme çabalarına rağmen cemaatçilikten tutuklanan Topbaş, 15 Temmuz'da ailesiyle New York'taydı!

"Olanı biteni dışardan izleyip, sonucu beklemek için tüymüş" deniliyordu. Yalanladı ve o gece "telefon trafiğiyle darbe karşıtı mücadelesi"ni anlattı.

Muhtclemen, Erdoğan ve çoğu AKP'li, "cemaat darbesi başarılı olsa, damadı yerine kendisi saf değiştirir, koltuğunu korurdu" diye düşünüyor.

TOPBAŞ BELEDİYEDEKİ CEMAATÇILARDAN ÖTÜRÜ ERDOĞAN'I SUÇLADI(!)

Topbaş'ın anlatımına göre, darbeciler 1 ay önce belediyeye yaptıkları "keşif"te, baba-oğul iki üst düzey belediyeciden destek almışlardı.

Topbaş "gard" olarak, topu Erdoğan'a atıyordu ki, kendisi suçlanmasın:

"Darbecilerle temas kuran Mehmet Tunç adlı hain, Sivil Savunma Genel Sekreteri'ydi. Erdoğan'ın belediye başkanlığı döneminden bu yana bizimle çalışıyordu. Kamera kayıtlarında askerleri belediye önünde karşılıyor, içeri alıyor.

Olaydan bir ay önce de bir albaya buraları gezdiriyor, AKOM'a (Afet Koordinasyon Merkezi) bile götürüyor. WhatsApp'tan yazışmaları da deşifre oldu. Yazışmalarda 'Size belediyeyi teslim edeceğim. Bana bir şey yapmayın' diyor.

Bu hainin oğlu da (Ömer Tunç) Eyüp'teki lojistik merkezde müdürlük yapıyor. O gün fazladan 10 bin kişilik yemek siparişi verdiriyorlar.

Darbeciler def edildikten sonra genel sekreterin yanına gidip çay içiyor. WhatsApp'tan deşifre olunca kaçıyor. Sonra emniyet gözaltına alıyor. Bu iki hain maalesef beni sırtımdan bıçakladı."

2016 sonu itibarıyla, İstanbul Büyükşehir Belediyesi'nde toplam 849 kişi hakkında işlem yapıldı, bunlardan 457'si ihraç edildi.

"Ulu önderleri" belediyeyi vakti zamanında cemaatçi kadrolarla doldurmuştu!

TOPBAŞ ARTIK KENDİSİNİ KURTARMA DERDİNDE: ŞEHİT OTOBÜS DURAKLARI(!)......

Damadı Fetö operasyonlarında içeri alınırken, Kadir Topbaş'ın belediyesi "darbe gazisi" olmuştu.

Damadı kurtarma peşindeki Kadir Topbaş, damadın projesi "Hainler Mezarlığı" projesinde rezil oldu.

Darbecileri namazsız niyazsız gömeceklerdi!

İstanbul'da 53 durağa, TSK'daki cunta yapılanması tarafından düzenlenen darbe girişimi sırasında hayatını kaybeden vatandaşların isimleri verildi.

Otobüs durağına ismini vererek, hem şehidi hem kendisini ayağa düşürüyordu!

"Allah şaşırtmasın" derler ya, Topbaş, damadın "Hainler Mezarlığı"ndan vazgeçmiş, bu kez de "durak saçmalamasıyla" kendisini aklamaya **çalışıyordu.**

TÜRK TELEKOM'DA NELER OLDU, İSTEMEDİĞİ 4.5G ERDOĞAN'A NASIL LAZIM OLDU?

Darbenin başarısı için, tüm telefonları bloke edip, interneti keserek sosyal medyayı susturmak şarttı.

Türkiye'nin telefon ve internet omurgası Türk Telekom ele geçirilmeliydi.

Eğer Türk Telekom'u ele geçirmekte başarılı olsalar, Erdoğan FaceTime'dan TV'ye görüntülü bağlanamayacak, halkı sokaklara dökemeyecekti.

Türksat da Türk Telekom'la aynı anda susturulsa, Türkiye "bilgi karanlığına" sürüklenecek, kimsenin kimseden haber alamadığı saatlerde, darbeciler belki çok daha etkin olacaktı.

Peki, darbeciler için böylesine stratejik Türk Telekom'da o gece neler yaşanmıştı?

Türk Telekom'un fişi tek yerden çekilmiyor. İstanbul'da değişik merkezler var, Ankara var, İzmir var, hepsini ayrı ayrı devre dışı bırakmak gerekiyor.

15 Temmuz gecesi, Türk Telekom'un Ankara ve İstanbul'daki üç yerleşkesi helikopter ateşi dahil ağır silahların hedefi oldu.

Ankara Ulus'taki Türk Telekom'a ara sokakta kaldığı için, bir iki asker gidebildi, ama ele geçirilemedi.

İzmir'deki merkezi ele geçirmeye çalıştılar, olmadı.

İstanbul Gayrettepe'deki binaya gitmek isteyen darbeciler, Mecidiyeköy'de kıstırılarak, engellendi.

En sert çatışmaya sahne olan İstanbul Acıbadem'deki Türk Telekom merkezinde ise 1 şehit verildi. Darbeci 20 asker, polisle saatler süren çatışmanın ardından teslim oldu.

Darbecilerin ele geçiremediği Türk Telekom'un CEO'su Rami Aslan'ın verdiği bilgiye göre, Türksat darbenin savuşturulmasında, belki de 1. Ordu'dan daha çok çalışmıştı(!):

"Önce güvenlik güçleri için VPN bağlantısına öncelik verildi. Kalkışmaya katılanların bağlantısı kesildi. Güvenlik güçlerinin ihtiyaç duydukları noktalarda veri hızı artırıldı. Tüm Türkiye'nin iletişimi 1 saniye bile kesilmedi."

Telekom CEO'sunun deyişiyle, "iletişim, hızlı internet ve mesajlaşma sağlayan 4.5G'nin ne kadar önemli olduğunu ülke olarak o gece gördük."

Öngörü(!) ve kandırılma(!) şampiyonu (!) Erdoğan darbe girişiminden 1 yıl önce "4G'ye gerek yok, 2 yıl bekleyelim, 5G'ye geçelim" demişti. Zar zor, 4.5G'ye ikna edilmişti.

Erdoğan darbe gecesi, 4,5G sayesinde kesintisiz konuşabildi, 3G'de kalınsa, görüntülü bağlantısı büyük olasılık kopacak, CNN Türk'ten halka seslenemeyecekti!

Kalkışma sonrası 290 kişinin Türk Telekom'la ilişkisi kesildi.Ağustos ortasına gelindiğinde, tutuklanan Telekom'cu sayısı 50'yi geçmişti.

Acaba, Erdoğan'a "2 yıl daha 3G'de kalalım" aklını, Telekom'daki FETÖ'cüler vermiş olmasın!

DİGİTURK'TE NELER OLDU?

Darbeciler için Digiturk de önemliydi. Çünkü Türkiye'de 10-15 milyon kişi TV'leri dijital platformlardan takip ediyordu.

Digiturk kitlesi, haber seyreden kitle. Yani en önemli kitle. Bu kitlenin dışındaki vatandaşların bazen darbe olsa bile günlerce haberleri olmayabiliyor.

TRT'den okunan bildirinin yeterli olmadığı, özel kanalların sıkıyönetimi takmayarak yayın yaptığı görülünce, Digiturk'e müdahale gereği duyuldu.

Digiturk binasını basıp yayını kesen askerlerin bir bölümü yine(!) "terör olayına müdahale" diye kandırılan Hava Harp Okulu öğrencileriydi.

Öğrenciler, Alb. Hüseyin Ergezen'in emriyle helikopterle Ulus'taki TRT ve Harbiye'deki Radyoevi'ne gönderilmek üzere Dolmabahçe'deki İnönü Stadı'na indirilirken, Boğaziçi Köprüsü'ndeki görüntüyle irkildiler.

Artık ne amaçla götürüldüklerini biliyorlardı!

Alb. Hüseyin Ergezen darbe bildirisinin okunuşunu TRT'de birlikte izlediği askeri öğrencileri, aynı helikopterle Digiturk'e geçmeleri için Dolmabahçe Stadı'na gönderdi.

TRT'yi ele geçirip, darbe bildirisi okutmanın yetersiz olduğu, darbeyi kıran özel haber kanallarının yayınını Digiturk üzerinden topluca susturmanın daha etkili olacağını görmüştü.

Digiturk binasını ele geçiren 1 albay, 8 subay ve 35 askeri öğrenci, yayına müdahale ettiler.

O gece Digiturk'te yayınlar kesilmeye başlayınca, ne hikmetse önce Halk TV ve Ulusal Kanal'ın yayınları ekrandan yok oldu.

Askerlerin müdahalesi sonucu Digiturk yayını saat

03:40 sularında tamamen karartılmıştı. Ama kısa süre sonra yayın geri geldi.

Digiturk'teki darbeciler 16 Temmuz sabah saatlerinde binada derdest edilip, tutuklandılar.

"Siz gidin, ben sonra gelirim" diye yanındakileri Dolmabahçe Stadı'na gönderen Alb. Hüseyin Ergezen ise, geri kaçtığı Hava Harp Okulu'nda 10 darbeci subayla birlikte yakalanarak, tutuklandı.

DARBENİN KADIN PİLOTU

Dolmabahçe Stadı'na askerleri indiren, sonrasında "darbecilikten tutuklanacak bir kadın pilot"tu.

Kalkışmada, Yalova'dan havalanıp İstanbul'a 3 sorti yapan kadın Pilot Yzb. Kerime Kumaş ifadesinde, Dolmabahçe'deki Vodafone Arena'ya asker indirdiğini, TRT'ye (İstanbul'daki) asker taşıdığını, Boğaz Köprüsü'nde sıkışan askerleri kurtarırken de helikopterinin isabet aldığını anlattı.

Kadın pilot, Hava Harp Okulu Öğrenci Alayı Komutanı Alb. Hüseyin Ergezen ve 5'inci Filo Komutanı Alb. Yusuf Yenihayat'ın talimatlarıyla İstanbul semalarında dolanmıştı.

Kumaş, gün ağardığında hiçbir şey olmamış gibi isabet alan helikopterini Atatürk Havalimanı'na bırakarak, Yalova'daki birliğine döndü.

İfadesinde, "Olayın darbe girişimi olduğunu sonradan öğrendim, emir-komuta zinciri içinde davrandım" dedi.Tutuklanıp, ordudan ihraç edildi.

DÖRDÜNCÜ BÖLÜM

DARBENİN "1 NUMARA"LARI

ADİL ÖKSÜZ MİT AJANI MI?

Cemaatin TSK imamı Adil Öksüz, 15 Temmuz gecesi Akıncı Üssü'nün içindeydi.

Hulusi Akar'ı alıkoymada önemli rol üstlendiğini reddetmeyen Akıncı Üs Komutanı Hakan Evrim, "önceden tanımadığı Öksüz'ü beraberinde sivillerle Akıncı'da gördüğünü" çok net itiraf etti.

Cumhurbaşkanlığı sarayı çevresini bombalayan Hava Pilot Üst. Müslim Macit de, "Akıncı'da sürekli telefonla konuşarak eylemi koordine eden sivillerden birinin Öksüz olduğunu" doğruluyordu.

Hakkında "MİT ajanı" iddiası bile ortaya atılan Öksüz, 15 Temmuz'un "en gizemli ismi" oldu.

Öksüz MİT ajanı çıkarsa, "MİT'in darbeden önceden haberi olduğu", darbenin tam bir tiyatro olduğu ispatlanmış olacaktı. "Öksüz'ü tutuklanmaktan MİT'in kurtardığı" netleşecekti.

Hürriyet yazarı Abdülkadir Selvi, kendisinden konuyu araştırmasını isteyen Kılıçdaroğlu'nu kırmadı. Vardığı sonucu şöyle yazdı:

"Adil Öksüz konusunda bir süredir güvenlik ve istihbarat birimlerini neredeyse bunalttım. MİT'in arşivlerine kadar inilerek yapılan araştırmada, Adil Öksüz ismine rastlanılmadı. Öksüz'e ne MİT mensubu ne MİT elemanı deniliyor. Jandarma ve polisteki FETÖ'cü yapılanma tarafından, 'Dosya boşaltılarak' kurtarıldığı anlaşılıyor."

CHP liderine, Adil Öksüz'ün MİT elemanı olduğu yönünde istihbarat verilmesi, hedef şaşırtma gibiydi.

"TÜRKİYE'DEKİ 1 NUMARALI SİVİL" KİM?

Kalkışmayı tüm Türkiye'ye hissettiren, gökyüzündeki F-16'ların sesleriydi. Hepsi, Akıncı Üssü'nden yönlendiriliyordu.

Darbenin bitişi de, " Eskişehir'den havalanan uçakların Akıncı'ya 3 saat içinde 12 bomba atıp, pisti kullanılamaz, helikopterleri uçamaz hale getirmesiyle" oldu.

Darbenin **"üniformasız beyni"**, Akıncı Üssü'ndeki **Öksüz müydü, yoksa bir başkası mı?**

Aslında "1 numara"yı bulmak kolaydı!

Savcıların yapması gereken, tüm şüphelilere "Saat 21:00'de 'darbe girişimi başlasın' diye, emri kim verdi? Girişimi kim öne çekti?" sorusunu sormaktı.

Darbeyi saat 03:00'ten 21:00'e öne çekme emrini kim verdiyse, "Türkiye'deki 1 numara"ydı.

Öne çekme kararını, Pensilvanya ile paslaşarak duyuran Adil Öksüz gibi görünüyordu!

"TEK TUTUKLANMAYAN" BAŞ ŞÜPHELİ!

OHAL ilan edilmeden gözaltı süresi 30 gün değildi. Bir yığın işlem aceleye getirildi, yanlışlıkla tutuklananlar ve yanlışlıkla serbest bırakılanlar oldu.

Gözaltı süresi kısalığından ötürü, çok üçkağıtlar döndü, fırsattan istifade edildi.

Adil Öksüz vakası "ibretlik örnek"tir!

Cemaatin Hava Kuvvetleri (veya TSK) imamı Öksüz, 16

Temmuz sabahı Akıncı Üssü yakınlarında yakalanan en ilginç kişlydi.

Sakarya Üniversitesi'nde ilahiyatçıydı. "Din adamı" olduğundan, yakalananlar içinde en fazla "cemaat kokan" oydu.

İstihbarat kayıtlarından veya Sakarya Üniversitesi'nden birazcık sorgulansa, en azından "cemaatçi" olduğu, hatta "cemaatin Hava Kuvvetleri imamı" olduğu ortaya çıkacaktı.

Sanki "sihirli bir el" devreye girdi.

Karakolda ve mahkemede, yakınının tavsiyesi üzerine tarla bakmaya geldiğini söyledi. "Sadece 21 dakikalık" adli işlem sürecinin ardından, adliye binasından kayıplara karıştı.

Öksüz'ü serbest bırakan hakim de, serbest bırakılmasına itirazı kabul etmeyen nöbetçi hakim de, HSYK tarafından açığa alındı.

Sorgusuz sualsiz yüzlerce hakim işten atılır ve tutuklanırken, Öksüz'ü serbest bırakan hakimlerin tutuklanmaması, haklarında "cemaatçi emaresi" bulunamadığını gösteriyordu.

Ama "tuhaf" bir iş yapmışlardı! Öksüz'ün "kalkışma sabahı bölgede tarla satın almak için bulunduğuna" ilişkin sorulara yanıtları doyurucu değildi. "Şahit" yerine geçecek "satıcı" ismi bile veremiyordu!

Kalkışma gecesi Keçiören'deki evinde kaldığını iddia ettiği(!) amcası Mehmet Öksüz, sabah taksiyle uğurlarken, Kazan'daki camiden "Hasan" diye birini sorarsa, arsa sahibine ulaşacağını söylemişti.

Yalana ortak edilen amca da tutuklandı!

ÖKSÜZ'ÜN KAMERAYA YAKALANDIĞI SON YER

Öksüz, serbest bırakılınca, Ankara'dan uçağa atlayıp, İstanbul Sabiha Gökçen havalimanına indi.

Havalimanı güvenlik kameralarında, sivil bir kişi tarafından karşılandığı, cep telefonundan görüntülü olarak birisiyle(?) görüştürüldüğü görülüyordu.

Son görüntülenmesiydi, sonra da sırra kadem bastı.

Görüntü analizlerinden, Adil Öksüz'ü havalimanında karşılayanın FETÖ'nün Almanya'da görevli isimlerinden Ali Kaya olduğu iddia edildi. Aynı isimli bir Türk kökenli Alman vatandaşı gözaltına alındı, ama kalkışma günü Almanya'da olduğu ortaya çıktı.

Ardından, Sakarya Akyazı'da cep telefonundan sinyaller alınınca, bölgeye karakol kuruldu, günlerce yayla evleri basılarak arandı.

Darbenin "görünürdeki 1 numaralı sivili" Öksüz, kolayca serbest kalmış ve yerin dibine girmişti.

DEVLET ADİL ÖKSÜZ'Ü HEP BİLİYORDU

Darbe girişimi sonrası sokaktaki simitçinin bile öğrendiği Adil Öksüz'ü devlet tanıyor muydu?

Gülen cemaatinin bir dönem en etkin isimlerinden birisi olan Kemalettin Özdemir açıkça söylüyordu:

"Adil Öksüz ile aynı yerdeydik (Sakarya Üniversitesi). O yüzden onu tanımamam söz konusu değil. Çok iyi tanıyorum. Hava imamı olduğuyla alakalı olarak hem Terörle Mücadele'ye hem Milli İstihbarat'a hem savcılığa 2012-2013 yıllarında beyanlar verdim.."

Yine Özdemir gibi cemaatten ayrıldıktan sonra devlete

"öten" Çetin Acar, 2015'teki ifadesinde "Öksüz'ün adını" veriyor.

Demek ki, istihbarat birimleri Öksüz'den haberdar!

ÖKSÜZ'Ü SORGULAYAN SAVCI DA ANLAMIŞ!

Öksüz'ü sorgulayan Sincan savcısı Cihan Ergün, "Eğer Adil Öksüz, bir yerin imamı, temsilcisiyse bunu bilen arkadaşların önceden söylemesi gerekiyordu. Devlet istihbaratlarının da bunu bilmesi gerekiyordu. Akıncı Hava Üssü civarında arazide alınmış. Ancak sırf Adil Öksüz değil diğer alınan subaylar da araziden toplanıp getirilmişti." diyordu.

Savcı Ergün, Öksüz'le ilgili yeterli bilgi olmadığını ifade ediyordu ama, şüphelenmişti:

"Adil Öksüz bana olayla ilgili hiçbir şey anlatmadı. Oraya gelmediğini, hiç kimseyi tanımadığını söyledi. Arsa almaya geliyorsanız pazarlık yaptığınız birinin olması lazım. Birbirinizin telefonu olması lazım. Arsa alacağınız kişinin telefonu var mı? Yok. Soyadı nedir? O da yok. Arsa nerede? O da yok. Kim buluşturacaktı? Bilmiyorum. Evini biliyor musun? Hayır. Bu gibi cevaplar.

Vaziyet o ki; doğru bir şey söylemiyorsunuz ama bulunmamanız gereken bir saatte orada bulunuyorsunuz. Darbe girişiminin hemen sabahı saat 09:00'da taksi ile geldiğini söylüyor. 09:00'da taksi ile gelirseniz orada o zaman bombalar patlıyor. Uçaklar havalanıyor. Başka yerden gelen uçaklar pisti bombalıyor. Siz gayet rahat orada dolaşıyorsunuz ve 1 saat sonra yakalanıyorsunuz."

Bunları düşünebilen bir savcı, nasıl serbest bırakır!

Darbe girişimi sabahı, Öksüz dışında(!) tüm Türkiye'de arsa-ev bakmaya giden olmamıştı!

ÖKSÜZ, GÜLEN'LE DALGA GEÇEREK SAVCIYLA KAFA YAPMIŞ

Öksüz'ün savcılık ifadesinde, Gülen'e küfretmediği kalmıştı:

"-Fethullah Gülen Örgütü'ne üye misin?

-Hayır. Ben Fethullah Gülen gibi bir 'deli'nin arkasından gidecek adam değilim. Ben koskoca bir akademisyenim. Bir 'Hoca Bozuntusu'nun arkasından mı gideceğim?

-Gidenler var ama!

-O onların sorunu. Fethullah Gülen yarım akıllı, kendini bilmez bir adam. Ben öyle bir haysiyetsize tabii olacak biri değilim. Ben akademisyenim. Bilim adamıyım.

-O'na militanlık yapan bir sürü bilim adamı var!

-Fethullah Gülen 'beri akıllı' (akılsız-deli) bir adam. Bir akademisyen olarak O'na tabi olmam mümkün değil. Ben beş paralık bir adamın arkasından gider miyim?"

Öksüz, kurtulmak için Gülen aleyhinde inanmadığı şeyleri söyleyerek "takiyye" yapmıştı.

Zaten sonradan ortaya çıkacaktı ki, "Gülen'ci değilim" diyen Adil Öksüz'ün, daha 1990'larda Gülen'in ayağının dibinde oturmuş, dua ederken fotoğrafları vardı.

ÖKSÜZ'Ü TUTUKLATAMAYAN SAVCI "CEMAATÇI" OLDUĞUNU ANLAMIŞTI

Savcı "öyle bir soru sormuştu ki" Gülen'e hakaret yağdıran Öksüz'ün cemaatçi olduğunu hissetmişti!

133

Soru şuydu:

"Madem sen İlahiyat Fakültesi'nde tefsir hocasısın. Merak ettiğim için soruyorum. Yasin Suresi'nin 82. Ayeti'nin tefsiri ile ilgili ne düşünüyorsun?"

Öksüz'ün yanıtı da şöyle:

"Yasin'in 82. Ayeti izahtan varestedir. Biz o ayeti tefsir etmeyiz. Sadece mealini yazar, geçeriz."

Savcı Ergün soruyu sorarken, Gülen'in de, ayeti "izahtan varestedir" diyerek yorumladığını biliyordu.

Verilen cevap, Gülen'in yaklaşımıyla aynı olunca, Savcı'nın Öksüz hakkında şüphesi kalmaz ve tutuklanması talebiyle mahkemeye sevkeder.

Nedir Yasin Suresi'nin 82. Ayeti?

"İnnema emruhu iza erade şey'en en yegule lehu künfe yekun"

Türkçesi şöyle:

"Allah bir şey dilediği zaman sadece "ol" der ve o da hemen oluverir"

Fethullah Gülen ile ne ilgisi var?

Müritleri Gülen'i, "Allah'ın yeryüzüne gönderdiği seçilmiş insan olarak" görüyor. Gülen dünyaya geldikten sonra, "Ol" denilerek, "her şeyin olması" iradesinin kendisine verildiğine inanılıyor.

Gülen, bu iradenin sadece Allah'ta değil kendisinde de olduğunu yakın çevresine söylediği için, müritleri bu ayeti yorumlamaktan kaçınıyor.

Gülen'in "Kuran'ın eksiklerini tamamlamak üzere gönderilmiş bir din adamı olduğu" iddiasında olduğunu bilecek kadar "tarikatlar konusunda uzman" bir savcının, Öksüz'ü elinden kaçırması da, ayrı bir tartışma konusu!

HAKİM NİYE SERBEST BIRAKTI?

Ankara Batı 2. Sulh Ceza Hakimi Köksal Çelik imzalı sorgu zaptında, Öksüz'ün somut delillere rağmen neden salıverildiği şöyle anlatılıyor:

"Mevcut somut delil var ise de, sabit ikametgah sahibi oluşu, kaçma ve delilleri karartma ihtimalinin olmayışı, suç vasfının değişme ihtimali ile dosya kapsamı nazara alınarak serbest bırakılmasına..."

Durum çok garipti! Daha fazla delile ne gerek vardı!

Darbe, cemaat darbesi, Öksüz de ilahiyatçı!

Çoğu darbeci subay Akıncı'dan kaçmaya çalışırken, yakındaki tarlalarda yakalanmıştı. Öksüz'ün de durumu aynıydı!

Mahkeme 130'a yakın kişiyi sorguluyor, "baş şüpheli" Öksüz dışında herkes tutuklanıyordu!

Savcı bey, röportajlarında her şeyi anlatıyordu da, Öksüz'ü "hakimin kendisine danışarak serbest bıraktığını" anlatmıyordu!

SERBEST BIRAKAN HAKİMLER TEMİZ Mİ?

Hakim Köksal Çelik, Öksüz'ün ifadesini alana kadar, sorguladığı 27 darbeciyi tutuklamıştı.

Sıra, Öksüz'e gelince, saat 05:51'de savcı Cihan Ergün'ü aradı. Cep telefonundan 107 saniye süren bir görüşme yaptılar.

Hakim, dosyada yeterli delil olmaması nedeniyle, yurt dışına çıkış yasağı koyup, serbest bırakmayı düşündüğünü söyledi.

Görüşmede, "olur, uygundur" gibi bir sonuca varıldı.

Savcı, öğleden sonra ise serbest bırakılmaya itiraz etti. Ama nöbetçi hakim Çetin Sönmez de itirazı reddetti. O da açığa alınacaktı.

Yandaş medyada, Çetin Sönmez'in avukat eşinin cemaatçi avukatların yanında çalıştığına dair iddialar ortaya atıldı ama, Öksüz zaten serbest kalıp kaçtığından, "mantıken'' kendisini riske etmesine gerek yoktu!

Hakim Köksal Çelik, "Sincan'da daha önce FETÖ'cü bir şirket hakkında ilk kayyum kararını veren isim olduğundan" şüpheli görünmüyordu.

Bakıldığında, kasıttan çok "hatalar silsilesi" vardı!

Çünkü Öksüz hakkında devlet kayıtlarına geçen ihbarlar vardı. Bir-iki telefona bakardı!

ÖKSÜZ KALKIŞMADAN SONRA HEMEN MEMURİYETTEN BİLE ATILMADI

"Üst düzey cemaatçi" diye devlet kayıtlarına girmesine rağmen, Öksüz hakkında yıllarca hiç işlem yapılmaması çok daha tuhaftı!

Adının geçtiği davalara bakan savcılık yetkilileri, "Ana cemaat davasında yer alan bazı tanık ifadelerinde, Öksüz'ün rolüne işaret ediliyordu. Öksüz hakkında detaylı araştırmalar bu soruşturmalar sırasında ele alınacaktı, yurt dışına gidiş gelişleri, HTS kayıtları incelemeye alınacaktı" diye savunma yapıyorlardı.

Dahası da var!

Kalkışmanın neredeyse ilk gününden itibaren, her

kurumdaki binlerce cemaatçi meslekten ihraç edilirken; Adil Öksüz için haftalarca beklendi. Eylül 2016'daki KHK ile Sakarya Üniversitesi'nden atıldı.

İhracında bile, inanılmaz ihmal ve gecikme vardı!

SAATİ SAATİNE AKINCI ÜSSÜ'NDEN KAÇARKEN YAKALANMASI VE KURTULMASI

Adil Öksüz'ün 16 Temmuz sabahından başlayarak saat saat kaçış öyküsü şöyleydi:

16 Temmuz...

09:00 gibi Akıncı'daki bir üsteğmen, Kazan'daki karakola "Darbeciler kaçmaya başladı, önlem alın" diye telefon etti.

09:30 gibi Kazan Jandarma Karakol Komutanı, Akıncı Nizamiyesi'ne gelerek, darbecilerden teslim olmalarını istedi. Pazarlık yapılırken, bazı askerler üssün çevresini saran dikenli tellerden araziye kaçmaya başladı.

09:45 gibi Akıncı Üssü'nün çevresindeki dikenli tellere yaklaşık 1 kilometre uzaklıkta, çit çevresindeki stabilize yolda araçla ilerleyen bir jandarma ekibi, 3 kişinin kaçtığını gördü. "Durun" diye bağrıldı. Önce 2 sivil yakalandı. Bunlardan biri Anafartalar Koleji'nin sahibi Hakan Çiçek'ti. Yaklaşık 500 metre uzaklarında da başka bir sivil yakalandı. O da Adil Öksüz'dü. Üssün çevresindeki arazide 3 sivil dışında 26 da subay yakalandı. (Akıncı'da yakalanan sivil sayısı daha sonra 5 olarak netleşti.)

10:00-10:30 arası üssün çevresinde yakalanan 29 kişi, Kazan Jandarma Karakolu'na getirildi. Adil Öksüz, bir uzman çavuş eşliğinde tuvalete götürüldü. Uzman çavuş, tuvalet kabininin kapısında bekledi.

10:30'da TEM polisinin isteği ile karakolda kıyafetleri çıkarılan 29 kişinin araması yapıldı ve üzerlerindeki eşyalar alındı.

11:00'de gözaltına alınanların kimlik tespiti yapıldı. Polise teslim edilmeleri kararlaştırıldı.

12:45'de bir jandarma Öksüz'ün kullandığı tuvalette kağıt peçete kutusunun içinde bir cihaz olduğunu fark etti. Hemen üstlerine iletti. Uzman Çavuş'a "Buraya en son kim girdi" diye soruldu. "Adil Öksüz" yanıtı alınınca da, "Bu senin mi" diye soruldu. Öksüz, "Evet benim, tuvalette düşürmüşüm" dedi. Jandarma görevlisi, "Ne düşürmesi, saklamışsın" diye tepki gösterdi. Yetkili astsubay, markası ve üzerindeki numaraları internete girerek cihazın ne olduğunu anlamaya çalıştı.

13:00'de Emniyet Amiri H.K., 3 asayiş aracı ile Kazan Jandarma Karakolu'na geldi. Araç kapasitesi nedeniyle ilk seferde 29 kişiden 19'unun Ankara TEM'e götürülmesi için süreç başladı. 18 kişi araçlara bindi. Aralarındaki 3 sivilin de bu araçlarla TEM'e götürülmesi planlandı.

13:10'da, 19. kişi olarak Adil Öksüz araca binecekti. Ancak Öksüz'ün cihazının ne olduğu anlaşılmadan binmesi istenmedi. Jandarma yetkilisi, emniyet amirine "Bir iki dakika bekleyin, şunun ne olduğunu bulalım" dedi. Ancak emniyet amiri H.K., "Daha

jandarma alay komutanlığındaki gözaltıları alıp TEM'e götürmem gerek, bekleyemem, nasıl olsa diğer 10 kişi için geleceğiz, bu şahsı da ikinci sefere götürürüm" dedi ve cihazın ne olduğuna ilişkin bilgi yazılmadan boş tutanağı imzaladı. 3 asayiş aracı karakoldan ayrılarak zanlıları TEM'e götürdü. 2 sivil de dahil 18 kişinin tamamı daha sonra tutuklandı.

13:30'da Öksüz'e ait olan cihazın bir GPS cihazı olduğu anlaşıldı. Ancak, jandarma karakolunda kalan 11 kişi için Emniyet'ten kimse gelmedi.

13:30-20:00 arasında Akıncı'daki darbeci askerlerle teslim olma pazarlığı yapıldı. Askerler, polise değil askere teslim olma konusunda ısrarcı oldu.

20:00'de Akıncı Üssü'nde kontrol tamamen sağlandı. 78 darbeci asker, gözaltı merkezleri dolu olduğu için üste derdest edildi.

Ankara Cumhuriyet Başsavcılığı'ndan talimat beklendi. Başsavcılık önce "Ankara'ya getirin" dese de, Ankara'da yeterli mekan olmadığı için Sincan Batı Adliyesi'ne götürülmeleri kararlaştırıldı.

23:30'da Akıncı'da ve Jandarma Karakolu'nda olan toplam 98 kişi Sincan'daki Batı Adliyesine sevk edilmeye başlandı.

17 Temmuz...

24:00'ten sonra gece yarısı toplam 98 kişi Sincan Cumhuriyet Savcılığı'na teslim edildi. Sorgulamalar başladı. Savcıya da, hakime de, Adil Öksüz ve diğer sanıkların yakalanmasına ilişkin bilgi sunulmadı. Dosyada sadece 98 asker kişinin olduğuna dair üst yazı ve kimlikler vardı.

03:30'da 98 kişi Sincan Adliyesi'ndeki savcılara eşit sırada dağıtıldı. Adil Öksüz 97. sıradaydı ve son savcıya düştü. Sabah saatlerine dek savcı ve hakim sorguları sürdü. Savcı sorgusunda Adil Öksüz'ün üst yazıda belirtildiği gibi asker değil sivil olduğu anlaşıldı. Savcı, hakkında hiçbir tutanak eline ulaşmamasına karşın, ifadesinde belirttiği hususların hayatın olağan akışına ters olmasını gerekçe göstererek tutuklama istedi.

06:18'de Adil Öksüz, hakim karşısına çıktı. Hakim, savcıyı arayarak "Başka delil yok mu" diye sordu. Savcı "yok" deyince hakim, "Suçu sabit bulmakla birlikte adresi belli olması" gerekçesi ile adli kontrolle serbest bıraktı.

06:30'da Adil Öksüz serbest kaldı ve adliyeden ayrılıp sırra kadem bastı.

Adil Öksüz'le ilgili tutulduğu ortaya çıkan 3 ayrı tutanak, ne savcıya ne de hakime sunulmamıştı!

Cemaat tam bir "karambol golü" atmıştı!

KENDİ GİBİ PLAKASI DA "SIR"DI

Adil Öksüz'ün araba plakası da "sır"dı: "34 SIR 49"

Öksüz'ün kullandığı "SIR" plakalı araç, cemaatçi Kaynak Holding bünyesindeki bir firmaya aitti.

Cemaat, Sakarya Üniversitesi'nde görevli "imam"ının altına makam arabası vermişti.

O da "SIR" plakalı arabayla sırra kadem bastı!

ÖKSÜZ'ÜN KAÇMASINA "ERDOĞAN'IN KOMŞUSU" YARDIMCI OLMUŞ

Adil Öksüz'ün serbest bırakıldıktan sonra kaçışına yardımcı olduğu iddiasıyla tutuklananlar arasında gazeteci Erdal Şen de vardı.

Cemaate yakın Meydan gazetesi'nde Yazı İşleri Müdürlüğü yapan Erdal Şen'le birlikte, Ali Sami Yıldırım ve İlhan Yıldırım'ın, serbest kalır kalmaz İstanbul'a kaçan Öksüz'ün Üsküdar'da bir evde saklanmasına yardım ettikleri iddia ediliyordu.

Doğruysa, Sakarya'da kayınpederinin evinin garajında bulunan "SIR" plakalı arabayı değiştirip, bir başka araçla Üsküdar'a geçmiş olmalıydı.

Gazeteci Erdal Şen, Zaman gazetesinde Başbakanlık muhabiriyken, Erdoğan'ın oturduğu Keçiören Subayevleri'ndeki apartmanın 4 No'lu dairesinde kalıyordu.

Erdal Şen, "Başbakanlığı sırasında Erdoğan'a komşuluğu sayesinde" bir dönem Habertürk Ankara Haber Müdürü ve Temsilcisi bile yapılmıştı.

Erdoğan, "Bakın onu kaçıran gazeteci bizim apartmanda oturuyormuş. Komşumuz yani. Görünürde bize saygıda hiç kusur etmezdi. Bunların hepsi karaktersiz" diye şaşkınlığını gizleyemiyordu.

ÖKSÜZ ÜZERİNDE NELERLE YAKALANDI?

Gözaltı fotoğraflarında "elleri arkadan kelepçelenmeyen tek kişi" olduğu görülen Öksüz'le ilgili "GPS muammasına" tekrar değinmek gerek.

Öksüz'ün üzerinden GPS'le birlikte diğer çıkanlar, "51 adet 200 TL, 36 adet 100 dolar, 11 adet 100 TL, 3 adet 50 TL, 1 adet deri el çantası, 1 adet Samsung Note-5 Cep Telefonu, 1 Adet Iphone-6 cep telefonu"ydu.

Öksüz'ün tuvalete gizlediği fark edilince tutanakla el konulan GPS cihazına sonra ne oldu dersiniz?

Serbest bırakılınca kendisine teslim edildi!

"Kahramanımız(!)" kaçarken daha rahat yönünü bulabilsin diye!

Adil Öksüz'ün "karakolda kollanıp, serbest kalmasının sağlandığı" Kazan ilçesinin adı, yasayla "Kahraman Kazan" olarak değiştirildi!

GÖZALTINDA 3 TELEFON KONUŞMASI

Öksüz gözaltındayken cep telefonundan saat 15:15, 15:20 ve 15:25'te 3 ayrı görüşme yaptı.

Şaka gibi! Gözaltında telefona el konulmaz mı!

Muhtemelen "yakınlarıma haber vereyim" demiş ve cep telefonunu kullanmasına izin verilmişti(!)

Öksüz'ün cep telefonundan aranan Atatürk Araştırma Merkezi İnsan Kaynakları ve Destek Hizmetleri Müdürü **Hasan Balcı** tutuklandı.

Balcı ifadesinde, "Oğlum Konya'da görev yapan bir astsubaydır.15 Temmuz gecesi görev var denilerek Akıncı'ya götürülmüş. Gözaltındayken tanımadığım bir numaradan beni aradı. Yaptığımız görüşmede oğlum, kendisine avukat ayarlamamı istedi. Ben o numaranın Adil Öksüz'e ait olduğunu bilmiyordum. Adil Öksüz'ü de tanımam" demişti.

Ya diğer edilen telefonlar kimeydi?

ÖKSÜZ'ÜN TELEFONUNU KULLANAN KATİL ASTSUBAY

Adil Öksüz'ün telefonunu kullandırttığı astsubay Halil Burak Balcı, kalkışmada **çok** aktifti.

Genelkurmay Başkanlığı'na gönderilen savcılık yazısında, "Yzb. Özkan Hekin'in Akıncı 4. Ana Jet

Üssü Yeni Kent 2. Nolu Nizamiyesinde, 16 Temmuz 2016 günü sabah saatlerinde, Konya 3. Ana Jet Üssü Komutanlığında görevli Halil Burak Balcı tarafından öldürüldüğü anlaşılmıştır.» deniliyordu.

Öksüz'ün telefonunu kullandırttığı astsubay, üsten kaçmaya çalışırken, yüzbaşı öldürmüştü!

AKINCI ÜSSÜ'NE HİÇ GİRMEMİŞ OLABİLİR Mİ?

Öksüz'ün Akıncı Üssü'ndeki kamera kayıtlarında görüntülerinin olduğu hep söylene geldi.

Ama öyle bir görüntü olsa, medyaya ilk günden sızdırılırdı.

Sızdırılan tek görüntü, boş arazide yakalandıktan sonraki jandarma karakolundaki görüntüsü!

Yandaş medya nüansa aldırmadığından, o görüntüyü laf kalabalığıyla "İşte Akıncı Üssü'nde yakalandığı an" diye yutturmaya çalıştı!

Öksüz 15 Temmuz darbe girişiminden önceki geceyi "kesinlikle", Kazan'da oturan, 80 yaşlarındaki alzheimer hastası yaşlı bir çiftin evinde geçirmişti.

Yaşlı çifte, "Size Tanrı misafiri gelecek" denilmiş ve Öksüz bu şekilde eve yerleştirilmişti.

Oğulları 2000 yılında şehit düşmüş çiftin evinde arama yapıldı. Aramada evde asetat üzerine çizilmiş haritalar ile not defterleri bulundu.

"Bunamış görüntüsü veren" çiftin evinin altındaki işyerinin kamera kayıtlarına el koyuldu.

Öksüz, kalkışma gecesini de, uydurduğu gibi

Keçiören'deki amcasının evinde geçirmemişti. Kalkışma sırasında, Kazan'daki kaldığı evden yakındaki Akıncı Üssü'ne çabucak geçmişti.

Üsteki kamera kayıtlarında tek görüntüsünün bulunamama nedeni "geceboyu darbeyi kaldığı evden koordine etmesi" olabilir mi?

Darbecilerden Tuğg. Hakan Evrim ifadesinde sonradan basında çıkan fotograflardan tanıdığı Öksüz'ü Akıncı'da gördüğünü söyledi.

Zaten yakındaki arazide yakalanması, üste olma olasılığını yüzde 99 yapıyor.

Ama nasıl kameralara yakalanmaz!

Muhtemelen hep "kamerasız" ortamlarda durdu. Giriş ve çıkışları da "kamerasız ortamdan" yaptı.

İşte bu noktada üzerinde yakalanan GPS cihazı çok önemli.

Öksüz üsse ana nizamiyeden bile darbeciler tarafından kolayca sokulabilecek iken, belki de "kesilmiş tellerin arasından" kamera bulunmayan başka bir giriş-çıkış için GPS'e ihtiyaç duydu.

Satın alacağı tarlayı bulmak için yanına GPS cihazı almadığı ise neredeyse kesin!

HULUSİ AKAR'LA ADİL ÖKSÜZ KALKIŞMA GECESİ KARŞILAŞTI MI?

Kalkışmadan 1 hafta sonraydı.

Erdoğan, France 24 televizyonuna, darbecilerin Genelkurmay Başkanı Hulusi Akar'ı Gülen'le görüştürmek istediklerini açıkladı.

Akar ifadesinde, Gülen'le görüştürmek isteyenin "Tuğg. Hakan Evrim olduğunu" söylüyordu.

İlginçtir, Tuğg. Hakan Evrim, iki kere bu iddiayla ilgili ifade verdi, ikisinde de reddetti.

Akar, görüştürülmek istendiği kişinin, Gülen olabileceğine, kendi kendine hükmetmiş olabilir mi?

Kastedilen kişi, Öksüz de olabilir!

O gece Öksüz'le Akar, Akıncı Üssü'nde yüz yüze gelmişler miydi?

Karşılaşmamışlardı!

Akar, artık "olayı ilk duyuran" Erdoğan'ı "yalancı çıkarmamak" için ifadesini de düzeltemezdi!

Zaten niye yalan söylesin! En fazla yanlış anlar!

ADİL ÖKSÜZ CIA AJANI MI?

Kayıplara karışan Öksüz'ün "konuşmasın" diye öldürüldüğü bile iddia edildi.

İncirlik'e götürülüp, yurt dışına uçurulduğu da söylendi. Ama ilk 6 ayın sonundaki en mantıklı varsayım, Türkiye'de olduğu ve iyi saklandığıydı.

"AKP'nin sesi" Abdülkadir Selvi, 1 Eylül 2016 tarihli yazısında Öksüz'ü neredeyse "CIA ajanı" ilan etti.

Öyle ya darbenin 1 numaralı sivili o olduğuna ve darbenin de arkasında CIA olduğuna göre, CIA ajanı olabilirdi.

"Yakalanamıyor ya da korunuyorsa, özel bir istihbarat servisinin elemanı ve büyük abi adına çalışan çift taraflı bir ajan olabilir" diyordu Selvi kardeşimiz!

Gülen'in CIA'in kucağında olduğu yönündeki iddialar düşünülecek olursa, "Öksüz de CIA'ye çalışıyor" diye düşünülebilirdi, ama o kadar!

"WANTED": YAKALATANA 4 MİLYON LİRA

İçişleri Bakanlığı Ekim 2016'da Öksüz'ün başına 4 milyon lira ödül koydu.

Demek ki, Öksüz'ün hala Türkiye'de olduğu düşünülüyordu!

Öksüz, "aranan teröristler" listesine alınmıştı ama, "4 milyon lira ihbar parası" namına hakaretti(!)

Çünkü, "kırmızı listedeki" toplam 8 kişi için aynı miktarda para ödülü konulmuştu!

Oysa, bir gıdım daha yukarı fiyatlandırılabilirdi!

17-25 Aralık yolsuzluk operasyonlarında Kısıklı'daki evden Bilal Erdoğan'ı gözaltına aldırmayı planlayacak kadar gözünü karartmış Savcı Zekeriya Öz'ün, sadece 750 bin lira fiyat biçilen "gri listede"de olması tek tesellisiydi.

ÖKSÜZ SÜLALE BOYU CEMAATÇI

Gülen örgütlenmesinin en tepesindeki 12 kişilik Başyüceler Şurası'nda yeralan Cemal Türk'ün eşi Azize Türk, Adil Öksüz'ün kızkardeşiydi.

15 Temmuz'dan çok önce hazırlığına başlanan çatı iddianamede, Cemal Türk'ün kızkardeşiyle evli Öksüz'ün "Deniz Kuvvetleri imamı" olduğu yazılıydı.

Bu tespite rağmen, 15 Temmuz'a kadar hakkında

hiçbir işlem yapılmadığı gibi, 15 Temmuz gecesi yakalandığında da, bu bilgiye ulaşılamamıştı(!)

Karabük Üniversitesi'ndeki FETÖ soruşturmasında tutuklanan Yrd. Doç. Dr. Ahmet Öksüz de Adil Öksüz'ün kardeşiydi.

"Öyle damadım olmaz olsun" diyen kayınpeder Cevat Yıldırım, Öksüz'ün serbest kaldığında kullandığı "34 SIR 49" plakalı araç garajında bulunduğu için tutuklanırken, eşi serbest kalmıştı.

Ancak, Adil Öksüz'ün " tekerlekli sandalyedeki" kayınvalidesi Hatice Yıldırım sonradan tutuklandı.

Öksüz'ün Sakarya Akyazı'daki baldızları Naciye Alişan, Belkıs Nur Tetik ile Seyyide Öznur Yıldırım gözaltına alınıp, sorgulandı.

Damadın yerini söylemeye zorlanıyorlardı!

Kayınvalide Hatice Yıldırım, Öksüz'ün eşinin 3 çocuğuyla ABD'deki abisinin yanında olduğunu itiraf etti. Yani Pensilvanya'da, Gülen'in başucunda!

Öksüz, kalkışmadan önce ABD'ye bırakıp, kendi ailesini garantiye almıştı.

ÖKSÜZ'ÜN ANNESİ: OĞLUM GEL, TESLİM OL

Adil Öksüz'ün anne ve babası, Kısıklı'da cemaatin Kaynak Holding'ine ait binada oturuyordu ve hiç gözaltına alınmadılar(!)

Zeynep Öksüz "Oğlum gelsin teslim olsun. Bizi çok mağdur etti." diye gazetelere açıklamalar yaptı.

Kaldıkları bina, Öksüz ve cemaatçi arkadaşlarının toplantı binasıydı.

Binaya kayyum el koymuştu ama 15 Temmuz'dan aylarca sonra bile, binanın en altında hala Öksüz'ün anne-babası yaşıyordu.

DOSYASI KARARTILARAK MI TUTUKLANMAKTAN KURTARILDI?

Kılıçdaroğlu, "Adil Öksüz'ü kim serbest bıraktı? Hakimin önüne giden dosyasının içini kim boşalttı?" sorularını ortaya attı.

Sincan Başsavcılığı, dosyanın "Kazan Akıncı Jandarma Karakolu görevlileri tarafından boşaltıldığı" şüphesinin peşine düştü ve jandarma görevlileri hakkında soruşturma açtı.

Öksüz'ü serbest bırakan hakimin önüne giden dosyada, sadece ifadesi ve üst yazısı vardı.

"Arsa bakmaya geldiğim arazide jandarma beni de aldı" diyen masumane bir ifade, o kadar!

Mahkeme başkanına giden dosyasında geçmişi ve cemaatle ilişkisine ilişkin bilgi olmaması anlaşılabilirdi.

Ama yakalattığı GPS cihazı dahil üzerinden çıkanlara ilişkin üst arama tutanağı ve nasıl yakalandığına dair yakalama tutanağı bile yoktu.

Hakime giden dosya eksikti, adeta gizli bir el tarafından karartılmıştı.

Hakim ve/veya savcı bilerek veya bilmeyerek, yorgunluktan, alel acele, yeterince araştırmadan karar vermek zorunda kalmıştı.

"Dışardan birilerinin" jandarma karakolundaki ve/veya mahkeme sürecindeki herhangi bir görevliyi arayarak dosyanın karartılmasını sağladığı çok net!

Böylesine önemli adamı kimse şansıyla baş başa bırakmaz, elinin uzandığı her yere uzanarak kurtarmaya çalışır!

ADİL ÖKSÜZ'LE HULUSİ AKAR TAKAS MI EDİLDİ?

Adil Öksüz yakalanamadıkça, "şehir efsaneleri" kulaktan kulağa yayılıyordu.

En yaygını, Öksüz'ün devletin elinde olduğu palavrasıydı.

En çılgıncası ise, Hulusi Akar'ın serbest bırakılmasında pazarlık unsuru yapılarak, "takas edildiği" iddiasıydı.

Hulusi Akar, Adil Öksüz'den 1 gün önce serbest kaldığı için, bu iddia saçmaydı.

Takas dediğin aynı saatte olur! Akar kurtulduktan 24 saat sonra, Öksüz niye bırakılsın ki!

AKIN ÖZTÜRK-HULUSİ AKAR GÖRÜŞMESİ MUAMMASI

Başlangıçta, "darbenin TSK'daki 1 numarası" olarak, eski Hava Kuvvetleri Komutanı Akın Öztürk'ün adı ortaya atıldı. HKK'dan YAŞ üyeliğine kaydırıldığı için "yüreği yaralı bir komutan"dı.

Kalkışma gecesi Akıncı Üssü'nde esir tutulan(!) Hulusi Akar'ın yanına girebilmişti ve damadı darbeyi yönlendirenler arasındaydı.

Adından, Öztürk'ün Akıncı'ya Hava Kuvvetleri

Komutanının ricasıyla gittiği ve Hulusi Akar'ın yanındaki darbecileri iknaya çalıştığı haberleri çıktı.

Damadı darbecilerin elebaşlarındandı, o yüzden "darbecileri ikna etsin" diye de gönderilmiş olabilirdi!

Damat-kayınpeder işbirliği de olabilirdi...

Son ana kadar "darbenin 1 numarası olduğunu" saklayarak oyun mu oynamıştı?

AKAR İLE ÖZTÜRK'TEN "ÜÇ SİLAHŞÖRLER" YEMİNİ: "HEPİMİZ BİRİMİZ, BİRİMİZ HEPİMİZ İÇİN"

Alexandre Dumas'ın "Üç Silahşörler"indeki, bağlılık yeminini bilirsiniz:

"Hepimiz birimiz, birimiz hepimiz için!"

Akar ile Öztürk'ün kalkışma sürecindeki ilk birkaç günde "ruh halleri" benzerdi.

Darbecilerin TSK atama listesi, önemli bir ipucuydu.

Hulusi Akar'ın isminin karşılığı boş bırakılmıştı. Yani görevinde kalabilirdi de, kalmayabilirdi de…

Listeye göre, Akın Öztürk Genelkurmay 2. Başkanı yapılıyordu!

Akın Öztürk, Hulusi Akar'ı ikna ederse 2. adam, edemezse de söylendiği gibi 1. adam olabilirdi.

İlk ifadesinde, "Beni Hulusi Bey'e sorun" diyordu. Ya "çok işin içinde olmadığımı o gördü" demeye getiriyor, ya da Akar'la ilgili "ima"da bulunuyordu.

Kesin olan "darbecilerin güvenilir adamları" arasında olduğuydu.

Hava Kuvvetleri Komutanı, Akıncı'ya gönderecek adam, olarak Öksüz'ü nasıl buldu!

Hiç mi şüphelenmiyordu eski komutanından!

AKIN ÖZTÜRK'Ü AKINCI'YA ÇAĞIRAN HULUSİ AKAR'DI(!)

Akar, Tümg. Mehmet Dişli'ye arattırdığı Akın Öztürk'ten, Akıncı'ya gelmesini "bizzat kendi de istedi" dersek, ne diyeceksiniz!

"15 Temmuz sırları" bitmek bilmiyor!

Çok enterasandı! Akar'ın sızan ilk ifadesinde, "darbenin 1 numarası" olmakla suçlanan Akın Öztürk'le ilgili fazla detay yoktu.

"Beni Hulusi Akar'a sorun" diyen Akın Öztürk'ün Akıncı'da Akar'la görüşmesine ilişkin ilk ayrıntı, AKP'li Şaban Dişli'nin kardeşi Tümg. Mehmet Dişli'nin ifadesiyle geldi.

Akar'ın serbest kalınca güya(!) "Bu da hain" diye tutuklattığı(!) Dişli, Akın Öztürk'ü ve TSK'nın Akın Öztürk'ü aklayan ilk açıklamasını doğruluyordu:

"Akıncı Üssü'nde Hulusi Akar'la beraberken, odaya havacı komutan Kubilay Selçuk geldi. Komutan, hava kuvvetlerinde durumun ne olduğunu söyledi. O da 'Akın Paşa sizin ağzınıza bakıyor. Siz 'Evet' derseniz o da bu işe dahil olacak. Akın Paşa bu işte yok' dedi. 'Ama isterseniz çağırabilirim' dedi."

Ve çağrıldı! Akar'ın emriyle Dişli aradı, konuşturdu!

AKAR'IN AKIN ÖZTÜRK'Ü ÇAĞIRTMA NEDENİ DARBECİLERLE PAZARLIK ETMEYE RAMAK KALMASI MI?

Hulusi Akar ifadesinde, Akın Öztürk'ün yanına gelmesini anlatıyor:

"Akıncı'da üs komutanının odasında tutulurken, bir ara Org. Akın Öztürk yanıma geldi. Üzerinde tişört ve pantolon vardı. Tek başına benim yanıma gelmişti. Hem bu durum, hem onu gördüğüm için çok şaşırdım ve burada ne yaptığını sordum.

KKK ile birlikte İzmir'den Komutanlığa ait bir uçakla geldiğini, üsteki lojmanda oturan kızının evinde iken HKK Abidin Ünal'ın araması üzerine üsten birilerinin uçaklar kaldırdığını ve bu hususa göz kulak olması gerektiğini belirttiği için geldiğini anlattı. Ancak lafını dinlemediklerini söyledi."

Akın Öztürk, sadece "darbenin içinde yeralmaya ikna olmak üzere olduğunu" açıkça söylememişti! Akar'ın havasına bakıyordu.

Akar'ın Akın Öztürk'ü çağırttırması, düşük ihtimal de olsa, "darbecilerle pazarlık yapmasına ramak kalmış olmasını" gösteriyor olabilir!

Darbe başarılı olsa, ikna olmaya zaten herkesin eli mahkumdu!

HULUSİ AKAR'LA AKIN ÖZTÜRK'ÜN "ZIMNİ" ANLAŞMASI

"Zımni" sözcüğü; söze dökülmemiş, ancak karşılıklı hissedilen-bilinen durumlar için kullanılır.

Telefonla üsse çağrılan Akın Öztürk'ün sivil kıyafetle

geldiğini dile getiren Dişli, "Üçümüz birlikte televizyonlara baktık. Komutan sürekli tepki gösterdi, 'Böyle bir şey olur mu?' dedi. Akın Paşa da aynı tepkiyi verdi. Komutan ve Akın Paşa ile buraya getiriliş sürecimizi konuştuk. Sonra 'Dışarı çık ne istiyorlar, gelsinler konuşalım' diye beni gönderdiler" diyordu.

Görünen o ki; Akın Öztürk, Hulusi Akar darbenin başına geçse, darbeyi kesinlikle destekleyecekti.

Gelişmelere göre, durumu hem kendi iç dünyasında, hem de Akar'la birlikte tartmıştı.

Bu yüzden ifadesinde topu Hulusi Akar'a atıyordu. Akar da onu satmıyor, doğruluyordu.

Çünkü aralarında "zımni bir anlaşma" vardı. Yani, karşılıklı hissedilen adı konmamış bir anlaşma! Birlikte davrandıklarını düşünüyorlardı!

Darbe başarılı olsa, Akar da, Öztürk de; hepsi ama hepsi, mecburen uyacaktı!

Zaten ne yapabilirlerdi ki!

HULUSİ AKAR İLE AKIN ÖZTÜRK'ÜN ORTAK SIRRI

"İktidar çevrelerinden üst düzey bir arkadaş"la 2-3 saat sohbet ettik.

Bambaşka bir tablo çiziyordu!

Güya derdest edilen(!) Hulusi Akar gece yarısına kadar elinde kumanda nasıl TV izleyebiliyordu?

"Başbakan ve Cumhurbaşkanı'nı aramak hariç" telefon imkanı da vardı!

Tümg. Dişli'ye Akın Öztürk'ü arattırdığı gibi, karısını da telefonla arattırmış, "İyiyim, merak etmesin" demişti.

Keza arattırdığı başka komutanlarla da telefonda konuşmuştu.

Akın Öztürk, ifadesinde niye Hulusi Akar tarafından da telefonla Akıncı'ya çağrıldığını söylememişti?

Akar da söylemiyor, Akın Öztürk'de söylemiyor!

Akar TSK adına yapılan açıklamada Öztürk'ü koruyor, Öztürk ifadesinde Akar'ı koruyor!

"Zımni anlaşma", "ortak sırlar"ı gerektiriyor!

"KURTARDIM" DEDİĞİ GENELKURMAY 2. BAŞKANI TERS ÇAKTI

Akıncı'da Hulusi Akar'la ayrı yerde tutulan Genelkurmay 2. Bşk. Org. Yaşar Güler, ifadesinde, "Yaşar Güler'i ben kurtardım" diyen Akın Öztürk ile ilgili şüpheleri olduğunu söyledi:

"Birden kapı açıldı ve Org. Akın Öztürk'ün sesini duydum. 'Yav Yaşar sen burada ne geziyordun, senin burada olduğundan hiç haberim yok' dedi. İçeri girerek gözlerimi bağlayan bezi açtı ve maket bıçağıyla ellerimdeki ve ayaklarımdaki kelepçeleri kesti. Kendi astsubayı olduğunu söylediği bir astsubaya çay, su ve çerez getirtti. Eşime telefon edip, sağ ve iyi olduğumu söyledi.

Akın Öztürk, 'Bu herifler manyak. Devlete karşı nasıl böyle bir şey yapabilirler' dedi. Dün gece 23:00'ten beri burada olduğunu ve herifleri bu hareketi bırakmak için ikna etmeye çalıştığını, bir kısmını ikna ettiğini söyledi. Sonra kapıda silahlı nöbetçi olduğunu söyleyerek çıkıp gitti."

Öztürk tekrar gelip, Güler'i "kurtardığında(!)" ertesi gün öğleden sonraydı ve darbe başarısız olmuştu.

Öztürk, "darbecileri teslim olmaya ikna ettiğini" ancak "TV haberlerine göre arandığını" söylemişti.

Aslında şahitlik yaparak, yardım etmesini istiyordu!

Öztürk, darbecilerle mevcut komuta kademesinin arasını bulmaya çalışırken, mecburiyetten "ikili oynamanın" cezasını çekiyordu.

"OĞLUMUN KİRVESİYDİ, 15 TEMMUZ GECESİ İKİ ELİ KANDA OLSA DÜĞÜNÜMÜZE GELİRDİ"

İstanbul'da kızının düğününde rehin alınıp, YAŞ'ta orgeneralliğe yükseltilmeyince istifa eden Muharip Hava Kuvveti ve Hava Füze Savunma Komutanı Korg. **Mehmet Şanver'in** analizi gerçekçiydi:

"Akın Öztürk oğlumun kirvesi olacak kadar bize yakındı, eli kanda olsa kızımın düğününe gelirdi."

Kalkışma gecesi, Hava Kuvvetleri komutanının da derdest edildiği İstanbul'daki düğüne gitmeyip, Ankara'da kalmış olması, "darbeden önceden haberdar olduğu" şüphesini kuvvetlendiriyordu.

KKK'yla birlikte askeri uçakla 13:30'da ayrıldığı İzmir'den Ankara'ya gelince, Şanver'e telefon ederek, gelemeyeceğini söyleyip, tebrik etmişti.

Akın Öztürk, kalkışmanın ertesi günü saat 17:30'da "düğününe gitmediği" Mehmet Şanver'in gözetim altında olduğu odayı bulup, plastik kelepçelerini kesecek kadar, yine "temkinli " oynamıştı!

Şanver'in yerinde ol da, gel de düşünme; Düğüne niye gitsin ki, nasıl olsa **düğün sahibi de Akıncı**'ya yanına getirilecek!

AYNI UÇAKTAKİ AYNI AMAÇLI İKİ YOLCU KOMUTAN

Akın Öztürk, 15 Temmuz'da İzmir'den Ankara'ya 13:30'da KKK Salih Zeki Çolak'la geldi.

Çolak, Ankara'ya varınca, önce Genelkurmay'a Akar'ın yanına, sonra da Hakan Fidan'ın da katıldığı toplantıda alınan kararla, MİT'e ihbara gelen binbaşının(!) görev yaptığı "hareketlilik olduğu" söylenen Kara Havacılık Komutanlığı'na gidiyor.

"Uçak arkadaşı" Akın Öztürk de, derdest edilmeden önce HKK'dan gelen ricayla Akıncı Üssü'ne...

Ne tesadüf! Aynı uçakta "darbeyi kontrol amaçlı" iki yolcu!

Bir adım geri gidelim!

Komutanlardan birini veya her ikisini, İzmir'deyken "Ankara'ya gelin" diye "birileri" aramış olabilir mi?

Arandılarsa, saat 13:30'dan önce demektir!

Anımsayalım; "ihbarcı" binbaşı 14:45'te MİT'e gitti, önce 2 saat sorguya çekildi.

"Bir başka hazırlık" mı vardı? Aynı uçağa nasıl denk geldiler? Akın Öztürk KKK'nı kontrolde tutmak için mi uçağa bindi?

Kara Kuvvetleri Komutanı, akşamüstü gittiği Kara Havacılık Komutanlığı'nda tam 3 saat kaldı.

Sonrasında, brifing aldığı Kara Havacılık Komutanı Tümg. Hakan Atınç, Okul Komutanı Tuğg. Ünsal Coşkun tarafından rehin alındı.

Böylece, Tuğg. Coşkun, Türkiye'deki bütün kara havacılık unsurlarına komuta edecekti.

KKK Çolak, geri çağrıldığı Genelkurmay'da derdest edilirken, "uçaktaki yol arkadaşı" Akın Öztürk de Akıncı Üssü'nde yaşanacakların içinde kalacaktı.

Uçağa inip, birbirleriyle vedalaştıklarında, akşam yollarının Akıncı'da kesişeceğini biliyorlar mıydı?

AKIN ÖZTÜRK'ÜN YÜZÜNDEKİ YARALARI DARBECİLER YAPMIŞ(!)

Gözaltı fotoğraflarında Akın Öztürk'ün yüzü gözü yara bere içindeydi. "Dayak yediği ve işkence gördüğü" izlenimi veriyordu.

Adalet Bakanı Bekir Bozdağ, iddiaları yalanladı:

"Akın Öztürk'ün helikopteri vuruluyor. Yukarıdan inişe zorlanıyor, atış yapılıyor. Havaalanı, Akıncı Üssü darbecilerin kontrolü altında. O zaman iniş sırasında bir yaralanma. Yüzündeki ve kulağındaki darbeler bu olayla alakalı."

Yani darbeciler, Akın Öztürk'ün helikopterini yanlışlıkla vurmuşlar ve o yüzden yaralanmıştı!

Adalet Bakanı, Öztürk'ün yakalandığı andaki fotoğrafı ile savcılığa çıkarıldığı andaki fotoğrafını karşılaştırmayı gözden kaçırmıştı!

Fotoğraflar, yüzündeki yaraların bir kısmının yakalandıktan sonra olduğunu ispatlıyordu.

AKIN ÖZTÜRK'Ü DOĞRULAYAN SÜRPRİZ İFADE

Genelkurmay Başkanı Akar'ın "Beni Gülen'le görüştürmek istedi" dediği Akıncı Üs Komutanı Tuğg. Hakan Evrim'in Akın Öztürk'le ilgili ifadesi, tam bombaydı:

"Akın Öztürk'ü de Genelkurmay Başkanı'nın bulunduğu odaya etrafı sarılı şekilde getirdiler... Sabah 09:00 sıralarında Genelkurmay Başkanı helikopter ile götürüldükten sonra Akın Paşa'yı da odadan çıkardılar. Öztürk'ün herhangi bir talimat verdiğini görmedim."

Hakan Evrim, Akın Öztürk'ü aklarken, pilot damadını ise ele veriyordu:

"Akın Paşanın damadı **Hakan Karakuş**, Diyarbakır'dan gelen pilotlar ile birlikteydi."

O gece herkes birbirine biraz oynamış, biraz da gerçek yüzünü göstermişti. Yakalananlar, doğrularla-yanlışları birbirine karıştırarak, kafa bulandırıyordu.

Akın Öztürk üzerindeki soru işaretleri, öylesine çok fazlaydı ki, adı Hava Kuvvetleri Komutanlığı'nın kurumsal internet sitesinden silindi.

Artık "Hava Kuvvetleri Komutanlığı yapmamış" sayılıyordu.

DARBECİ PİLOT DAMADI, AKIN ÖZTÜRK'ÜN İŞİNİ BİTİRDİ

Akın Öztürk, cemaate paçayı kaptırdıysa, kızını cemaatçi(!) subaya vererek kaptırmıştı. Kızının mürvetini gördüğünde, muhtemelen durumu bilmiyordu.

Ancak şu da var ki, darbeci olduğunu yalanlamayan damat, cemaatçiliği reddediyor!

TSK'nın darbe girişimi sonrası ilk yazılı açıklamasında "akladığı" Akın Öztürk, damadı darbeci cemaat subayı çıkmasa, belki birkaç gün içinde salıverilebilirdi.

Erdoğan'ın uçağını havada vurma ve sarayın çevresinde birikenleri bombalama talimatlarının arkasında, 15 Temmuz akşamı evine uğradığı "damat" vardı.

Pilotların arasındaki telsiz konuşmalarında yarbay damadının suçu barizdi.

"Damat" Hakan Karakuş, Cumhurbaşkanlığı sarayının etrafındaki sivillere yaptığı 2 atışı bildiren Hava Pilot Üstğ. Müslim Macit'e, "Anlaşıldı ellerinize sağlık" diyordu.

DARBECİ DAMAT FETHULLAH GÜLEN'LE AKRABA MI?

Akın Öztürk'ün darbeci pilot damadının kardeşi Volkan Karakuş da, Başbakanlık Koruma Dairesi'nde görevliydi.

Davutoğlu'nun hem Başbakanlığı hem de Dışişleri Bakanlığı sırasında koruması olan Volkan Karakuş, ses kayıtları 2014'te internete düşen Davutoğlu, Genelkurmay 2. Başkanı Yaşar Güler, MİT Müsteşarı Hakan Fidan ile Dışişleri Müsteşarı Feridun Sinirlioğlu'nun katıldığı Dışişleri'ndeki Suriye toplantısının yapıldığı gün "görevde"ydi.

Toplantıda "Suriye tarafından Türkiye'ye saldırı organize edilmesi" ve bu bahaneyle Suriye topraklarına girilmesi konuşulmuştu. Cemaat dinleme yapıp, internetten sızdırmıştı.

Darbeci damadın polis kardeşi, "gizli toplantının

yasadışı biçimde ses kaydının alınması ve FETÖ" şüphesiyle açığa alındı.

Akın Öztürk'ün de katıldığı törenle babalarını toprağa verdikleri köyün muhtarı, "Volkan ve Hakan 2 kardeşti" diyor. Yani başka kardeşleri varsa da, bilmiyor!

İfadesinde, "Sülalemde de cemaatçi yoktur" diyen damat Malatyalı. Tanıyanlar "sülale boyu cemaatçidir" diyor. Dikkat çeken "Malatyalı akraba(!)" Karakuş'lar şöyle:

17-25 Aralık operasyonlarından sonra "cemaatçi" diye görevden alınan, kalkışmadan sonra da tutuklanan Kriminal Polis Laboratuvarları Daire Başkanı Oğuz Karakuş...

Hukuk müşavirliği yaptığı Emniyet Genel Müdürlüğü Yardımcılığından emekli olan "cemaatin yüksek yargı imamı" denilen Osman Karakuş...

Karakuş sülalesi, Gülen ailesine kız verip, akraba da olmuş. Osman Karakuş'un kızı, Fethullah Gülen'in kardeşi Mesih Gülen'in oğlu ile evli.

'Tanınmış bir "Malatyalı Karakuş" da, bir dönem AKP Ankara Büyükşehir Belediyesi İtfaiye Müdürlüğü yapan Ceyhun Tonguç Karakuş...

Tüm Karakuşlar hakkında "cemaatçi" iddiası var!

DARBECİ DAMADIN İFADESİ: AKINCI'DAN DARBECİ F-16'LAR NASIL HAVALANDI?

Akın Öztürk'ün darbeci damadı Hakan Karakuş ifadesinde, "emir-komuta zinciri içinde" sandığı için kalkışmaya katıldığını söylüyordu:

"15 Temmuz gecesi evde bulunduğum sırada Pilot Yzb. Erhan Güner'in beni aramasıyla Filo'ya 19:00'da geldiğimde, harekat komutanı Alb. Ahmet Özçetin, terörle mücadele harekatı olacağını, söyledi. Özçetin, kuleye geçmemi ve uçuş kontrol amiri olarak görev yapacağımı söyledi.

Kuleye gittiğimde Yarbay Murat Doğan, Ütğm. Mustafa Enez, Yarbay Nihat Altıntop ve ismini bilmediğim 3 astsubay vardı. Kule ve harekat amiri Yarbay Nihat Altıntop'tur. 'Terörle mücadele uçuşu için yakıt yeter mi' diye sordum, bana 'Tanker uçak kalkacak' dedi.

21:30'da kuledeydim. 2 uçak üsten kalkış istedi, pilotların kim olduğunu bilmiyorum. Sonra tekrar iniş yaptılar, bir terslik olduğunu anladım, harekat komutanı Alb. Ahmet Özçetin'e sordum. Onların görevlerini yaptığını, bizim karışmamamız gerektiğini söyledi. Daha sonra uçaklar ışıklarını yakmadan pistten kalkmaya başladı. İlk uçuşlar 21:30 civarında yapıldıktan sonra, kontrolsüz olarak 12-13 uçak belirli aralıklarla iniş yaptı.

Darbe girişiminin 22:30'da farkına vardım. Helikopterler çok fazla inip kalkıyordu, kim tarafından kontrol ediliyor bilmiyordum. Gece 00:00 sıralarında 'Casa uçağıyla' Hava Kuvvetleri Komutanının geldiğini söylediler, ben de olayların durulacağını düşündüm."

Hakan Karakuş, sabaha karşı darbeyi önlemek için havalanan uçakların pistleri bombaladığını, 04:00'te de bordo berelilerin kuleye geldiğini aktarıyordu:

"Kuleye beni ve Nihat Yarbay'ı sordular, kendileriyle gelmemizi istediler. Birlikte giderken uçuş emniyetini sağlamam üzerine, beni orada bırakıp Nihat Yarbay'ı götürdüler. Ütğm. Mustafa Enez ve 3 astsubay kulede bekledik.

Helikopterler saat 06:00 civarından piste iniş yapınca, Özel Kuvvet elemanları indi, kuleye ateş açılınca sığınağa kaçtım, 06:30'da da eve kaçtım."

DAMAT KALKIŞMADA AKIN ÖZTÜRK'Ü HİÇ GÖRMEDİ Mİ?

Karakuş'un ifadesinden, kalkışma akşamı kayınpederi Akın Öztürk ile Akıncı'daki lojmanda beraber oldukları ve 19:30 gibi çağrılınca vedalaşarak evden ayrıldığı anlaşılıyor!

Peki sonra damat ile kayınpeder Akıncı'da bir araya gelmişler miydi? Karakuş, "hayır" diyor:

"YAŞ üyesi Akın Öztürk benim kayınpederimdir. Cuma misafir olarak geldi, cumartesi (gece yarısı günün ilk saatlerinde) lojmandan üsse gittiğini (cemaatçi pilot) Fatih Çavur'dan duydum. Sabaha karşı Hulusi Akar'ın bulunduğu yere gittim ama Akın Öztürk'ü hiç görmedim."

Damat darbeciliği reddediyordu ama, sanki tıpkı kayınpederi gibi, istikbalini darbede" görmüştü!

DAMADIN CEMAATÇILIĞINA TEK KANIT(!): EVİNDEKİ 69 ADET 1 DOLAR

Lojmandaki evinde yakalanan Hakan Karakuş'un da yüzü gözü darp edilmişti!

Evinde bulunan 69 adet 1 doların sorulması üzerine, "Dolarları Amerika'ya tatbikata gittiğimde harcamalar sonrasında artan para üstlerinden biriktirdim. Hatıra olsun diye çekmecede duruyordu. Kimseye 1 dolar vermedim, kimseden de almadım. FETÖ/PDY ile bağlantım yoktur. Sülalemde de yoktur, dershaneye bile hiç gitmedim" diye konuştu.

İfadesine bakan, yine de şüphe edemeden duramıyordu: Ya doğru söylüyorsa, ya darbeye emir-komuta zinciri işinde sanarak katıldıysa!

Artık damgayı yemiş, saklayacak neyi var ki!

TEK SOMUT SUÇLAMA(!) DİŞÇİSİNDEN GELDİ

Akın Öztürk, ilk günlerde "darbenin lideri" ilan edilirken, epeyce komik "infazlama" haberleri çıktı.

İktidar yanlısı Akşam'da yer alan habere göre, Akın Öztürk darbenin ilk işaretini "diş"ten vermişti.

İddiaya göre, Öztürk 1,5 ay evvel Genelkurmay'ın dişçisine gider ve 13 dişi yapılacaktır. Hem kaplama hem implant işi vardır.

Askeri diş hekimi kendisine: "Efendim hayli yorucu bir süreç olacak epey iş mevcut, o yüzden çok fazla sıkıştırmayalım birkaç aya yayalım" der.

Öztürk, "Hayır hepsini aniden 1 ay içinde bitir. 1 ay sonra kameralar karşısına daha çok çıkacağım. Düzgün çıkayım." yanıtını verir.

Tabii kafama takıldı. Akın Öztürk'ün yakalanma görüntülerine baktım. Dişleri hala eğri büğrüydü!

Herhalde, "darbe nasılsa başarısız olacak" diye yaptırmamıştı(!)

AKAR'A "İYİ ASKER-KÖTÜ ASKER" OYUNU MU?

"İyi polis-kötü polis taktiğini" bilirsiniz. Suçluyu öttürmek için, ikili oynanır. Biri döver, diğeri sever(!)

Akar'ın emir subayı Yarbay Levent Türkkan, "Bize söylenene göre, Hulusi Akar darbenin başına geçmeyi kabul ederse, Genelkurmay 2. Başkanı Akın Öztürk olacaktı" diye ifade verdi.

Kalkışma gecesi Genelkurmay karargahındaki görüntüleme merkezinde görevli Üstğ. Fahri Kafkas da, Öztürk'le ilgili en önemli şahitliği yaptı:

163

" Genelkurmay Personel Daire Başkanı Tuğg. Mehmet Partigöç, Görüntü İzleme Merkezi'ne geldi. Genelkurmay Başkanı'nı emniyetli bir yere tahliye ettikleri söyledi. Bu sırada Partigöç, YAŞ üyesi Akın Öztürk'ü arayarak, 'Komutanı Akıncı Üssü'ne tahliye ettik, siz de oraya geçin' dedi."

Bu ifadeler, "darbecilerle işbirliğini sağlamak" için, Akın Öztürk'ün Hulusi Akar'a "iyi asker"i oynadığı kanısını kuvvetlendirdi.

GENELKURMAY BAŞKANINA KESİLEN 15 TEMMUZ CEZASI

TSK'da 15 Temmuz sonrası, "dere geçerken at değiştirilmez manzarası" vardı. Karargah YAŞ'ta "olabileceği kadar" tırpanlanmıştı.

"Topal ördek karargahı" benzetmeleri yapılıyordu.

Görevde bırakılan çoğu komutan hakkında şüphe vardı. Genelkurmay Başkanı Akar'a bile çok güvenilemiyordu.

"Ordunun ancak yüzde 1,5'u darbeci çıktı" deniliyordu ama, subay ve astsubaylara bakıldığında buzdağının görünen kısmında bile en az yüzde 30'u işin içindeydi.

Genelkurmay Başkanına kesilen ceza, Ocak 2017'de çıkarılan 681 sayılı KHK ile, birlikte çalışacağı kuvvet komutanlarının belirlenmesinde "söz sahibi olmaktan çıkarılması" oldu!

Eskiden, Genelkurmay Başkanı teklif ediyor ve kabul ediliyordu. Artık teklif etme hakkı bile yoktu!

"Başka kalkışmalardan korkan" AKP, Genelkurmay Başkanı ve kuvvet komutanlarının "birbirine güvenen kişilerden oluşmasını" istemiyordu!

BEŞİNCİ BÖLÜM

"BAŞKOMUTAN" VE "BAŞBAKAN" FİRARDA!

DARBE ERDOĞAN'IN PLANLADIĞI BİR TİYATRO MUYDU?

Dış dünya ve iç kamuoyunun önemli bölümü, darbe girişiminin "otoriterliğini pekiştirme peşindeki Erdoğan'ın tezgahı" olduğunu düşündü.

Meclis'e getirilen anayasa değişiklikleriyle "gidişat" aynı yönde olunca, "tiyatro teorisi" güçlendi.

Gülen de, kamuoyundaki havadan faydalanmak için karşı saldırıya geçti.

Eylül 2016'da, Alman "Die Zeit" ve İspanyol "El Pais" gazeteleri ile Alman haber ajansı DPA'ya, Pensilvanya'da verdiği ortak mülakatta, Erdoğan'ın kendi darbesini yıllar öncesinden planladığını, sadece doğru anı beklediğini ileri sürdü.

Gülen,"sempatizanlarımız iştirak etmiş olabilirler" diye yarım ağız kabullendiği darbe girişiminin, Erdoğan tarafından kendi iktidarını kuvvetlendirmek için kullanıldığını iddia ediyordu.

Erdoğan ve Gülen'in savaşı zirveye tırmanmıştı; ikisi de birbirini "darbecilikle" suçluyordu!

Kalkışma olmasa bile, çekişmeleri tam "tiyatro"ydu!

ERDOĞAN'A SUİKAST PLANI BEŞTEPE'DEKİ SARAY'DA YAPILDI

15 Temmuz'da **Erdoğan**'a düzenlenecek operasyon Cumhurbaşkanlığı sarayında planlandı.

Darbeci Piyade Yarbay **Emin Güven,** 15 Temmuz saat 15:30 sularında Cumhurbaşkanlığı Muhafız

Alayı'na çağrıldığında, "Erdoğan'a operasyon ekibiyle toplandığını" henüz bilmiyordu.

Odada, sivil kıyafetiyle Cumhurbaşkanı Başyaveri Ali Yazıcı, Muhafız Alay Komutanı Muhsin Kutsi Barış ve bordo bereliler diye bildiğimiz Özel Kuvvetler'in Alay Komutanı Fırat Alakuş vardı.

Masada, üzerinde "Marmaris'' yazılı coğrafi analiz sistemi uydu görüntüleri ve planlar duruyordu.

Cumhurbaşkanı'nınyeri öğrenilecek ve bir ekip gidip alacaktı.

Tam yerini bilemiyorlardı. Olması muhtemel yerler haritada işaretlenmişti.

Yaver Ali Yazıcı, gerekirse Marmaris'e giderek Cumhurbaşkanı'nın tam yerini tespit edecek ve koordinatlarını Kurmay Albay Fırat Alakuş'a bildirecekti.

BAŞYAVER ERDOĞAN'IN YERİNİ ÖĞRENMEK İÇİN "ZARF" ATACAKTI

Erdoğan'ın derdest edilmesi planlanıyordu. Çıkacak zorluklarla "suikast" de gündeme gelebilirdi.

Operasyonun başarısını garantilemek için 2 alternatifli plan düşünüldü.

Ya, Ali Yazıcı direkt Marmaris'e Cumhurbaşkanı'nın yanına gidip, noktası noktasına yerini öğrenecekti.

Ya da, Cumhurbaşkanı'nı arayıp, Genelkurmay Başkanı'nın kendisini aradığını, içinde paralel yapıyla ilgili çok önemli bilgilerin bulunduğu bir zarfın ulaştırılmasını istediğini söyleyecekti.

Böylece tam adres öğrenilecekti. Bu amaçla boş zarf bile hazırlamıştı!

DARBECİ BAŞYAVER DARBE GÜNÜ MARMARİS YOLUNDA

Başyaver Yazıcı, elinde boş zarfla Ankara'dan helikopterle Marmaris'e doğru yola çıktı.

Marmaris'teki Cumhurbaşkanlığı görevlilerini sürekli arıyor, zarfın teslimi için tam adres istiyordu.

Marmaris'e gelmekte olduğunu ise saklıyor, ertesi günkü Cumhurbaşkanının programı için Antalya'ya gitmekte olduğunu söylüyordu.

Başyaver o sırada bilmiyordu ki, MİT Müsteşarı Hakan Fidan aldığı istihbaratı iletmek için Genelkurmay'a gitmişti.

Marmaris'e ulaşıldığında, Genelkurmay'daki darbeci ekipten gelen telefonla, Başyaver Yazıcı neye uğradığını şaşırdı. "İşler karıştı, Marmaris'e değil, Çiğli'ye gidin" deniliyordu.

Darbecilerin kontrolündeki Çiğli'de başka plan yapılacaktı. Çünkü darbenin saati öne alınmıştı.

ERDOĞAN KALKIŞMA SIRASINDA TAM NEREDEYDİ?

15 Temmuz gecesi, darbe girişimi kesinleşince "iki noktaya" kilitlenildi:

Erdoğan yaşıyor mu, nerede?

Genelkurmay Başkanı darbenin başında mı?

Gazetelerde, Erdoğan'ın Marmaris'te Bursaspor'un merhum başkanı İbrahim Yazıcı'nın Oteli'nde kaldığı yazıyordu.

168

Ancak, Temmuz başındaki 10 günlük Ramazan Bayramı tatilinin sonunda, Turgut Özal'dan kalma Cumhurbaşkanlığı konutunun bulunduğu Gökova'daki Okluk Koyu tamamen boşaltılmıştı.

Muhtemelen, "namahremliğe önem verdikleri için görüntülenme tehlikesine karşı önlem" alınmıştı.

Erdoğan, 15 Temmuz'da değil ama 14 Temmuz'da gündüz Okluk'taydı. Darbeciler, bu yüzden kalkışma saati öne çekildiğinde, "Marmaris'te otelde mi, yoksa Okluk'ta mı?" ikilemine takıldılar.

"Marmaris operasyonu"nu planlayanlardan Sahil Güvenlik Komutanlığı Harekat Başkanı Alb. Süleyman Yarayan'ın odasında bulunan, "Erdoğan'ın kaldığı otel ve Okluk Koyu'nun asetatlı haritaları" her şeyi anlatıyordu.

İki arada bir derede kalmışlar, Erdoğan'ı derdest etmekte ilk engelle karşılaşmışlardı!

ERDOĞAN OKLUK'TA KALSAYDI, ÇOK RAHAT DERDEST EDİLECEKTİ

Darbeciler, gün boyu "Erdoğan nerede" diye araştırdılar.

Önce "Erdoğan Okluk'ta olabilir" diye, orayı yoklayıp, vakit kaybettiler. Sonra "gecikmeli" olarak Marmaris'teki otele saldırdılar.

Kolayca derdest edilebileceği Okluk Koyu'ndaki "bungalovdan hallice" minicik Cumhurbaşkanlığı konutunda kalmamak Erdoğan'ın hayatını kurtarmıştı!

Yoksa, hayatı bir rokete bakardı!

SAVAŞ UÇAKLARIYLA 2 GÜN ÖNCEDEN "ERDOĞAN KEŞFİ"

Dalaman Hava Meydan Komutanlığı ceride raporlarına göre, 12 ve 13 Temmuz'da, Akıncı ve Diyarbakır'dan havalanan F-16'lar, "alçak uçuş" yaparak, Erdoğan'ın kaldığı otel ve "Okluk Koyu'ndaki Cumhurbaşkanlığı konutunun fotoğraflarını çekti.

Fotoğraflar, Cumhurbaşkanı'na suikaste gidecek aralarında SAT'ların da bulunduğu tim içindi.

SAT KOMANDOLARININ 4'TE 1'İ DARBECİ ÇIKTI

Sualtı Taarruz Grup Komutanlığı(SAT), üstün yetenekli askerlerden oluşan, komando birliğidir.

Doğrudan Deniz Kuvvetleri Harekat Başkanlığı'na bağlı olarak çalışır.

Yılda sadece birkaç kişi 9 ay süren ağır kursu geçerek SAT olabilir.

SAT komandolarının 4'te 1'i darbede görev aldı.

Erdoğan'ın yakalanması için Marmaris'teki otele ve Gökova'daki Okluk Koyu'na da yönlendirilmişlerdi.

SAT'çılar kalkışma gecesi kullandıkları M-16 otomatik tüfekleri, ayarladıkları nöbetçi sayesinde, İstanbul Boğazı'ndaki SAT merkezinin deposundan çaldılar ve Atatürk Havalimanı'nda her daim bekletilen askeri Casa tipi uçaklarla ihtiyaç duyulan yerlere teslim ettiler.

Erdoğan için Marmaris'e gidenlerin ellerinde bu silahlar vardı.

KALKIŞMA GECESİ ERDOĞAN'IN ÇOCUKLARI NEREDEYDİ?

Kalkışma gecesi, Erdoğan ve eşinin yanında kızları Esra ve damatları Berat Albayrak vardı.

Sümeyye Erdoğan, eşi Selçuk Bayraktar'ın ailesiyle İstanbul'daydı.

Bilal Erdoğan ise, Tarabya'daki Cumhurbaşkanlığı köşkünde ailesiyle beraberdi.

15 Temmuz vesilesiyle, artık reşit olduğu, yani anne babasıyla oturmadığı halde, Bilal Erdoğan'ın Cumhurbaşkanlığı'na ait köşkü "babasının malı" gibi kullandığını öğrenecektik.

Bilal Erdoğan, kalkışma gecesi uçak seslerinden çocuklarını uyutamazken, babasıyla gece yarısı telefonlaşabildi.

İlerleyen saatlerde Sümeyye Erdoğan ve eşi de, korunmak için Bilal Erdoğan'ın bulunduğu Huber Köşkü'ne geçti.

Sonra da, Bilal'in eşi ve çocuklarını köşkte bırakıp, birlikte Erdoğan'ı karşılamak için Atatürk Havalimanına gittiler.

Sonrasında niyet, tüm ailenin gecelemek için Huber Köşkü'nde toplanmasıydı. Ancak Huber'de emniyeti sağlamadaki aksaklık yüzünden vazgeçildi.

Erdoğan ve ailesi güvenlik nedeniyle, Atatürk Havalimanı'ndaki Devlet Konukevi'nde sabahladılar.

ERDOĞAN, MARMARİS'TEKİ OTELİN BASILACAĞINI NASIL ANLADI?

Erdoğan ve ailesinin Marmaris'teki otel baskınında neler yaşadığını, damadı Enerji Bakanı Berat Albayrak CNN Türk'te anlattı:

"Helikopterlerin saldıracağı bilgisini almadık, seslerini duyduk. Tepemizde helikopterlerin döndüğünü gördük. Cumhurbaşkanımız kendi inisiyatifiyle hareket etti.

İlk adımda helikoptere sığma konusunda sıkıntı yaşandı. Hasan Bey (özel kalem) kahramanlık sergiledi. Eşini çocuğunu bıraktı. Eşimiz dostumuz kaldı, polis arkadaşlar kaldı geride. Kalanlardan 2 arkadaşımız (biri Kılıçdaroğlu'nun akrabası Nedip Cengiz Eker'di) şehit oldu."

"FETÖ tehlikeli bir örgüt" diyen damat Albayrak, cemaate ait Fatih Özel Erkek lisesi mezunuydu.

Otele saldıran helikopterler, Albayrak'ın açıklamasının tersine, Erdoğan ailesi oteli terk ettikten minimum 2 saat sonra gelmişti. Damadın ifade ettiği, kaçmadan önce sesini duydukları helikopter, acaba neyin nesiydi!

Havada bir helikopter dolanmıştı ama "Erdoğan'a gelen tim" kesinlikle değildi!

Erdoğan, basın açıklamalarını yaptıktan sonra "Beni almaya kesin gelirler" diye oteli terk etmişti!

MARMARİS'TEKİ OTELDE ERDOĞAN'I KURTARAN KARIŞIKLIK

Erdoğan'ın "darbeci askeri yaverlerinden hiçbirini beraberinde götürmediği" Marmaris'teki otel, bin dönümlük arazi üzerindeydi.

Otelde yüzlerce oda ve müstakil villa vardı. Otelde değil; otel sahibi Yazıcı ailesinin otel arazisindeki özel villasında kalıyorlardı.

Erdoğan'ın bitişiğindeki villa da, misafirlerini de ağırlayabileceği çalışma ofisi olarak tahsis edilmişti.

Ankara'daki darbeci Başyaver Yazıcı, tam yeri öğrenemediği için sağı solu arayarak kıvranıyordu.

Erdoğan'ın 16 Temmuz'da izleyeceği futbol maçı programı için önden Antalya'ya giden havacı yaveri Yarbay Erkan Kıvrak'ı aradı ve "İki tane Grand Yazıcı Otel varmış, Cumhurbaşkanı hangisinde kalıyor" diye soruşturmasını sağladı. Şehir merkezine yakın olanda kalacağını öğrendi.

Darbecilerde otel bölgesinin hava fotoğrafları vardı ama bin dönüm üzerindeki yüzlerce odalı-villalı otelde tam nerede olduğundan emin olamıyorlardı.

38 kişilik Erdoğan'ı yakalama timi, yüzlerce villa-odayı tek tek mi arayacaktı! Böyle bir durumdu işte!

Zaten, önce "Okluk'ta mı, Marmaris'teki otelde mi?" sorusuna yanıt bulmaları gerekiyordu!

ERDOĞAN DARBECİLERE YERİNİ KENDİ BİLDİRDİ(!)

Sözcü Gazetesi, kalkışma gecesi internet sitesinden "Erdoğan'ın Marmaris'teki yerini duyurarak, darbecilere hizmet etmekle" suçlandı.

Haksız bir suçlamaydı!

Kalkışma paniğiyle, "akreditasyonu unutuveren(!)" Erdoğan, saat 24:00 gibi ana otel binasının önüne bölgedeki tüm medya mensuplarını çağırttı.

Açıklamasını, doğru dürüst izlenmeyen Periscope dışında, canlı yayınlatması mümkün olmadı.

Ama haber yayıldı. Darbeciler, yerini kesinleştirmiş oldu. Timleri taşıyan helikopterler, otele yöneltildi.

Yanlışlıkla(!) Sözcü muhabiri de basın toplantısına alındığından, "yerimizi haber yaparak darbecilere bildirdi" iftirasına uğradı. Hatta bir savcı, ciddi ciddi "iddianame" hazırlamaya kalkıştı.

Oysa, basın toplantısında sadece Sözcü yoktu!

Haber için çağırdığın an, zaten sen herkese yerini bildirmiş oluyorsun!

ERDOĞAN'IN KALDIĞI VİLLAYI BİLDİREN "MARMARİS'TEKİ ZİYARETÇİ" KİM?

Marmaris'e gidecek darbeci timin kalktığı Çiğli'den Erdoğan'a, "bir ekip sizi helikopterle esir almaya geliyor" ihbarı gitmişti.

Erdoğan, 00:25'te CNN Türk'e FaceTime'dan bağlanıp konuştuktan sonra, helikoptere binerek panikle 01:00 civarında oteli terketti.

Çiğli'den 2 helikopterle yola çıkan suikast timi, cep telefonlarının HTS kayıtlarına göre, Erdoğan ayrıldıktan en az 2 saat sonra, saat 03:20'de otele ulaşabildi.

Darbeci tim, yüzlerce oda ve villa içinden, Erdoğan'ın kullandığı villaları kolayca buldu!

Erdoğan'a o gece "Yunan adalarına kaçma" teklifinde

bulunan otel sahibi Serkan Yazıcı, timin villayı kolayca bulmasına şaşıracaktı.

Çünkü, otel müşterisinin gözünden uzaktaki villalar için, kayıtlara "yabancı bir devlet adamı" ismi geçirilerek, Erdoğan'ın kaldığı saklanmıştı!

"İstihbarat" nasıl ve nereden gitti?

"İhbarcı" korumalar arasında olsa, Erdoğan'ın 2 saat önce ayrıldığını da bildirirdi!

Çalışma ofisi yaptığı bitişik villada misafir olarak kabul ettiği kişilerin, ya kendileri ya da cemaatçi şoför-korumalarından, istihbarat gitmiş olabilir.

Acaba Erdoğan'ın Marmaris'teki otelin misafirhane kısmında kabul ettiği kişiler kimdi?

ERDOĞAN YARDIM İÇİN MEHMET AĞAR'I ARADI

Erdoğan öylesine panikteydi ki, askere de, polise de tam güvenemiyordu. Adı bende saklı güvendiğim kaynağıma göre, aklına eski emniyet müdürü ve İçişleri Bakanı Mehmet Ağar geldi.

Ağar, "Susurluk skandalı"ndan ötürü ağır cezalar almaktan kurtulmak için "AKP'ye destek mesajları" yağdırmış, Erdoğan da Ağar'ın üzerine gidilmemesini sağlamıştı.

Ağar, Erdoğan'ı ve politikalarını medyaya konuştuklarının tersine çok doğru bulmuyordu.

Kendisine çok inanmış olacak ki, 15 Temmuz gecesi, Erdoğan'ı aklına Mehmet Ağar geldi. Polisteki "milliyetçi-ülkücü unsurlar" tarafından korunmak için desteğine ihtiyaç vardı.

Cep telefonundan arattırdığı Ağar'a ulaşamadı. Ağar aramalara geri dönmedi. O gecenin kargaşasında telefonunu kapatmıştı!

ERDOĞAN'A OPERASYON TİMİNİN ADI: YAVRU BAYKUŞLAR

TSK'nın, düşman sahasına atlamak zorunda kalan pilotları sağ salim vatan toprağına geri getirilmek için yetiştirdiği özel timler vardır:

MAK (Muharebe Arama Kurtarma) timi...

MAK'ları, epeyce kötü şöhreti olan(!) Jandarma İstihbarat ve Terörle Mücadele (Jitem) timlerinden daha tehlikeli görenler vardır. SAT'lar gibi 1 yıllık çok zor eğitimle yetiştirilirler.

Erdoğan'ı otelden alıp çıkarma timinin yarısı, MAK'lardan oluşuyordu.

Çiğli 2. Ana Jet Üssü Komutanlığı'ndaki MAK ile bordo bereli özel kuvvet ve SAT komandolarıyla harmanlanan Erdoğan'a suikast timine, Tuğg. Gökhan Sönmezateş komuta ediyordu.

Çiğli'deki MAK'çılar 15 Temmuz'dan 1,5 ay önce WhatsApp'ta "Yavru Baykuşlar" diye grup kurmuştu.

Asts. Üçvş. Ömer Faruk Göçmen'in WhatsApp'ta açtığı gruba, ilk Binbaşı Taner Berber ve adı "Çiğli imamı" olarak çok üst düzey anılmasına rağmen itirafçı olacak(!) Başçavuş Zekeriya Kuzu eklendi. Sonra da diğerleri...

"Yavru Baykuşlar" kalkışmanın 2-3 gün öncesinden gruptakileri "bir şeylere hazır olmaları" için bilgilendirmeye başladılar.

"Darbe günü" olarak hissettirilen 15 Temmuz'da, herkes merak içinde, normal mesaisini yaptı.

16:30 civarı, Binbaşı Taner Berber mesai bitince evlere gidilmesini, "WhatsApp grubundan gelecek mesajla tekrar kışlalara geri gelinmesini" duyurdu.

"Yavru Baykuşlar"dan mesaj beklenenden çabuk gelecekti!

İLK VAKİT KAYBI, ANKARA'DAN GELECEK TİM KOMUTANI SÖNMEZATEŞ'İN BEKLENMESİ

Kalkışmanın öne çekilmesiyle apar topar birliğe geri dönen "Yavru Baykuş"lar, mühimmat deposuna gidip; balistik kask, hücum yeleği ve çantalarını hazırlamaya koyuldular. Silahlarda gece görüşü ve optik nişangâh olması isteniyordu.

MAK'lar artık hazırdı. Ankara'dan gelecek timle birleşip yola çıkılacaktı.

Tuğg. Gökhan Sönmezateş'in 2'si SAT 14 özel kuvvet elemanıyla gelmesiyle tim tamamlandı.

Saat 21:00-22:00 arasıydı ve ekiptekilerin çoğu hala hangi göreve gideceklerini bilmiyordu.

Taner Binbaşı, telefonları toplayıp, "Görevin çok riskli olduğunu, gerekirse ölebileceklerini, birkaç kişiyi canlı getireceklerini" söyledi.

Erdoğan'ın paketleneceğini bilmeyenler "işi" önce PKK'lılara yönelik operasyon olarak değerlendirdi.

Tuğg. Sönmezateş ilk açıklamayı yaptı:

''TSK yönetime el koydu. Görevimiz

Cumhurbaşkanımızı canlı olarak alıp Ankara'ya götürmek. Ateş gelmedikçe ateş etmeyin. Direnen olursa öldürün!"

Operasyona dair sunum yapıldı. Fotoğraflarda Okluk ve Marmaris'teki oteller görünüyordu.

Konuşmayı 27 kişilik özel time yapmıştı, uçuş ekibi (pilotlar) ortada yoktu!

Ancak sıkıntı büyüktü. Erdoğan'ın tam yerinden "Okluk'taki konutta mı, Marmaris'teki otelde mi?" diye emin olamıyorlardı.

Sönmezateş, "Alacağımız kişinin yeri değişti" dedi. 1 saat de böyle kaybedildi, sonra helikopterlere binildi.

Ama bir engelleme de, "kıllanan" helikopter pilotlarından gelecekti.

ERDOĞAN'I MARMARİS'TE DERDEST EDECEK TİM ASIL NİYE GECİKTİ?

Tim, en geç 22:00-23:00 arası Marmaris'teki otelde olmalıydı ve olabilirdi de!

Hadi bilemediniz, varış saati 01:30'a kadar sarkabilirdi. Erdoğan da otelde olurdu.

Ama gece 24:00'ten önce Çiğli'den ayrılmayı başaramadılar!

Erdoğan'ın yerinden emin olamadıklarında, yine de yola çıkıp, havadayken alacakları bilgiye göre hareket edebilirlerdi. Çünkü olası 2 yer çok yakındı!

Yerden emin olduklarında da, Çiğli'deki "kasıtlı oyalamalar" devreye girdi.

Binilecek 3 helikopterden 2'sinin pilotları bir türlü gelmiyordu.

Darbecilerin Çiğli'den geç hareket etmesini sağlayanlardan biri, pilot Kurmay Yarbay Bahattin Akgün'dü.

Saat 21:45'te Alay Komutanı Murat Dağlı'nın emriyle helikopter başına gittiğinde, "gizli uçuşla PKK'lı Cemil Bayık'ı getireceklerini" sanıyordu.

Sonrasında Boğaz Köprüsü'nün kapatılması gibi darbe çağrışımı yapan haberler gelmeye başlayınca kuşkulandı. Sorularına yanıt alamıyordu.

Helikopterini arızalı göstererek, uçuşu geciktirdi. Darbeciler başka helikopter ve pilot ayarlamak derdine düşünce de, "Erdoğan'ın hayatını kurtaracak gecikmeler"den bir diğeri yaşandı.

Darbeciler, pilot yarbay Bahattin Akgün'den bir başka helikopterde pilotluk yapmasını istediler ama yine resti çekti.

Akgün, helikopterler görev başarısız olup kaçışa geçtiklerinde, Bodrum'da yakıt ikmali yapmalarını da telefonla engellemeye çalıştı.

Ödülü(!) darbe teşebbüsünden sonra, birkaç gün tutuklu kalması oldu! İtirazı üzerine serbest bırakıldı.

ERDOĞAN CANLI DERDEST EDİLECEKMİŞ!

Pilot bulmak için vakit kaybı, çalışır halde bekleyen helikopterlerde, yakıt sıkıntısına da yol açacaktı.

Havalanabildiklerinde saat 02:00 civarıydı! 1 saatlik uçuşla, 03:00 civarında Marmaris'e ulaşabildiler.

İniş aşamasında kalkan tozlar nedeniyle helikopterler

tekrar yükseldi. Helikopterler, otelden yaklaşık 200-300 metre uzaklıktaki otluk alana komandoları bıraktı.

Sönmezateş ve makineli tüfekçinin içinde kaldığı helikopter, hava desteği için yeniden havalandı.

Operasyonun en fazla 30 dakikada bitirilmesi planlanmıştı. Cumhurbaşkanı'nın hangi villada olduğu tam değil de yaklaşık olarak bilindiğinden sürenin biraz daha uzayabileceği hesaba katılmıştı.

Sönmezateş'in ifadesine göre, yanında oğlu, eşi veya diğer akrabaları olsa dahi, hedef sadece Cumhurbaşkanı'nı almaktı.

Mukavemet olması halinde de, önce belden aşağı ateş edilecekti!

ERDOĞAN'I ALSALAR BİLE UZAĞA GÖTÜREMEYECEKLERDİ

Helikopterler, Erdoğan'ı alsa bile uzağa götürecek yakıtları yoktu. Çiğli'de çalışır vaziyette çok beklediklerinden, yakıt azalmıştı.

Otelin etrafında dönen helikopterdeki Sönmezateş, aradığı Dalaman'dan yakıt alamayacağını öğrendi.

Daha da kötüsü vardı!

Dalaman'da Erdoğan'ı kaçırmak üzere kendilerini bekleyecek uçakta ortada yoktu!

Oysa günler sonra yandaş A Haber TV'de o gece İsviçre bayraklı küçük bir uçağın Dalaman'a geldiği iddiaları ve görüntüleri yeralacaktı.

Tipik yandaş "palavrası"ydı, Erdoğan'ı kaçıracak uçak gelememişti!

Bahsi geçen, her şeyden habersiz turistleri taşıyan özel bir uçaktı!

Başından aşağı bir kez daha kaynar sular döküldü.

Yakıt için tek alternatif Bodrum Imsık meydanına inmekti. Oradan da istikamet artık neresi olursa!

Vakit daralıyordu. Telsizle irtibat kurduğu oteldeki Şükrü Binbaşı, villayı bulduklarını ancak Erdoğan'ın otelde olmadığını söyleyince, artık yıkılmıştı.

Timi toplayıp, kaçmaktan başka çare kalmamıştı.

Tim otel arazisini terkederken, polis dur ihtarında bulundu ve havaya iki el ateş etti. Çatışma başladı.

Helikopterler, çatışan timi toplamak için aşağıya inmeyi denedi. Ancak toz bulutundan inemedi ve yere 5 metre kala aniden havalanıp uzaklaştılar.

Pilotlar, yakıtın çok kritik seviyede olduğunu, tekrar inişi denemeden dönmeleri gerektiğini söylediler.

Aşağıdaki tim, kendilerini ortada bırakıp kaçan helikopterlerin arkasından şaşkınlıkla bakakaldı!

Helikopterler yakıt umuduyla Bodrum Imsık Meydanı'na yönelirken: suikast timi, ormanlık arazide, ağırlık yapan bomba atar mühimmatı, yelek ve kaskları bırakıp, yürüyerek kaçmaya başladı.

Saatlerce yürüdüler. Gün ağardığında, yiyecek ve su aramak için dağıldılar. Toplu halde kaçmaları artık çok doğru değildi.

Sönmezateş, Bodrum Imsık'tan yakıt aldıktan sonra, sabah geri kaçtığı görev yeri Ankara Gölbaşı Özel Kuvvet'lerde yakalanarak tutuklandı.

ERDOĞAN SUİKASTÇİLERİ, 2 HAFTA ORMANDA YAŞADI

Firarilerin 3'ü hemen ertesi gün yol kontrolünde, 4'ü de 10 gün sonra Marmaris'te yakalandı.

Timden 2 hafta sonrasında hala firarda olanlar vardı. Deniz ve kara yolları, yakın Yunan adalarına kaçış noktaları haftalarca tutuldu.

1 Ağustos'ta 11 suikastçi de Marmaris'in Ula ilçesinde, Şirinköy bölgesinde yakalandı. Oteldeki 2 korumanın şehit düştüğü çatışmayı yöneten Bnb. **Şükrü Seymen** de yakalananlar arasındaydı.

Muğla'daki Erdoğan'a suikast girişimi davasında, 3'ü firari, kalanı tutuklu 47 kişiye dava açıldı. Hepsine 6'şar kez ağırlaştırılmış müebbet istendi.

Firariler içinde en kıdemlisi, oteldeki çatışmada yeralan Yzb. Burkay Karatepe'ydi.

Eskişehir'deki ablası ve Ankara'daki babası içeri alındı, ama Karatepe yanlarında bulunamadı.

"Düşman sahasında(!) saklanma ve kurtarma" üzerine eğitilenlerden en beceriklisi o çıkmıştı!

TİMDEKİ CEMAATIN "PAŞA" LAKAPLI "ÇİĞLİ İMAMI" ASTSUBAY

Öteden beri, askeri hiyerarşinin cemaate işlemediği, generallerin astsubayların emrini dinlediği söylenir.

Çiğli timindeki, "üs imamı" denilen "Paşa" lakaplı Astsb. Zekeriya Kuzu, iddiaların ilk somut örneğiydi.

Kuzu'nun oğlu da İncirlik'in darbeci Türk komutanının

emir eriydi. Aile boyu cemaatçiydiler.

Öyle bir haber bombardımanı yapıldı ki, sanki tüm generaller, albaylar, "bir astsubayın komutasında'' Marmaris operasyonunu düzenlemişti.

Kuzu ise, operasyonun Erdoğan'ı hedeflediğini Tuğg. Sönmezateş'ten öğrendiğini, üstlerinin emrini dinlediğini belirtiyordu.

Pişmanlıktan yararlanmak için "itirafçı" olan Astsb. Kuzu, her şeyi "kuzu kuzu" anlatıyordu.

Kırsal alana kaçıldığında, başlarındaki Yzb. İsmail Yiğit, timdekilere sormuştu:

"Buradaki herkes hizmet hareketinden mi?"

Kimse itiraz etmedi!

Erdoğan timinin tamamı, bir çoğu ilk kez o gece birbirini tanıyan "cemaat üyelerinden" oluşuyordu.

DALAMAN'DAKİ ATA UÇAĞINA BASKINDAN KILPAYI KURTULUŞ

Erdoğan otel baskınında bulunamayınca, darbeci Başyaver Yazıcı, nereye-neyle uçtuğunun peşine düştü. ATA'nın pilotlarına kadar arattırıp, uçuş rotası ve kodlarını soruşturttu.

Bilgi alamıyordu!

Erdoğan ışıklarını kararttırdığı helikopterle Dalaman'a doğru kaçarken, Dalaman Havalimanı'nın güney ucundaki askeri üsteki darbeciler hareketlendi.

İstihbarat gelmişti, 00:40'ta Dalaman'a inen ATA uçağında, Erdoğan olabilirdi!

ATA iner inmez, tepesine askeri helikopter üşüştü.
Uçağı basıp, arama yaptılar!

ATA uçağının içinde Erdoğan'ın olmadığını görünce
helikoptere geri binip, ayrıldılar.

Oysa Erdoğan, o uçaktan inmeyecek; o uçağa binecekti!

Pilotların haberleşmesinden, ATA uçağının "serbest
kaldığı" öğrenilince, alternatif olarak düşünülen İzmir,
Bodrum Imsık ve Aydın Çıldır havalimanları yerine
Dalaman'a gidilmesi kesinleşti.

Erdoğan, "darbeci kontrolünden" 30-35 dakika sonra,
helikopterle Dalaman'daki bineceği uçağın yakınına
indi. Hiç beklemeden, 1-2 dakika içinde uçağın içine
doluşup, havalandılar!

Hayatının en şanslı gecesindeydi!

DALAMAN HAVAALANINDA ERDOĞAN'I KURTARAN AYRINTI

ATA uçağını basan tim, aslında kandırılmıştı!

Erdoğan'ı kurtaran bir başka ayrıntıyı da, Türk Hava
Kurumu Başkanı **Kürşat Atılgan açıkladı.**

Eskişehir'deki Türkiye'nin tüm hava sahasından
sorumlu Hava Harekat Merkezi, aldığı emir
doğrultusunda, tüm uçakların nerede olduğunun tespit
edilmesine yardımcı olan "hava resmini" çıkarmayıp,
askeri birliklere yayınlamamıştı.

Erdoğan'ı İstanbul'a getiren TC-ATA uçağı, İzmir
Adnan Menderes Havalimanı'ndan yolcu uçağı süsü
verilerek "THY-8451" koduyla kalkıp, saat 00:40'ta
Dalaman Havalimanı'na inmiş ve saat 01:43'te de

buradan sahte "THY-8456" koduyla havalanmıştı.

Uçuş kodu farklı olsa da, baskına giden tim, uçağın motoru üzerindeki koskocaman "TC-ATA" yazısını gördü. Telaşa kapılmayıp, uçağı rehin alsalardı, Erdoğan havalanamayacaktı!

Ancak 10 dakika kadar önce Erdoğan FaceTime'dan CNN'e bağlandığı bilgisi gelince, dikkatleri Marmaris'e çevrildi!

CNN Türk'e canlı bağlanması da hayatını kurtarmıştı!

Erdoğan'ın hayatının en şanslı gecesi sürüyordu!

HAVADA "KÖREBE": ERDOĞAN İÇİN DALAMAN KARARTILDI

Dalaman'dan kalkış yine de çok kolay olmamıştı.

Hem sivil hem askeri uçuşlarda kullanılan Dalaman Meydanı'nın darbecilerce ele geçirilmesini engelleyen Dalaman Garnizon Komutanı Albay Murat Selçuk Çol, TC-ATA'nın 01:43'teki kalkış

hazırlıklarını büyük bir gizlilikle gerçekleştirdi.

Erdoğan'ı taşıyacak uçak kalkıncaya kadar hiçbir uçağın inip-kalkmaması için pist karartıldı, pistin üzerine araçlar çekilerek kullanılamaz hale getirildi.

TC-ATA'nın kalkışı için darbecilere uçuş bilgisi akışının kesilmesi beklendi. Eskişehir'deki tüm hava sahasındaki uçuşları duyuran merkez, bildirimleri kesince, Erdoğan'ı taşıyan ATA havalandırıldı!

Dalaman'dan kalkıldığında, yine hedef olmaması için uçağın ışıkları kapatıldı.

Darbeci F-16'larla "körebe" oynanacaktı!

ERDOĞAN'I KORUMAK İÇİN MECLİS VE RTÜK'TEN DALAMAN SANSÜRÜ

Meclis Darbe Komisyonu raporunda, Erdoğan'ın uçağının Dalaman'dan kalktıktan sonra İstanbul Atatürk'e iniş saati 03:40 olarak geçiyordu.

Dalaman'dan havalanması da dakikası dakikasına 01:43!

Marmaris'teki otelden 01:00 civarında ayrıldığı, baskın timinin de 03:20'de otele indiği kesin!

Erdoğan, 15 Temmuz'dan 3 gün sonra CNN International'a verdiği röportajda, "Marmaris'te 15 dakika daha kalsaydım öldürülecektim." demişti.

Oysa, "timin 15 dakika sonra geldiği" doğru değildi!

Zaten Meclis Darbe Komisyonu da, raporuna, Erdoğan'ın İstanbul'a varış saatini koydu, Marmaris'ten Dalaman'a geçişini sansürledi!

RTÜK de, 15 Temmuz darbe girişiminin Dalaman Havaalanı ile ilgili kısmına Ağustos 2016'da yayın yasağı getirdi!

DARBECİ F-16, ERDOĞAN'I TAŞIYAN UÇAĞI FARK ETTİĞİ HALDE NİYE VURAMADI?

Dalaman-İstanbul uçuşu tarifeli uçakla bile maksimum 1 saat 20 dakikaydı!

Resmi kalkış ve iniş saatlerine göre, Erdoğan 1 saat 42 dakikada uçtu.

Erdoğan minimum 22 dakika havada "nereye gideceğim" diye bocalamıştı!

Çünkü, Eskişehir'deki merkezin "Türk hava sahası

resmi"ni sansürlemesi yüzünden, kör uçuş yapmak zorundaki darbeci F-16'lar, havada düşürecekleri Erdoğan'ın uçağını arıyorlardı.

Havada "körebe oyunu" başlamıştı!

Keza inilebilecek havalimanlarında da her an durum değişebilirdi!

ATA, Akıncı'dan kalkan uçakların Atatürk Havaalanı üzerindeki sert dalışları nedeniyle sık sık rota değişikliğine gitti.

Dost-düşman ayrımı yapılamayan F-16'ların yarattığı risk nedeniyle ATA uçağı bir ara İzmir'e yöneldi, Bandırma üzerinde 20 dakika turladı.

İnegöl'e gelene kadar uçağın nereye ineceğine karar verilemedi. Erdoğan'ın inilmesini arzuladığı Atatürk Havalimanı'nda pist karartılmış, darbeciler uçuş kulesinde kontrolü ellerinde tutuyordu.

Ankara Esenboğa Havalimanı zaten güvensizdi.

Erdoğan'ın havadaki bu anlarını efsaneleştirerek, "ecelimiz neyse o olur, bu uçak inecek diyerek kahramanlık destanı yazdığını" söyleyenler oldu.

Oysa, "garantici" Erdoğan İstanbul Emniyet Müdürü Mustafa Çalışkan'ı aradı. Gerekli temizliğin yapıldığı ve kontrolün sağlanacağı güvencesini aldı.

Trafik güvenliğinin sağlanmasıyla, Erdoğan'ı taşıyan uçak Bandırma'dan İstanbul'a yöneldi.

Ve "havadaki kader anı" yaşandı.

İstanbul Boğazı'nı taciz eden darbeci F-16 uçaklarından biri Bandırma'ya yöneldi ve Erdoğan'ı taşıyan Gulfstream tipi ATA'yı fark etti.

ATA'yı tanıyan F-16, radarla kilitlenebilen füze taşıyordu. Füze atacak menzile ulaşmak üzere harekete geçti.

Ancak füze kilitleyebileceği yakınlığa ulaştığında, F-16'nın yakıtı çok azalmıştı.

Darbeci subayın kullandığı F-16 mecburen menzilini değiştirerek, havada ikmal yapacağı tanker uçağa yönelmek zorunda kaldı.

F-16'ya geri dönüp Erdoğan'ı vurması için havada hızla yakıt ikmali yapılırken, Erdoğan'ı taşıyan ATA yine kıl payı Atatürk Havalimanı'na inecekti.

ATATÜRK HAVALİMANINDA ERDOĞAN'A SALDIRI GİRİŞİMİ

Atatürk Havalimanı'nda ilk düşünülen, karartılan piste uçağın farlarıyla inilmesiydi. Ama pistin ışıkları son anda açıldı ve güvenli bir iniş gerçekleşti.

ATA inerken, F-16'lar sorti yaptı. Şeref Salonu'nun camları patladı. Erdoğan, şeref salonuna girdiğinde kırık camları ve hafif yaralanan vatandaşları gördü, sakinleştirmeye çalıştı.

Erdoğan ailesiyle pisti gören bir odaya alındığında, F-16 lar hala sortilerini sürdürüyordu.

Tehlikeli dalışlar yapan uçakları soran Erdoğan'a "tanımlanamayan ve muhtemelen dost olmayan uçaklar" denilecekti.

Darbeci helikopterlerden biri de, Erdoğan'ın oturduğu salona alçalıp, Doçka silahın namlusunu çevirdi. Özel tim yoğun ateşle karşılık verdi.

Erdoğan sığınağa geçilmesi teklifini kabul etmedi.

Büyük orta salona geçilerek, karargaha çevrildi.

Kısa süre sonra, darbe karşıtı "dost'' uçaklar havada uçmaya başlayınca, rahat nefes alındı.

1.ORDU KOMUTANI HAVAALANINDA

1.Ordu komutanı Ümit Dündar, Erdoğan'ın havaalanında oluşturduğu geçici karargaha sabah ulaştı ve Genelkurmay Başkan Vekilliğine atandı.

İlk iş, Erdoğan'ı tehdit eden helikopterlerin kalktığı Hava Harp Okulu ve Harp Akademileri'nin önüne belediye araçlarının yığılması talimatı verildi. Asker destekli polis operasyonları organize edildi.

Erdoğan o kadar sıkışıklık arasında, seccade getirtip, namazını oracıkta kılıverdi.

ERDOĞAN, DARBE HABERİNİ ENİŞTESİNDEN ALDI!

MİT Müsteşarı Hakan Fidan çok eleştirildi ama, Erdoğan'ın Marmaris'teki koruma ekibini arayarak, güvenlik önlemleriyle ilgili dikkatlerini çekmişti.

Sadece Erdoğan uyarıdan haberdar edilmemişti!

Erdoğan'ın bomba açıklamalarından biri, darbeyi "21:30 civarında eniştesinden öğrendiği"ydi.

"Enişte", ablasının kocası Ziya İlgen'di.

"Enişte", Beylerbeyi Sarayı'nın civarında askeri araçların sivil araçları durdurduğunu görmüştü.

Herkes "enişteden mi haber alınır" diye dalga geçti. Ama, doğruydu!

Çünkü "kalkışmanın işaret fişeği", "enişte"nin şahit

olduklarının yaşandığı Beylerbeyi'nden atılmıştı!

Boğaziçi Köprüsü'nün kapatılması için askerlerin sevk edildiği Kuleli Lisesi'nden köprüye geçiş yeri, köprünün ayağındaki Beylerbeyi'ydi!

Erdoğan, enişteden sinyal gelince, MİT Müsteşarı ve Genelkurmay Başkanını aradı, ama ulaşamadı.

Ulaşabildiği Binali Yıldırım, "Yaşanan, kesin darbe girişimi!" analizini yaptı.

Saat 22:00 gibi Hakan Fidan'a ulaştı, kalkışma kesinleşmişti.

Fidan "enişte"nin gerisinde kalmıştı!

AKP İSTİHBARAT TEŞKİLATI: ENİŞTE, EŞ DOST, GAZETECİ!

Erdoğan darbe girişimini ilk eniştesinden, Başbakan Binali Yıldırım ise eşinden dostundan haber aldığını ifade etti.

AKP'nin neredeyse tamamında durum aynıydı!

Kültür ve Turizm Bakanı Nabi Avcı, darbe girişimini gazeteci arkadaşından öğrendiğini açıkladı.

Avcı, ulaştığı MİT Müsteşarı Hakan Fidan'dan "Hemen yerini değiştir" tavsiyesini aldı.

AKP döneminde istihbarat ne hale gelmiş!

ERDOĞAN DARBE GİRİŞİMİ SIRASINDA 'NUR MAĞARASI"NDAYDI!

Erdoğan, darbecilerin kendisini bulamadığı Marmaris'teki oteli "Nur mağarası"na benzetiyordu:

"Bunlar maalesef Nur Mağarası içinde olanları görememişler. Orada gelmişler adresi soruyorlar, biz tabii otelde değildik!"

Nur mağarası, Hz. Muhammed'in Kuran-ı Kerim indirilirken, inzivaya çekildiği mağaraydı.

Herhalde hicret sırasında saklandığı ve girişindeki örümcek ağı yüzünden düşmanlarının "içerde kimse yok" sandığı mağarayla karıştırmıştı.

Erdoğan'ın "mağara üzerinden" kendisini peygamberle özdeşleştirmesini(!) olayların sıcaklığında kimse fark edemedi!

ERDOĞAN'I YASAKLAMAK İSTEDİĞİ SOSYAL MEDYA KURTARDI

Marmaris'teyken halkı direnişe çağırdığı açıklamayı yayınlatamayan Erdoğan, tüm TV'lerin anında her konuştuğunu korkudan yayınlamasına alıştığından, o geceki teknik zorlukların farkında bile değildi.

Türksat saldırı altındaydı ve Marmaris normalde canlı yayın aracı bulundurulan bir yer değildi.

Erdoğan sanıyordu ki, büyük haber kanalları veya Doğan Haber Ajansı, canlı yayın arabalarıyla gelip, ya "basın toplantısını" canlı yayınlayacak ya da video kaydını hemen tüm Türkiye'ye yollayacak!

Mecbur kalıp FaceTime'la görüntülü canlı yayına bağlanacağı CNN Türk Ankara Temsilcisi Hande Fırat, özel kalem Hasan Doğan'la ilk konuşmasında, "hemen Doğan Haber Ajansı'nın canlı yayın arabasını yolluyorum" demişti.

Hande Fırat, yollayabileceğini sandığı aracı

yollayamazdı. En yakın araç 3 saatlik mesafedeydi!

"Medyayı istediği gibi kullanmaya alışmış" Erdoğan da, konuşmasının canlı yayın arabasıyla tüm medyaya servis edileceğini zannetti.

Erdoğan canlı yayınlatamadığı açıklamalarını, önce "Periscope üzerinden" görüntülü duyurmaya çalıştı.

Kullanıcısı az olduğu için duyurulamayan Periscope yayını kalkışmadan çok sonra ortaya çıkacaktı.

Hande Fırat'ın anlatımıyla, "Darbe gecesi bile, Erdoğan CNN Türk'e çıkana kadar, AKP millevekilleri yayına gelmiyordu, adı konulmamış ambargo vardı!"

Hem düşman ilan ettiği CNN Türk'e çıkan, hem de hep kızdığı "sosyal medya araçları"na sığınmak zorunda kalan Erdoğan, "Periscope" gibi "FaceTime"ı da ilk kez kullanacaktı.

Erdoğan, nasıl "demokrasi tramvayı"na binip, nimetlerinden faydalandıysa; "sosyal medya tramvayı"na da, işine gelmediğinde yasaklamak üzere binivermişti!

"CNN TÜRK BAŞLANGIÇTA DARBEYİ DESTEKLEDİ" İDDİASI

Meclis Darbe Komisyonu'nun raporunda, "darbeye karşı direnişin medyadaki kalesi" CNN Türk için "duruma göre pozisyon alma" suçlaması vardı.

İlk saatlerde, tüm TV'ler "ne olduğunu anlatma" peşindeydi. Herkes, ister istemez "darbecilerin hamlelerini aktarmak" zorundaydı.

Hangi medya çıkıp, ilk saniyeden "Hadi, darbeye karşı

sokaklara" diyebilir! Dediği anda, "kahraman" da olabilir, "vatan haini" de!

Herkes "durumu kollamak" zorundaydı!

Farzedin ki, darbe başarılı oldu, en koyu "anti-darbecilerin bile yalakalaştığını" görürdük!

Tıpkı cemaatin Can Erzincan TV'sinin, darbe başarılı olamayınca ters çakışa geçip, gece yarısından itibaren, herkesten daha çok darbe aleyhinde yayın yapması gibi!

CNN Türk de "kalkışmanın alıp başını gittiği" ilk saatlerde çoğu TV gibi "ortada"ydı.

Darbe Komisyonu raporu, "AKP'ye kapatma davasındaki lehte tavırına rağmen yaranamayan Doğan grubunun, kalkışmadaki olumlu desteğine rağmen de infazlanacağı"nın işaretiydi!

Nitekim 2016 sonunda, Doğan grubunun Üsküdar'daki merkezine bile FETÖ baskını yapıldı. Ankara'daki Holding Temsilcisi ve İstanbul'da 2 üst düzey yöneticisi tutukluluk yaşadı!

Kalkışma gecesi hizmetine(!) rağmen Doğan grubuna güvenilmiyordu!

ERDOĞAN CEMAATÇİ BAŞYAVERİNDEN HEP ŞÜPHELENİYORMUŞ

Yaverleri seçip gönderen Genelkurmay Personel Dairesi cemaatin kontrolündeydi.

Danışmanı Şeref Malkoç'un ifadesiyle, Erdoğan'ın yaverlerinin cemaatçiliğiyle ilgili tereddütleri vardı.

15 Temmuz öncesinde, özellikle Başyaverini çok mecbur kalmadıkça yanında tutmuyordu.

Hatta Erdoğan Başyaveri Yazıcı'yı azletmeyi düşündü. Ama, hem cemaatçiliğinden yüzde 100 emin değildi, hem de onuru zedelenmesin istedi.

Yazıcı'nın 15 Temmuz öncesi Çorlu Topçu Alay Komutanlığına tayini çıkmıştı. Yanında tutmayacaktı!

Yazıcı kalkışma gecesi Marmaris'te olsaydı, darbeciler Erdoğan'ı erkenden çok kolay bulacaktı.

Erdoğan belki de Başyaverinin kendisine silah çektiğine şahit olacaktı!

ERDOĞAN'IN KORUMA MÜDÜRÜNE KADAR HERKES CEMAATÇI

Başyaveri Yazıcı ile Muhafız Alay Komutanı Kutsi Barış ve diğer 4 yaveri de FETÖ'den tutuklanan Erdoğan, her taraftan kuşatılmıştı.

Başbakanken yakın korumalığını yapan Emniyet Müdürü Halit Özgül, FETÖ'den ihraç edildi.

Özgül daha önce de, TBMM Başkanı Cemil Çiçek'in yakın korumalığını yapmış, yerini cemaatçi olduğu için kendisi gibi meslekten ihraç edilecek Emniyet Müdürü Alpaslan İkiz'e bırakmıştı.

Yine Başbakanlığının ilk dönemlerindeki koruma müdürü Maksut Karal da, resen emekliye sevk edildikten sonra, firari iken yakalanıp tutuklandı.

Erdoğan, fark edebildiği cemaatçi korumaları yanından uzaklaştırmıştı, ama ayrılırken bile, yerlerine gelecekleri ayarlıyorlardı.

Kalkışma sırasında bile hala görevde olan 2 yakın koruması hakkında gözaltı kararı verildi.

Biri emniyet amiri statüsündeydi ve 4 gün işe gelmeyince, şüphelenilerek aranmasına başlandı. Polis memuru olan diğer koruma A.D. ise yakalandı ama serbest kaldı.

ERDOĞAN BİR SÜRE DARBEYE YOL VERDİ Mİ?

Erdoğan'ın kendi diktasına bahane yaratmak için 15 Temmuz'u planladığı iddiası çok güçlü olmasa da, aylar sonra "iktidar çevrelerinden üst düzey dost" bana şöyle diyordu:

"Planlamamış olabilir ama hareketlilik başladıktan sonra, kim nedir ortaya iyice çıksın diye bir süre yol verdi."

Olabilir mi!

Erdoğan MİT'le birlikte sarayında "darbe haberleri üretim-dağıtım merkezi" kurdu.

Hergün yandaş medyaya buradaki tek merkezden haber sızdırılıp, yazdırılıyordu.

Yalan haberlerle "yoklama" çekiliyor, varsa dirençler kırılıyor, hedeflenenler infazlanıyordu.

"15 Temmuz'u Erdoğan'ın kendi darbesine çevirmek" için her türlü propaganda tekniği kullanılıyordu.

DARBECİLER BİNALİ YILDIRIM'I EVİNDEN PAKETLEYECEKTİ

Cumhurbaşkanı Başyaveri Yazıcı, 14 Temmuz'daki görevlendirme toplantısında, Kara Yaveri Piyade Binbaşı Mete Semercioğlu'ndan, Başbakan Binali

Yıldırım'ın 15 Temmuz gecesi nerede kalacağını öğrenmesini istedi.

Semercioğlu, Başbakan'ın özel kalem müdürü Zafer Çubukçu'ya, 'Cumartesi günü tersanede yapılacak törene Tuzla'daki konuttan mı geçersiniz?" diye mesaj attı. Yanıt, olumluydu.

Binali Yıldırım'ın kalkışma gecesi İstanbul Tuzla'daki evinden derdest edilmesi planlanmıştı!

KALKIŞMAYA İLK MEYDAN OKUYAN ERDOĞAN DEĞİL YILDIRIM'DI

Binali Yıldırım Dolmabahçe Ofisi'nde çalıştıktan sonra, saat 21:30 sıralarında Anadolu yakasındaki Tuzla'daki evine hareket etti.

Öyle şanslıydı ki, Boğaziçi Köprüsü'nü geçtikten 10 dakika sonra, köprünün kapatıldığı haberini aldı.

İşten daha geç çıksa, köprüde mahsur kalıp, belki de çatışmaların içinde kalacaktı.

Yıldırım, o gece saat 22:00 sularında evine vardı. Genelkurmay Başkanını aradı, ulaşamadı. Cumhurbaşkanını aradı, hemen ulaşamadı.

İnisiyatif aldı, kalkışmanın emir-komuta zinciri içinde olmadığına hükmetti. NTV canlı yayınına bağlanarak, tarihe geçecek şekilde darbecilere meydan okudu.

Darbe girişimi, Yıldırım'ın TV'ye yaptığı açıklamayla kesinleşti. Çok emin değildi, ama biraz da öyle olmasını dilediğinden, darbe girişiminin "emir-komuta zinciri içinde olmadığını" ilan etti.

Erdoğan ilk güvenilir bilgiyi, TV'de izlediği

Başbakandan almış oldu. Sonra da sürekli telefonlaşıp detayları aldı.

Kalkışmayı ilk doğru analiz edip, ilk meydan okumayı yapan Yıldırım'dı.

AKP yandaşlarının sokaklara çıkmasını Erdoğan'dan çok önce Binali Yıldırım'ın TV konuşması sağladı.

Erdoğan çok daha sonra konuşabildi ama her konuda başarılar ona, başarısızlıklar yakınlarındakine yüklendiği için, "halkı yüreklendirme" işi de Erdoğan'a mal edildi.

Gecenin asıl kahramanı, Binali Yıldırım'dı.

BAŞBAKAN'IN DARBECİLERDEN KAÇIŞI

NTV'ye konuşunca, darbeciler hemen Tuzla'da olacağını bildikleri Yıldırım'ın evine yöneldiler.

22:30 gibi, kurmaylarının da değerlendirmesiyle, Tuzla'daki evin güvenli olmadığına karar verildi.

Bu arada bombardımanlar da başlamıştı ki, Erdoğan'la telefonla konuşabildi.

Halkı meydanlara çağırma kararı verdiler. Taktiği ve net bilgiyi Yıldırım'dan alan Erdoğan da, TV'lere çıktı, halkı meydanlara çağırdı.

Telefonda anlaşarak, Erdoğan da, Binali Yıldırım da, yerlerini değiştirmeye karar verdiler.

Binali Yıldırım önce Tuzla'dan hareket kabiliyetinin yüksek olacağı hemen yakındaki Sabiha Gökçen Havalimanına geçmeyi düşündü.

Bir derdi de, havalimanı kontrol kulesine ulaşıp, Akıncı

merkezli hava akınlarını takip etmekti.

Sabiha Gökçen'in darbecilerin kontrolüne girebileceği değerlendirildi. Arabayla Ankara istikametine doğru yola çıkıldı.

Yolu tanklar tarafından kesildi. Direnmeyip, istenildiği gibi durdular. Binali Yıldırım "yakalandığını" sanmıştı!

Ancak durduranlar yoğun trafikte arabanın içindekinin Başbakan olduğunu anlayamadılar. Sadece trafiği kontrole çalışıyorlardı.

Bir süre bekleyen Yıldırım'ın aracı, yol genişleyince süratle gaza basarak tankların hakim olduğu bölgeden uzaklaştı.

Yıldırım aynı gecede ikinci kez darbeci askerlerin eline geçmekten kurtulmuştu.

YILDIRIM, DARBEYE KARŞI MÜCADELEYİ SEYİR HALİNDE YÖNETTİ

Erdoğan, Marmaris'te canını kurtarma derdindeyken, Yıldırım, kalkışmayı bastırma mücadelesi veriyordu.

Yolda sürekli aradığı kuvvet komutanlarına ulaşamayınca, Türkiye hava sahasındaki tüm uçuşlardan sorumlu Eskişehir'deki Hava Savunma Komutanlığı'ndaki generallere ulaştı.

"İzinsiz ve kontrol dışı Diyarbakır, Akıncı ve Balıkesir'den kalkan uçaklar, Ankara, İstanbul üzerinde alçak uçuş yapıyor, bombalıyor. Helikopterler de aynı şekilde" bilgisini aldı.

Sonrasını kendi ağzından dinleyelim:

"Onlara 'Kardeşim sizin elinizde başka araç yok mu,

niye kaldırıp bunları baskılamıyorsunuz, niye bunların insanlar üzerine saldırılarını engellemiyorsunuz?' dedim.

İşte, 'Araçlar yüklü değil, yüklenmesi 2 saat sürer, Erzurum'dan bir saat gelmeleri sürer' şeklinde konuşuyorlar. Bu benim canımı çok sıktı.

'Böyle bir şey olamaz kardeşim. Bu dedikleriniz ikna edici değil. Bakın size emrediyorum, derhal bu saldırıları püskürtmek üzere uçakları kaldırın ve bu kepazeliği ortadan kaldırın, emrediyorum' deyince, generallerden biri 'yazılı emir gönderin' dedi.

Orada tabii benim sigortam attı. 'Ne yazılı emri kardeşim' dedim. 'Bak ben senden bunun hesabını soracağım. Bu telefonda dediğim her şey yazılı emir niteliğindedir. Ya bu emrin gereğini yaparsın, yahut da bunun bedelini ağır şekilde ödersin' dedim.

Bu kadar mücadeleden sonra oradan uçakların gelmesini başarabildik ama en az iki saat kaybettik."

Görüşmede, "Sesimi kayda al ve vur, al sana yazılı emir yerine geçecek emir" diyen Başbakandan ısrarla yazılı emir isteyen, medyaya sızdırılan haberlere göre, Hava Kuvvetleri Kurmay Başkanı Korgeneral Hasan Hüseyin Demirarslan'dı.

Suçlamayı reddeden Demirarslan, Başbakanla konuşurken, İzmir'in Gümüldür ilçesindeki askeri kampta tatildeydi!

Aynı gece saat 23:00 sularında kişisel güvenliğini düşündüğü için Çiğli'deki 2'nci Ana Jet Üs Komutanlığı'na gittiğini söylüyordu.

Saat 03:50'de Eskişehir'deki hava üssüne geçmiş ve darbecilere karşı F-16'ları havalandırmıştı ama darbenin başarısız olmaya başladığı saatlerdeki "hamlesi" kendisini kurtaracak gibi görünmüyordu.

"Darbeci değilim" dese de, inandırıcı bulunmadı. Sütten çıkmış ak kaşık bile olsa, Başbakanın gazabına uğrayacaktı.

Tutuklandı ve TSK'dan ihraç edildi.

BAŞBAKAN ILGAZ TÜNELİ'NE SAKLANDI

Telefon trafiğini sürdürerek Ankara'ya doğru yola devam eden Binali Yıldırım, bir süre sonra "karayolunun da güvenli olmayacağını anladı.

Ani kararla Gerede sapağından ayrılıp, önce Samsun, sonra da Ilgaz istikametine sapıldı.

O sırada gelen bilgiler, konumlarının belirlenmiş olabileceği şeklindeydi.

Cep telefonu sinyallerinden yerleri belirlenerek, hava saldırısına uğramamak için Ilgaz tüneline saklanma kararı aldı:

"İnsanın nereden aklına gelecek. Temelini attığımız tünel gün gelecek kalkan, sığınak olacak. Böyle bir hatıra da yaşadık. "

Yıldırım, vatandaşların sokağa çıkması, İstanbul'da 1. Ordu'nun harekete geçmesi, TRT'nin, Türksat'ın geri alınmasıyla darbe girişimi kırılıncaya kadar, ulaşıma henüz açılmamış Ilgaz tünelinde kaldı.

BAŞBAKAN'IN KURŞUNLANDIĞI AN

Hava taarruzlarının püskürtüldüğü anlaşılınca, Ilgaz tünelinden çıkıp, Çankırı üzerinden Ankara'ya doğru yola çıktı.

Yavaş yavaş gün ağarmaya başlamıştı.

Ilgaz Dörtyol'a gelirken, yolda bir jandarma aracıyla karşılaşıldı. Birden neye uğradıklarını şaşırdılar!

Jandarma aracından çıkanlar ateş etmeye başladılar. Korumalar ateşe karşılık verdi. Şöför hemen geri vitese taktı ve atış menzilinden çıktılar.

İsabet eden kurşun olmamıştı.

İlk bulunan yan yola saparak izini kaybettiren araç, Ilgaz merkeze gitti. Binali Yıldırım, güvendiği Ilgaz kaymakamının evine konuk oldu.

Darbe tamamen bastırılınca da Ankara'ya döndü.

Yıldırım'ın gece 23:00 gibi başlayan Ankara'ya dönüş macerası tam 12 saat sürmüştü.

KALKIŞMA GECESİ BİNALİ YILDIRIM'A 10 ÜZERİNDEN 10

Binali Yıldırım, yapı itibarıyla "yumuşak başlı"dır.

Darbe girişiminin, Davutoğlu gibi "aşırı ideolojik" bir "retorikçi" yerine, Yıldırım'ın başbakanlığında yaşanması AKP açısından büyük şans oldu.

Hele de Ulaştırma Bakanlığı tecrübesinden gelmesi, darbecilerin hava hakimiyetini kırmada etkili oldu.

Binali Yıldırım darbe gecesi, hem darbeye ilk meydan okuyan, hem de "kontrol altına alınabileceği"ne kamuoyunu inandıran isimdi.

Yalan söylemedi, meydan okudu ve sakinleştirdi.

Böyle zor anlarda, pot kırmak kolaydır. Tek potu, ertesi

gün "Kahraman vatandaşlarımız, darbecilere linçe varmaya dek uzanacak şekilde, kahramanca direndiler" diyerek "linç girişimlerini" aklamasıydı.

Cumhurbaşkanı, peşindeki tim yüzünden Marmaris'te can derdindeyken, Başbakan adam adama markajla, her yere hakim olmaya çalıştı.

"Başkomutansız, Genelkurmay Başkan'sız, hatta kuvvet komutansız kalınan gecede", komutanlara bile emir yağdırarak, "Başkomutan gibi" savaştı.

15 Temmuz'da 11 saat boyunca 600 civarında telefon görüşmesi yaparak, bir rekora imza atmıştı.

NECDET ÖZEL'E TV'LERİ KİM ARATTIRDI?

Yıldırım'ın kalkışma gecesi akıl ettiği önemli bir hamle de, eski Genelkurmay Başkanı Necdet **Özel'in iki televizyon kanalında canlı yayın**a bağlanıp, darbeye karşı çıkmasını sağlaması oldu.

Necdet Özel, Genelkurmay Başkanlığı süresinde AKP'yle iyi ilişkiler geliştirmeye çalışmış, "Cemaatçi subayları koruma" hatta "cemaatçi olma" suçlamalarına maruz kalmıştı.

Cemaatçi yapıya göz yumduğuna dair suçlamalarda haklılık payı fazlasıyla vardı ama cemaatçi değildi!

Hulusi Akar'ın darbeci yaveri Levent Türkkan, Özel'in de hep koruyup kolladığı eski yaveriydi. Ortak yaverlerinin, cemaatçi olduğunu bile darbe gecesi öğrenecek kadar dünyadan bihaberdi!

Eski yaveri hakkında, "kendisini dinlediğini" itiraf ettiği için, suç duyurusunda bulundu.

Necdet Özel de olan bitenden pişmandı.

"Siyasi iradenin onayı olmadan hiçbir listeyi YAŞ gündemine almadım; hepimiz özür dilemeliyiz" diyerek topu her ne kadar AKP'ye atsa da, artık dolaylı olarak özür diliyordu.

Darbe gecesine bakıldığında, cemaatçi değil, olsa olsa AKP'li çıkmıştı(!)

AKP VE BİNALİ YILDIRIM'DA "KEMALİST ESİNTİLER"...

Laikleri kalkışmaya karşı yanına çekmeyi hedefleyen Başbakan Yıldırım, darbecileri "Atatürkçü olmamakla" suçladı:

"Atatürk'ün açtığı ve askeri makamların üstünde gördüğü Meclis'i bombalayan hiçbir asker bu ordunun askeri olamaz. Onlarla işbirliği içinde olan kimse bu ordunun askeri değildir, bu vatanın evladı değildir. Bu en çok Mustafa Kemal'in hatırasını zedelemiştir. Hiçbir darbeci Atatürkçü de değildir, Kemalist de değildir."

Gerçi AKP yöneticilerinin çoğuna ve AKP'ye oy verenlerin neredeyse yarısına "Atatürkçü" denilemezdi ama, neyse...

BİNALİ YILDIRIM'DAN ÖNEMLİ İTİRAF

Gülen-AKP kavgasının su yüzüne ilk çıkması, dershanelerin kapatılması meselesiydi.

Başbakan Yıldırım, kalkışmadan sonra ilginç bir anekdotu ilk kez kamuoyuna açıkladı:

"Dershaneleri kapatacağız diyince bunlar geldi 'Dershaneleri kapatırsanız sizin için iyi olmaz' dedi.

Cumhurbaşkanımız da 'Hadi oradan' dedi, bunları kapı dışarı etti."

Olaya bakın, cemaati dershanelerinden başlayarak bitirme kararı alınmış ama, hala cemaatle görüşülüyormuş ve teslim almaya çalışıyorlarmış!

Yani asıl niyet, cemaati yok etmek değil; teslim almak! Hep emrinde tutmak!

Ama Binali Yıldırım en büyük itirafını kapalı kapılar ardında AKP'li kurmaylarına yapacaktı:

"Benim kadar bahtsız başbakan var mı! 40 yılın başı başbakan olduk, darbe de beni buldu, savaş da beni buldu, dolar-ekonomik kriz de beni buldu! Bahtsız Bedevi gibiyim!"

ALTINCI BÖLÜM

MİT VE İHBARCI ESRARENGİZ BİNBAŞI

KALKIŞMA GECESİ HAKAN FİDAN'A NİYE ULAŞILAMADI?

MİT Müsteşarı Hakan Fidan'ın "15 Temmuz performansında çok fazla karanlık nokta" vardı.

Ama darbeyi "çok önceden haber alamama" dışında, fazla haksızlığa uğradı.

Binali Yıldırım, saat 23:00'te ulaşabildiği Hakan Fidan'a "MİT'e öğleden sonra gelen ihbarı bana niye bildirmedin" diye kızmıştı.

Oysa yaşananlara MİT ve Hakan Fidan'ın penceresinden de bakmakta fayda var.

15 Temmuz öğleden sonra, ihbarcı kara pilot binbaşı(!) MİT'e gidip, "Bu gece MİT'e hava saldırısı düzenlenecek. Bu baskın Hakan Fidan'ı kaçırmaya yönelik olacak" ihbarında bulundu.

İhbarcı pilot binbaşının(!) görev yaptığı Kara Havacılık Komutanlığı kontrol edildi. Taarruz helikopterlerinin füze yüklü olması, ihbarı kuvvetlenlendirdi. Üstekiler tatbikata hazırlandıklarını söylediler.

Hakan Fidan'ın yardımcısı 16:00'da, önden "faksla uyarılan" Genelkurmay'a gitti. 16:30'da Hakan Fidan da, Akar'ın odasındaydı.

Genelkurmay ve MİT, her tarafı yoklamaya başladı. Akıncı Üssü'nde de olağandışı hareketlilik tespit etti.

Saat 18:00'de, Hakan Fidan, Genelkurmay Başkanı Hulusi Akar, Kara Kuvvetleri Komutanı Orgeneral Salih Zeki Çolak ve Genelkurmay 2. Başkanı Orgeneral Yaşar Güler, kriz toplantısı yaptı.

Akar, tüm ülke hava sahasının askeri uçuşlara

kapatılması ve kışlalardan araç çıkışlarının yasaklanması emrini verdi.

MİT'e saldırının düzenleneceği istihbaratı gelen Kara Havacılık Komutanlığı ile Akıncı Üssü'ne gidilip, durumu yerinde görme kararı alındı.

Fidan'ı 20:30 gibi makamından yolcu ettikten sonra derdest edilen Akar'a, Akıncı'ya ancak "rızası dışında götürülmesi" nasip olacaktı.

Fidan, ayrıldıktan sonra Akar'dan haber bekledi, ama arayan olmadı. Akar'la irtibat kesilmişti.

Marmaris'teki Erdoğan'ın koruma müdürü Muhsin Köse'yi aradı.

Darbe girişiminden söz etmedi ama "Karadan, havadan, ya da denizden gelebilecek bir tehdite karşı önleminiz var mı?" diye sordu. Köse'nin verdiği yanıt, "Önlemlerimiz var" oldu.

Saat 21:00'de dramatik bir şeyler olduğu artık açıktı. 21:30'da Genelkurmay'ın basıldığı ve çatışma yaşandığını duymayan kalmamıştı.

İddiaya göre, MİT Müsteşarı Fidan "Başbakanın bile ulaşamadığı saatlerde ateş altında"ydı(!) "Güya" neler olmuştu neler:

"Darbeciler bir saat içinde MİT merkezine de ulaştı. İki Süper Cobra ve üç Sikorsky helikopteri, binaya ateş açıp komando indirmeye çalıştı.

Fidan, jetlerin de bomba atabileceği endişesiyle içeride tutuluyordu. Korumaları ise dışarıdaki ağaçları siper alıp darbecilerin helikopterlerine ateş açıyordu.

MİT'in silah eğitimi almamış bürokratları bile

darbecilerin hava indirmesini engellemeye çalıştı. Fidan, yardımcılarına, 'Son kurşununuza kadar savaşın, sizi canlı ele geçiremesinler' dedi.

Çatışma sürerken saatler gece yarısını geçmişti. 01:30-02:00 sularında MİT'in güvenlik ekibi, darbeci helikopterleri savuşturmak için çatıya ağır makineli tüfekler ve roket atarlar getirdi.

Bu sayede hem MİT karargahı hem de Cumhurbaşkanlığı Sarayı çevresinden darbeciler savuşturuldu."

Çoğu "palavra"ydı. MİT'e, anlatıldığı şekliyle saldırı olmadı! Sadece saat 24:00'ten sonra vatandaşlar arabalarıyla etrafında turlamaya başlayınca nizamiyesine "izli mermi" atıldı o kadar!

Tüm kalkışma süreci "MİT'e saldırılacak" uyarısıyla başlamıştı. Sonrasında kalkışma için düğmeye basılmıştı ve ne hikmetse MİT'e saldıran yoktu!

Başbakanın bile Hakan Fidan'a ulaşamamasının tek nedeni vardı: Fidan, makamında değildi!

Kalkışma başlayınca, "Gündüz gelen istihbaratın doğru olduğunu" anladı ve "Beni almak için MİT'i basacaklar" diye "bilinmeyen başka bir yere" geçti!

HAKAN FİDAN DARBECİLERLE KARŞILAŞTI MI?

Başyaveri Alb. Levent Türkkan'ın ifadesine göre, Fidan çıktıktan 3-5 dakika sonra tam teçhizatlı Özel Kuvvetler, Akar'ın makam katını bastı.

Fidan ile darbeci Özel Kuvvetler ekibinin "bina içinde birbirleriyle geçiştiği" ihtimal dahilindeydi.

Genelkurmay Personel Başkanlığı General/Amiral Atama şubesinden Bnb. Yusuf Akdemir, ifadesinde Fidan'ın Özel Kuvvetler arasından geçip gittiğini öne sürdü.

Akdemir, gördüklerini "yanlış" analiz edip, cezaevinde kendisini ziyaret eden ağabeyine, "MİT ve Hulusi Akar işin içinde. Oyun çok büyük" demişti.

Değişmez gerçek şu ki, az kalsın Fidan da derdest edilebilirmiş, çok az zaman farkıyla kurtulmuş!

Kalkışmada, derdest edilen komutanlar dışında(!) kılpayı kurtulmayan tek Allahın kulu yoktu!

İHBARCI BİNBAŞI EFSANESİ(!)

15 Temmuz'un "en gizemli karakteri", MİT'e ihbarda bulunan "kara pilot binbaşı"ydı. İsmi hiç medyaya sızmadı.

Sadece, epeycedir hafiften pişman bir FETÖ'cü olduğunu(!) ve kalkışmayı önleyecek ihbarda bulunmasına rağmen(!) TSK'dan ihraç edilenler arasında(!) olduğu duyurulmuştu.

15 Temmuz günü saat 14:00-15:00 arası MİT'e gitmiş, Hakan Fidan'la görüşmek istediğini söylemiş, kapıda 1-2 saat bekletildikten sonra da, "farkında olmadan(!) darbeyi ihbar etmiş"ti.

MİT'e giden pilot binbaşı, saat 16:00'ya doğru üst düzey yetkililerle görüşebilmişti. Aldığı "garip bir görevlendirme"den bahsediyordu:

"Ben izindeydim, geri çağırdılar geldim, dediler ki akşam 7'de burada hazır ol, senin görevin helikopterle gideceksin, MİT'i bombalayacaksın, Hakan Fidan'ı alıp geleceksin."

Darbeyi ihbar ettiğinin farkında değildi, Çünkü kendisine verilen görev, MİT'e ve Hakan Fidan'a yönelik saldırıda rol almasıydı(!)

Vicdani rahatsızlık hissetmiş, ihbarda bulunmaya karar vermişti(!)

HAKAN FİDAN NEDEN HÜKÜMETE HABER VERMEDİ?

İhbar, "cemaatten MİT Müsteşarı Fidan'a suikast girişimi" gibi algılandı.

"Resmi hikaye"ye göre, ihbarcı binbaşı, "doğru mu söylüyor" diye yalan makinasına bile bağlandı.

Sorgulamada "akşam hareketlilik olacağına" ikna olundu. Ama 2 saat kadar vakit kaybedilmişti.

Fidan'ın Genelkurmay'a aktardığı ham istihbarat, "Kara Havacılık Komutanlığı'ndan 3 helikopterin görevlendirilmesiyle bir faaliyet icra edileceği "ydi..

Gelen bilgide, "saldırı sadece kendisine yönelik olduğu" için, ortalığı ayağa kaldırmadı. Çok eleştirildiği, "Erdoğan'a veya Başbakana neden haber vermedi" meselesinin arkasında, bu yatıyor.

DARBECİLERE KALKIŞMAYI DUYDUĞUNU AKAR HABER VERDİ(!)

Fidan, olan biteni tam kavrayabilmek için Genelkurmay Başkanı Akar'ı ziyarete gitti.

Aslında "emir-komuta zinciri içinde bir iş mi var?" sorusunun yanıtını merak ediyordu.

Akar, anlatılanları dinledi. Önlem olarak, tüm birliklere bir genelge göndererek, uçaktan tanka tüm araç çıkışlarının durdurulması talimatını verdi.

Karargahtaki darbeciler, Akar'ın genelgesini "sadece darbeci komutanların birliklerindeki fakslara" gönderdiler.

Akar, "darbeden haberdar olduğunu darbecilere genelgeyle ileterek" kendi kendini ihbar etmişti!

Darbe girişimi, bu yüzden erken saate alındı!

İhbarcı binbaşı(!), o saatlerde nelere yol açtığının farkında bile değildi!

İHBARCI BİNBAŞIYLA İLGİLİ İLK BİLGİ: İSMİ H.A.

Abdulkadir Selvi'nin Hürriyet'teki **"Darbeyi MİT'e ihbar eden binbaşı ihraç edildi"** başlıklı yazısında, binbaşının kimlik bilgisi ilk kez sızdı:

"Kara Havacılık Komutanlığı'nda pilot binbaşı olarak görev yaptığı belirtilen H.A."

H.A'nın özel kuvvet operasyonları ve Suriye'deki gelişmeler nedeniyle zaman zaman MİT'le ilişki içinde olan isimlerden biri olduğu belirtiliyordu.

Belki de "TSK'daki cemaatçilerin arasına yerleştirilmiş MİT'in adamı"ydı!

Selvi'nin yazısına göre, ihbarcı olmasına rağmen(!) OHAL kararıyla ihraç edilmiş ve can güvenliğinin sağlanması için gereken tedbirler alınmıştı.

Meali şuydu: İhbarcı pilot binbaşı(!) ya başından beri MİT'in elemanıydı, ya da artık öyle olmuştu!

Yoksa ödüllendirilme yerine neden ihraç edilsin!

İHBARCININ PİLOT OLDUĞU DIŞINDA TÜM BİLGİLERİ DEZİNFORMASYON

"İhraç edildiği" bilgisi gibi, isminin "H.A." diye sızdırılması da, taktik gereği olabilirdi!

Ne de olsa, bu tarz isimler "kod"lanır!

Sadece ilk günlerin kargaşasında "yanlışlıkla" rütbesi doğru sızmış olabilir! Belki, o da yanıltmaca!

Tek kesin olan "pilot" olduğu! Çünkü, aldığı görev uçuş görevi!

Şimdi sıkı durun!

OHAL kapsamındaki ilk KHK ile 249 havacı ve 7 karacı pilot TSK'dan ihraç edildi.

İhbarcı binbaşı, Başbakan Yıldırım'ın da doğruladığı gibi karacı pilottu(!).

Yani "ihraç edilen 7 karacı pilottan 1'i "ihbarcı" olan olmalıydı. Tabii ihraç edildiyse!

Bırakın, ihraç edilen pilotlar arasında bir tanecik H.A. olmasını; Kara Havacılık Komutanlığı'ndan ihraç edilenler arasında da H.A. adlı subay yoktu.

Keza, değişik rütbelerden ve değişik kuvvet komutanlıklarından ihraç edilen pilotlar arasında da tek bir H.A. yoktu.

İhbarcı pilotun ismi medyaya bilgi sızdırmasında "karartılmıştı"...

"MİT İHBARCISI BİNBAŞI" ÜZERİNDE DİNLEME CİHAZIYLA KALKIŞMAYA KATILDI

Özel kaynaktan aldığım bir bilgiyi de, yine "resmi hikaye" olarak değerlendirmek zorundayım, çünkü asıl kaynak resmi!

"Resmi hikaye"ye göre, MİT'e ihbara giden pilot binbaşının üzerine dinleme cihazı yerleştirildi ve şüphe uyandırmaması için birliğine dönmesi sağlandı.

Yani gece boyu, "darbeye katılmış" gibi yapması gerekiyordu.

Ama üzerindeki dinleme cihazını her nedense çalıştırmayı başaramadı!

Esrarengiz binbaşı(!) kalkışma süresince esrarengiz şekilde MİT'le irtibatını kesmişti!

BİRİNCİ İHBARCI ADAYI: DENİZ ALDEMİR

"İhbarcı binbaşı"yla ilgili elimizde "üç bilgi kırıntısı" var:

"İhraç" edilmiş olması(!)…

15 Temmuz'da MİT'e saldırmakla görevlendirilmiş pilot olması…

Ve, ihbar ettiğine göre de artık gizli tanık ve itirafçı yapılmış olması…

Darbe girişiminde, Kara Harp Okulu'ndan Genelkurmay Karargâhı'na helikopterle asker taşıyan Kara Pilot Bnb. **Deniz Aldemir**, soruşturma kapsamında "itirafçı" oldu ve "ihraç" edildi.

Elimizdeki "ihraç edilmesi, itirafçı olması, kara pilot binbaşı olması", Deniz Aldemir'i "1. esrarengiz binbaşı adayı" yapıyor…

Zaten ifadesinde "cemaatçi olmaktan duyduğu pişmanlığı" anlatıyor!

213

Tabii, bir başka soru, kalkışma gecesi "ihbarcı olduğunun çakılmaması" için kendisine verildiğini söylediği MİT'e saldırı görevine gidip gitmediği!

Deniz Aldemir, 15 Temmuz gecesi MİT'e gitmemiş!

İfadesine göre; darbe günü "arı" gibi çalışmış, Genelkurmay'a personel, Akıncı'ya mühimmat taşımış, ama MİT'e gitmemiş.

"Bombalama-tarama"da yok; sadece "nakliyat"ta var! İtirafçılığının anlaşılmaması için, "pasif olarak çalışmış" olabilir!

Zaten ihbarda bulunduysa artık niye gitsin! O gece MİT'e "gece yarısındaki tek sefer" hariç, hiç gidilmedi ki zaten!

"Resmi hikaye" kısmendoğruysa, kalkışmada (durumunu çaktırmamak için!) her denileni yapmasına rağmen, Pilot Bnb. Aldemir "MİT'e ihbara giden binbaşı" olabilir.

Neyse "günahını" almayalım diyeceğim de, eğer ihbarcıysa, yaptığı zaten günah değil; sevap!

İKİNCİ İHBARCI ADAYI: MİT'E SALDIRMAKLA GÖREVLENDİRİLEN PİLOT TAHA FATİH ÇELİK

Deniz Aldemir'in ifadesinin medyaya yanlışlıkla(!) sızdırılan kısmında çok önemli bir ayrıntı vardı!

Aldemir ifadesinde, "Binbaşı Sadullah Abra'nın Emniyet Müdürlüğü'ne, Yarbay Murat Karakaş'ın MİT'e, Binbaşı Taha Fatih Çelik'in muhtemelen MİT'e, Yarbay Erdal Başlar'ın Emniyet Müdürlüğü'ne ateş ettiği konuşuluyordu" diyordu.

Yani, MİT'e saldırıyla görevlendirilen 1 kara pilot

binbaşı vardı!

Kara Pilot Binbaşı Taha Fatih Çelik, Jandarma Komutanlığına helikopterle ateş açtığı için tutuklandı ve ordudan ihraç edildi.

Etkin pişmanlıktan yararlanmak için başvurması "ihbarcı binbaşı" profiline uyuyor.

Ama helikopterden ateş açacak kadar aktif görev alması, "kalkışmadan önce cemaatçilikten pişman olmuş ihbarcı" profiline çok uymuyor.

Aksi halde, hem itirafçılığın hem de darbeciliğin hakkını vermiş oluyor ki, düşük olasılık!

Eğer ihbarcının rütbesi gerçekten binbaşı ise, Kara Pilot Binbaşı Deniz Aldemir'in ismi daha önde!

Çünkü "silahlı saldırısı" yoktu, "rolünü(!)" iyi oynamıştı.

ÜÇÜNCÜ "MİT İHBARCISI" ADAYI: PİLOT YARBAY MURAT BOLAT

Sızan ifadelere bakıldığında bir başka ilginç isim ve ifadesindeki ilginç ayrıntı göze çarpıyordu.

İtirafçı olan Kara Pilot Yarbay Murat Bolat'ın medyaya sızan ifadesinden MİT operasyonu pilotlarından olduğu anlaşılıyordu:

"1-16 Temmuz'da izinliydim. Alay Komutan Yardımcısı H.G. ısrarla iznimi kesip dönmemi istedi. 13 Temmuz'da mesaiye gittim. 'Konu nedir? Darbe filan mı yapıyorsunuz?' dedim, 'Aynen öyle' dediler. Benden 3 şey istediler. Birincisi; MİT Başkanlığı'na bir hava indirme harekatının yapılacağını, bunu benim yapmamı istediler. İkincisi; darbe günü helikopterleri dışarıda bırakmamı söylediler. Üçüncüsü; 2 Sikorksy helikoptere hızlı indirme teşkilatı kurmamı istediler.

MİT Müsteşarı Hakan Fidan, MİT Lojmanları'ndaki villasından alınacaktı. 'Bu darbenin başında kim veya kimler var?' dediğimde 'Genelkurmay Başkanı bu işin başındadır' dedi. Bana Cumhurbaşkanı'nı alamadıkları takdirde Hava Kuvvetleri'nin ülkeyi yerle bir edeceğini söylediler."

MİT'ten ve istihbaratı ilettiği Genelkurmay'dan sızan ilk bilgileri anımsayın: İhbarcı, izinden çağrılıp, görevinin tebliğ edildiğini söylüyordu!

İzinden çağrıldığını söyleyen Murat Bolat'ın rütbesi dışında her şeyi "itirafçı pilot"a uyuyor!

Eğer "MİT ihbarcısı", itirafçı olan kara pilot yarbay Murat Bolat ise, "binbaşı efsanesi" tam palavraydı. "yarbay"ın üzeri örtülmüştü.

DÖRDÜNCÜ ADAY: "TUTUKLANMAYAN TEK KARA PİLOT" YARBAY MURAT KARAKAŞ

İlk 3 aday olarak, 2 kara pilot binbaşı, 1 de pilot yarbay ismi sıraladık!

İlk 3'ün hepsi tutuklu!

"İhbarı getireni ödüllendireceklerine, niye tutuklasınlar" dediğinizi duyar gibiyim!

Dördüncü bir isim daha var!

'İtirafçı pilot binbaşı" Deniz Aldemir'in ifadesinde "MİT'e operasyonda görev alacağını duymuştum" dediği Kara Pilot Yarbay Murat Karakaş!

Karakaş'ın ifadesi başta, medyaya hakkında hiçbir şey sızdırılmamış!

Sadece Deniz Aldemir'in ifadesi sızdırılırken, araya adı "yanlışlıkla" karışıvermiş(!)

Ve en önemlisi; isterseniz "google"layın, herkes var, onun tutuklandığına dair tek satır yok! Sadece ihraç edildiğini biliyoruz!

Hulusi Akar'ın ifadesine göre, kendilerine gelen istihbaratta MİT'e operasyonla 3 helikopter görevlendirilmişti. Elimizde 2'si binbaşı 2'si yarbay 4 pilot ismi var.

Dördünün arasından seçin, istediğinizi beğenin!

Kesin olan şu ki, "ihbarcı pilot Binbaşı H.A." diye biri yok; hiç yaşamadı!

BİNALİ YILDIRIM: O BİNBAŞI VAR MI YOK MU, BELLİ DEĞİL!

AKP'deki özel kaynağım aktardı.

Darbe girişiminin üzerinden neredeyse bir hafta geçmişti...

AKP MYK toplantısında Binali Yıldırım'a soruyorlar:

"MİT'e giden ihbarcı binbaşı kimmiş efendim?"

Yıldırım ne dese beğenirsiniz:

"Ortada yok. Var mı, yok mu belli değil, varsa da MİT'in mahzenlerindedir."

Bir hafta olmuş, Başbakan bilmiyor kim olduğunu!

Aslında kendisi de merak ediyor. Erdoğan'la

buluşmasında soruyor. Erdoğan ne cevap verdiyse, "var mı, yok mu, belli değil" yaklaşımını değiştiriyor.

Kendisine tekrar "ihbarcı binbaşı bulundu mu?" diye sorulduğunda, "Bulundu, bulundu!" diye lafı soranların ağzına tıkıyor.

Yani, tam bir muamma! Zaten "muamma" olması da gerekiyor!

Ocak 2017 itibarıyla kesin bilgi: MİT'e giden "ihbarcı" artık MİT'te çalışıyordu!

FİDAN'IN FETÖ'CÜ ÇIKAN SAĞ KOLU

Cemaatin komplo merkezi olduğu için kapatılan Telekomünikasyon İletişim Başkanlığı'nı (TİB) kuran ve daha sonra TSK'nın MİT'e devredeceği Genelkurmay Elektronik sistemler (GES) Komutanlığı'nın başına geçen, eski istihbaratçı Basri Aktepe, FETÖ üyeliği iddiasıyla Eylül 2016'da tutuklandı.

Aktepe, MİT Müsteşarı Fidan'ın sağ kolu iken, 17-25 Aralık sürecinde pasif göreve atanmıştı.

Aktepe, Erdoğan'ın başbakanlığı döneminde, kullandığı mekanlara yerleştirilen "Böcek"leri, yani dinleme cihazlarını bulan(!) ekibin başındaydı.

Demek ki, o böcekler "uydurma"ydı. Muhtemelen "güven kazanmak" için şov yapılmıştı!

MİT'TE FETÖ OPERASYONU

Gülen'in MİT'e sızmadığı düşünülemezdi!

Kalkışma sonrası, apar topar 141 kişi açığa alındı.

87 MİT görevlisi memuriyetten ihraç edildi. 52'si hakkında savcılığa suç duyurusunda bulunuldu.

İstihbarat teşkilatına bakın! Kendi iç temizliğini bile 15 Temmuz darbe girişimine kadar yapamamıştı!

Meclis Darbe Komisyonu'nun bilgisine başvurduğu eski MİT Müsteşarı Emre Taner'in itiraf ediyordu:

"Yapamadık, alamadık. Fethullah Gülen'in 15 Temmuz'da bir ihtilale sebebiyet olacağını alamadı bu gizli servis."

Eski Genelkurmay Başkanı İlker Başbuğ da komisyona, "İçinde asker bırakılmayan MİT'ten cemaat konusunda tek bir rapor gelmedi!" diye yakınacaktı.

Eski Jandarma Genel Komutanı Galip Mendi de, MİT ve Emniyet'ten, TSK'daki şüphelendikleri FETÖ'cüler hakkında defalarca bulundukları taleplerine rağmen, hiç bilgi gelmediğini belirtiyor, "Normal YAŞ çalışmasını yapabilseydik darbecilerin kaydı silinecekti" diyordu.

Böyle bir MİT, "kapısına ihbarcı gelmese" nasıl cemaat darbesini haber alıp, hükümete iletebilirdi ki!

CEMAAT MGK TOPLANTILARINI DİNLERKEN MİT NEREDEYDİ

Ankara Cumhuriyet Başsavcılığı'nın "FETÖ **Çatı İddianamesi**"ndeki gizli tanık "Fırtına"nın itiraflarına göre, Milli Güvenlik Kurulu (MGK) da dinleniyordu.

"Dinleme cihazı mikrofon içine yerleştirilmişti. MGK toplantısının ses kayıtları tape haline getirildi. Bu tapelerde Cumhurbaşkanı Abdullah Gül, Kara ve Hava kuvvet komutanları ile Başbakan'ın konuşmaları yer alıyordu. İleride cemaate yönelik bir operasyon olup olmayacağını tespit etmek için bu toplantı dinlendi."

AKP iktidara gelmeden önceki MGK toplantılarında cemaat hep "iç tehdit" olarak değerlendirilirdi.

Demek ki, cemaat MGK toplantılarını hep dinlemişti!

MİT gerçekten öteden beri ne iş yapar?

"SIR KÜPÜ" HAKAN FİDAN VE "DARBE İÇİNDE DARBE VARDI" SÖYLENTİSİ

Sohbet ettiğim "AKP'deki üst düzey dostumun" kalkışmadan aylar sonra bile kafası karışıktı:

Başbakanın bile emin olamadığı "ihbarcı binbaşı" efsanesine inanası gelmiyordu. "Milletvekili olmasını engellediği için Erdoğan'a küskün "Davutoğlu'cu" Hakan Fidan ile Hulusi Akar'ın da "bir başka planı" olduğunu düşünüyordu.

Aslında böyle bir ortak planları vardı: TSK'daki cemaatçilere darbe yapmak!

Ama, "daha fazlasını" ima ediyordu:

"Darbe içinde darbe mi vardı? Emir-komuta zinciri içinde Hulusi Akar ve Hakan Fidan birlikte düğmeye basmışlar, olan biteni kendilerine karşı sanan cemaat de, bunun üzerine kendi darbesi için harekete mi geçmişti!"

Çok ama çok iddialı bir komplo teorisi!

Ama AKP'li dostum bir "şey" daha söylüyordu:

"Geceboyu Hulusi Akar, darbecilere 'Yahu, tamam Erdoğan da, AKP de sorunlu diyorsunuz. Ama

Abdullah Gül gibi, Davutoğlu gibi, Bülent Arınç gibi aklı başında isimler de var. Onlarla konuşarak bir orta yol buluruz' demişti."

"Darbe içinde darbe mi" vardı?

Sanmıyorum; kesin olan, "TSK'daki cemaate vurulacak darbe" ile "cemaatin darbesi" çakışmıştı!

HAKAN FİDAN'IN İLK ARADIĞI AKP'LİLERDEN BİRİ DAVUTOĞLU'YDU(!)

"Kalkışma gecesi, MİT Müsteşarı Fidan Başbakan Yıldırım'dan önce, eski Başbakan Davutoğlu'na ulaştı." deniliyor.

Bu davranış, büyük bir soru işareti!

Yıldırım, gece yarısına kadar ulaşamadığı Fidan'a çok kızdı, epeyce küskün kaldı, hala da öyle!

Anımsayalım…

Davutoğlu, 7 Haziran 2016 seçimlerine Başbakan olarak girerken, o dönem Ulaştırma Bakanı olan Binali Yıldırım'la "kavgalı bir rekabet içinde"ydi.

Davutoğlu, ricası üzerine Fidan'ı Erdoğan'a danışmadan milletvekili adayı yaptı.

Erdoğan ortalığı ayağa kaldırdı. Fidan adaylıktan çekilmek zorunda kaldı.

Fidan, Erdoğan'dan yediği fırçaya çok bozulmuştu. Davutoğlu da aynı şekilde!

Sonrasında, Erdoğan Davutoğlu'nu görevlerinden istifa ettirdi. Yerine Binali Yıldırım'ı geçirdi.

Davutoğlu ve Hakan Fidan "yaralı" ve "öfkeli"ydiler,

iyice birbirlerine yaklaştılar.

Hakan Fidan ve Binali Yıldırım arasında ise "soğukluk" oluştu.

DAVUTOĞLU 15 TEMMUZ'DA KONYA'DAN ANKARA'YA ASKERİ UÇAKLA "GÖREVE" Mİ UÇTU?

Davutoğlu, Meclis Darbe Komisyonu'nun sorularına verdiği yazılı yanıtta, kalkışma saatine kadar "gündüz nerede olduğuna" hiç değinmedi! Anlatmaya geceden başladı:

"15 Temmuz gecesi eşim Sare Hanım'la Ankara'daydık. O gece çok önceden kararlaştırılmış 2 düğüne davetli idik. Önce Başbakanlığım döneminde her ikisi de bizimle çalışan 2 basın müşavirimizin Ankara Gölbaşı ilçesinde o gece saldırıların hedefi olan Polis Özel Harekat Merkezi'ne de çok yakın Vilayetler Evi'ndeki düğünlerine katıldık.

Daha sonra yine Başbakanlık dönemimdeki aşçılarımızdan birinin düğünü için Eryaman'a giderek oradaki düğüne iştirak ettik."

"ABD'li kaynaklardan" gelen bir istihbaratımı paylaşmak isterim!

ABD'li kaynaklar diyor ki, Davutoğlu kalkışma günü apar topar Konya'dan Ankara'ya geldi.

Hem de askeri uçakla!

Uçağı, Hakan Fidan ve Hulusi Akar mı organize etmişti?

Yoksa, yoksa!!!

"ABD'lilerin Davutoğlu istihbaratı"ndan haberdar "AKP'li üst düzey dost" kulağıma şöyle fısıldadı:

"Acaba darbe girişiminde bulunanlar, Davutoğlu'nu yeniden göreve getirmeyi mi planlıyorlardı?"

İster Gülen'ciler deyin, ister "darbe içinde darbe vardı" iddiasını anımsayarak Akar-Fidan ikilisi deyin, ne derseniz deyin; "Erdoğan ve Binali Yıldırım baş aşağı edilirken", AKP'den birilerini de yerlerine koymaya ihtiyaç vardı!

Konya Havaalanı hem sivil hem askeri amaçlıdır. Havaalanını NATO da kullanır! ABD'lilerden gelen istihbarat bu açıdan kayda değerdi...

Konya'dan Ankara'ya direkt THY uçağı yoktu, İstanbul aktarmalı uçak vardı. Belki de o yüzden "eski Başbakanlığının forsunu kullanarak" askeri uçağa binmek zorunda kaldı! Bilemiyoruz!

Kalkışma günü kalbi en çok pır pır edenlerden biri Davutoğlu muydu acaba?

"DARBE SELA"LARI ÖNCEDEN Mİ ORGANİZE EDİLDİ?

MİT Müsteşarı Fidan, 15 Temmuz gecesi Genelkurmay'dan çıkınca nereye gitti?

İlk günlerin sıcaklığında sızan kulise göre, doğru MİT'e değil de, Diyanet İşleri Başkanı'nın yanına!

Kalkışma gecesi, Fidan, Diyanet İşleri Bakanı Mehmet Görmez ve Suriye muhaliflerinin liderlerinden Muaz el-Hatip Çankaya'da bir lokantada randevulaşmışlardı.

Özel kalem müdürü yemek sırasında Fidan'ın

kulağına, "Havada hareketlilik var" bilgisini iletti. Fidan, "neler olabileceğini" kolayca tahmin etti.

Akar'ı aradı ulaşamadı. Kendisine çok geç ulaşıp darbeyi soran Başbakan Yıldırım'a, doyurucu yanıt veremiyordu.

Fidan adı darbeye karışan Tümg. Mehmet Dişli'yi aradı. Onun da telefonu açılmadı.

Şansını Hulusi Akar'ın eşi Şule Akar'a telefon açarak denedi. Ulaşamadı.

Bir rivayete göre ise, tüm bunları yemekte değil de, yemeğe giderken yolda yaşadı.

Komplo teorisine göre ise, Diyanet İşleri Başkanı Mehmet Görmez'le darbe gecesinin meşhur "sela organizasyonunu" yaptılar.

Tüm imamlara sms atıldı, camilerden sela sesleri yükselmeye başladı, halk camilerden darbeye karşı direnmeye çağrılıyordu.

Komplo teoricilerine göre, Hakan Fidan, Genelkurmay Başkanı'nı ziyaretten sonra, "darbe tiyatrosunun sela okuma kısmını organize etmek için" Diyanet İşleri Başkanı'nın yemeğine gitmişti.

Bu da "darbenin sahneye konulmuş bir tiyatro olduğu" ve "çakma darbeyle aslında Erdoğan'ın sivil darbesinin planlandığı" tezini ortaya atanlar tarafından kapalı kapılar ardında dile getiriliyor.

Darbe başlangıçta tiyatro değil, gerçek olsa da, camiler "direnişin şovu" olarak kesinlikle kullanıldı! Bu açıdan "tiyatro" vardı!

Hemen organize olunup, binlerce camiden sela okutulabilmesi "tuhaf" görünse de, çok da zor değil!

Diyanet'in imamlara sms'le ulaşabilme organizasyonu çok iyi ve imamlar zaten neredeyse 24 saat çalıştıkları caminin içinde veya yakınındaki evlerinde oluyorlar!

Yine de şaşırtıcı şekilde, çok iyi refleks gösterilmiş!

AİLESİNİ KATAR'A GÖNDEREN HAKAN FİDAN KALKIŞMA GECESİ YAŞ GÜNÜNE Mİ GİTTİ?

Hakan Fidan'ın özgeçmişi gizli saklıdır. Sadece astsubay kökenli olduğunu kesinlikle biliyoruz.

İnternete bakın, doğum günü bile gizlidir.

Fidan'la ilgili ortaya atılan bir iddia da, 15 Temmuz'un doğum gününe denk geldiği ya da bir başka yaş gününe gittiği şeklindeydi.

Diyanet İşleri Başkanı Mehmet Görmez de, Tirilye lokantasındaki doğum günü yemeğine davetliydi. Ama kalkışmanın planları bozduğu iddiası vardı.

Yemeğin yaş günü yemeği değil de, Suriyeli muhaliflerle yemek olması olasılığı daha yüksek!

Olsa olsa, "ortalık karışınca, Görmez'in gittiği yemeğe Fidan gidememiş" olabilir.

Suriyeli muhaliflerle yemekten sonra yaş günü daveti de olabilir ama, kalkışma suya düşürmüştür!

Ama, Allah aşkına yaş gününe çağrılacak son adam Diyanet İşleri Başkanı değil mi?

Çok araştırdım, bulabildiğim tek bilgi "doğumgünü sır olan" Fidan'ın 1 Ocak'ta doğduğu şeklinde.

O da tuhaf; nüfus müdürlüklerinde "1 Ocak'' doğumgünü bilinmeyenler için yazılır!

Meclis Darbe Komisyonu'nun CHP'li üyesi Aytun Çıray, darbe gecesi yaş gününde olup olmadığını sorduğu Fidan'la ilgili başka sorular da ortaya attı.

Kalkışmadan önce-sonra ailesini Ortadoğu'daki bir ülkeye (Katar kastediliyor) göndermiş miydi?

Başbakan Binali Yıldırım'la aylardır görüşmediği doğru muydu?

Aslında merak edilen, Başbakanı kızdıracak kadar ulaşılamadığı sürede nerede olduğuydu?

Cep telefonu HTS kayıtlarından kimin nerede olduğunu bulmak gayet kolay!

Tabii, kalkışma gecesi darbecilere yerini belli etmemek için cep telefonunu yanında taşımamış olabilir, ki bu da "ulaşılamaz oluşunu" açıklıyor!

Erdoğan, şüphelendiklerini tek tek baktırmıştır!

ARTIK UMUDUMUZ WIKILEAKS(!)

Komplo terorileri fazlasıyla var!

Mesela Wikileaks'ın yayınladığı sızıntı e-postalardan, darbe girişiminden 9 saat önce, saat 12:28'de, damat Berat Albayrak'a 'Erdoğan'a zırhlı araç alalım' e-postası atılmış.

Maili gönderen ise, yandaş ATV-Sabah'ın bünyesinde olduğu Turkuvaz Medya Grubu'nun CEO'su olan kardeşi Serhat Albayrak.

Tüm bunlara bakıp, "tiyatroya hazırlık çalışmaları" da diyebilirsiniz.

Keza, kalkışma gecesi, Erdoğan'ın Atatürk

havalimanına inişinden sonraki konuşmasında ağzından kaçan "Bu hareket, Allah'ın bize büyük bir lütfudur." sözüne bakarak da senaryolar yazılabilir.

Özellikle de, Hakan Fidan hakkında!

Meclis Darbe Komisyonu, ifadesini bile almaktan kaçınarak, "Fidan'ın sırları"nı korumaya aldı!

Mecburen "Wikileaks"i bekleyeceğiz!

YEDİNCİ BÖLÜM

BİR "DÜĞÜN" GECESİ: 15 TEMMUZ

GENELKURMAY'DA BİLDİRİ SAVAŞLARI

15 Temmuz'da, TSK'nın internet sitesinden darbe açıklaması yapılınca, "darbenin emir-komuta zinciri içinde olduğu" zannedildi.

Oysa, darbeciler, TSK'nın internet sitesini düzenleyen Halkla İlişkiler'i ele geçirmişlerdi.

Genelkurmay karargahı görüntülerindeki, gözleri bağlı komutan, Genelkurmay Halkla İlişkiler Daire Başkanı Ertuğrulgazi Özkürkçü'ydü.

Özkürkçü'nün ifadesine göre, 1 yıldır yanında şube müdürü olan Kurmay Yarbay Muzaffer Çoban, kalkışma günü apar topar izinden döndü.

'Neden döndün' diye sorduğu Muzaffer Çoban'ın, 'Eşim doktor, baştabip acilen çağırınca dönmek zorunda kaldık' diye yalan söylediğini, darbe girişiminden sonra öğrenecekti!

TSK'nın internet sitesine konan 4 bildiriyi de, cemaatçi-darbeci Muzaffer Çoban organize etti.

Akıncı Üssü'ne götürülen Özkürkçü, ertesi gün serbest kalır kalmaz, ilk iş Genelkurmay'a gidip, internet sitesindeki darbe bildirilerini kaldırttı.

KARA KUVVETLERİ KOMUTANI "ÇAKMA" TELEFONLA KANDIRILDI

Darbe girişiminde Genelkurmay'ı kuşatan tanklar, Mamak'taki 28. Mekanize Piyade Tugayı'ndandı.

Genelkurmay'ı basan askerleri, Bnb. Deniz Aldemir Kara Harp Okulu'ndan helikopterle taşımıştı.

Aldemir, "MİT'e gelen ihbar üzerine" Kara Havacılık

Komutanlığı'ndaki hareketliliği kontrole gelen Kara Kuvvetleri Komutanı Çolak'a brifing veren subaydı.

Çolak, kendisini brife eden pilotun "o gece darbede önemli rol alacağını" bilmiyordu.

Aldemir de, Çolak'ı yeni yük helikopteri hakkında brifing almaya geldi sanıyordu.

KKK Çolak ve Kurmay Başkanı Org. İhsan Uyar (Kalkışmadan sonra görev zaafiyeti nedeniyle istifa ettirildi) saat 18:00-21:00 arası, yaklaşık 2-3 saat brifing alıp, etrafta oyalandılar.

Brifingle ilgilendikleri yoktu, Akar'ın emriyle etraftaki hareketliliği gözlüyorlardı.

Kamelyada çay içmeye geçtiler. Darbeci Pilot Bnb. Deniz Aldemir'in göz takibindeydiler.

Taarruz Helikopter Tabur Komutanı Yarbay Özcan Karacan'a, Kara Havacılık'taki saldırı helikopterlerini Akıncı Üssü'ne götürme talimatı gelmişti.

Kamelyada çay içen KKK'ının varlığı, darbecilerin harekete geçmesini aksatıyordu. Durum Genelkurmay'daki darbecilere bildirildi.

Genelkurmay'dan gelen "çakma" telefonla, "Hulusi Akar"ın kendilerini Genelkurmay'a çağırdığı" yalanına inandırılan KKK Çolak yolcu edildi.

Hemen helikopterlerdeki ekiplerin kullanacağı mühimmatı almak için Çankırı'ya gidildi.

Pilot Deniz Aldemir, Çankırı'da bir birliğe iniş yaptı. 1 astsubay ve 6-7 er, yaklaşık 1 ton piyade ve makineli tüfek mermisini helikoptere yükledi.

Mühimmat Akıncı Hava Üssü'ne götürüldü.

"GENELKURMAY'A SALDIRI VAR" YALANI

Genelkurmay'a götürülen Mamak 28. Mekanize Piyade Tugayı askerleri de, "saldırı var" denilerek kandırılmıştı.

S.Ö.: "Cuma akşamı 'yat içtimasını' bekliyorduk. Acilen toplanmamız istendi. Tanklar hazırlandı. Kısa süre sonra Genelkurmay önüne geldiğimizi fark ettim. Genelkurmay'a saldırı düzenlendiğini, çevre güvenliğini alacağımızı söylüyorlardı."

T.I.: "Bize nereye gittiğimizi kimse söylemedi. Genelkurmay nizamiyesinin önünde tankın içinde sabaha kadar bekledik. Tabur komutanımız bize basında çıkan haberlerin yanlış olduğunu, elinde yazılı emir olduğunu, Genelkurmay Başkanı'nı korumak için geldiğimizi söyledi."

S.A.: "Tankla yola çıktık, yolda bize Genelkurmay Başkanlığı'na saldırı olduğu, çevre emniyetini almak için oraya gittiğimiz söylendi. Telsizden 'altınızdaki araç oyuncak değil, ezin geçin' şeklinde emir verildiğini duydum."

ÖLDÜREN ŞÜPHE: DARBE BAŞARILI OLSA HULUSİ AKAR NE OLACAKTI?

Kalkışma gecesi Genelkurmay Başkanı Akar'ın "iki arada bir derede kaldığı anlar" olmalıydı.

Darbeciler, Akıncı'ya götürülmeden önce makamında namaz kılacak kadar namazında niyazındaki Akar'ı ikna edebileceklerini düşündüler.

27 Mayıs'ta Org. Cemal Gürsel'in kullanılması gibi, Akar da darbenin ilk günlerinde, "göstermelik" olarak

makamında tutulacak, darbenin emir-komuta zinciri içinde olduğu izlenimi verilecekti.

Sonrası Allah kerim!

Darbecilerin "TSK atama listesi"nde, Akar'ın isminin yanındaki bölümün "BOŞ" bırakıldığı görülüyordu.

Yani muğlak! Yani ne görevden alınması, ne de yerinde durması garanti, hiçbir şey kesin değil!

"İkna edilebilir görülmesi"nin, "darbeyi emir-komuta zinciri içinde göstermek" dışında amacı yok gibiydi.

Listede, KKK Çolak'ın atandığı yerin de "BOŞ" bırakıldığı dikkat çekiyor. Yani, o da muğlak!

Kalkışma sonrası rahatsızlığı nedeniyle(!) görevi bırakan Jandarma Genel Komutanı Galip Mendi ile tutuklanan 2. Ordu Komutanı Adem Huduti'nin isimlerinin karşısında ise "DEVAM" yazıyordu.

Genelkurmay 2. Başkanı Yaşar Güler, 1. Ordu Komutanı Ümit Dündar, Ege Ordu Komutanı Abdullah Recep ve Özel Kuvvetler Komutanı Zekai Aksakallı'nın, görevlerinden alınıp Kara Kuvvetleri Komutanlığı emrine verildikleri görülüyordu.

Darbecilerin atama listesinde aktif görevler için düşünüldüklerinden tutuklanan isimler ise şöyleydi:

"Eski Hava Kuvvetleri Komutanı Akın Öztürk: Genelkurmay 2. Başkanı;

Kalkışmada Genelkurmay sorumlusu Tuğg. Mehmet Partigöç: Genelkurmay 2. Başkan Yardımcısı;

3. Kolordu Komutanı Korgeneral Erdal Öztürk: 1. Ordu Komutanı;

Genelkurmay operasyonunda yer alan Tümg. Kubilay Selçuk: Genelkurmay Harekat Başkanı;

Başbakan Yıldırım'ı yazılı emir isteyerek kızdıran HKK Kurmay Başkanı Korg. Hasan Hüseyin Demirarslan: Hava Kuvvetleri Komutanı."

Akın Öztürk, Akar'ı ikna ederse, cuntanın 2 numaralı komutanı olacaktı. İkna edemezse de, "havacı" olmasına rağmen belki de 1 numara!

KALKIŞMADA HULUSİ AKAR'A İLİŞKİN KARANLIKTA KALAN NOKTALAR

Erdoğan'a, "zaafiyetleri tartışmalı" Hulusi Akar ve Hakan Fidan'ın durumları sorulduğunda, "Dereyi geçerken at değiştirilmez" dedi.

Yani, asıl muhasebeyi sonraya bıraktı. Çünkü, darbe gecesine ilişkin sorulacak o kadar çok soru, karanlıkta kalan o kadar çok nokta vardı ki!

Akar, "Akın Öztürk'ü aklayıcı" TSK açıklamasını niye yaptırtmıştı? Sonra niye sahip çıkamadı?

Kendisi de "güçsüzleşmişti" de, ondan!

Hava Kuvvetleri Komutanı'nın kendi astlarıyla sohbette, "Hiçbirine kefil değilim" tepkisinin adresi kimdi? Hulusi Akar da kapsama alanında mıydı?

Akar'ın, darbecilerden "başımıza geç" diye itibar görünce, "durumu idare ettiği" şüphesi hep olacak.

Ama darbecileri "takiyye" yaparak idare etmeye çalıştığı, aslında direndiği izlenimi daha kuvvetli!

Darbeciler nasıl Akar'ı sabahleyin hemen bıraktılar? Elini kolunu sallayarak, nasıl karargaha geri döndü!

AKP ile arabuluculuk yapıp, "çoğu ismi koruyacağını" da düşünmüş olmalılar.

Akar başta, kafalar karmakarışıkmış! Çok insanice, çok bir şey denilemez!

AKAR'A DARBEYİ MEHMET DİŞLİ HABER VERDİ

MİT'ten gelen ihbarın ardından Fidan'ı uğurlayan Akar'ın ifadesinde, darbeyi haber alışı çok tuhaf:

"Saat 21:00'e doğru Tümg. Mehmet Dişli geldi. Heyecanlı ve alışık olduğum ruh halinden farklı bir tarzda 'Komutanım operasyon başlıyor, herkesi alacağız, taburlar, yola çıktı, biraz sonra göreceksiniz' gibi şeyler söyledi.

Ben ilk önce anlamlandıramadım, cümle içerisinde belki uçaklar demiş olabilir, ancak bunun bir kalkışma olarak ifade edebileceğim bir operasyon olduğunu anladım ve hiddetle 'Ne diyorsun ulan sen, ne operasyonu sen manyak mısın, sakın ha' şeklinde bağırdım.

Dişli, benim böyle hiddetli karşı çıkmama rağmen sakin görünerek 'Komutanım bu iş bitti ve herkes yola çıktı' anlamında şeyler söylüyordu."

Dişli "yönetime el koyduk" havalarında ise, Akar'a biraz daha üst perdeden yaklaşması gerekiyordu.

Keza, anlatım ve anlama bozukluğu olmalı ki, "darbe var" diye açık açık konuşamıyorlar!

HULUSİ AKAR'IN BOYNUNDAKİ İZ NASIL OLDU?

Hulusi Akar'ın kalkışma sonrası dikkat çeken boynundaki iz kelepçelenmesi sırasında olmuştu:

235

"Kapıda yaverim dahil bazı askerleri gördüm. Bunların dışında tam teçhizatlı, eğitim kıyafeti giymiş, silahlı, miğferli personel dikkatimi çekti. Odaya aniden girmeye kalkıştıklarını fark edince ayağa kalktım ve o esnada yaverim Levent Türkkan 'Komutanım otur, kalkma, sakin olun, zorluk çıkartmayın' şeklinde bağırdı.

Beni birisi iterek sandalyeye oturmamı sağladı ve o esnada arkadan bir başkası el havlusu tarzında bir şeyle hem ağzımı hem burnumu kapatarak nefes almamı engelledi.

Kolunu boğazıma doladı, sıktı, ip türü bir cismin boğazıma sürtünmesiyle, nefes almakta güçlük çektiğim için debelenirken bir başkası plastik kelepçeyi bileklerime taktı. Benim bu şekilde direnmem üzerine burnumu açacak şekilde ağzımı kapattılar. Nefes alma düzenim yerine gelince birazcık sakinleştiğimi gördüler ve ağzımı kapattıkları havlu benzeri kumaşı çektiler.

Beni arkamda biri olacak şekilde bir koltuğa oturtarak etkisiz hale getirdiler. Bir müddet sonra lavaboya gitmek istediğimi söyledim. Benimle birlikte geldiklerini görünce 'terbiyesizler, ahlaksızlar' diye bağırdım. Hepsi gayet soğukkanlı, hiçbir şekilde konuşmayıp yorum yapmayacak tarzda beklediler."

Akar'a "ikna olup, başımıza geçebilir" diye yumuşak davranılması emredilmişti, ama zapt edilemeyince "mecburiyetten" derdest edilmişti.

AKAR, YANINA KENDİ ÇAĞIRTTIĞI AKIN ÖZTÜRK'Ü GÖRÜNCE NİYE ŞAŞIRDI(!)

Akar, Akıncı'ya götürüldüğünde, Akın Öztürk'ü görünce "sen burada ne arıyorsun?" diye şaşırdığını söylüyor.

Oysa, Dişli ifadesinde Akıncı'da Akar'ın kendisine telefonla Akın Öztürk'ü arattırdığını söylüyor.

Çok tuhaf!

Ya bu telefon görüşmesi yalan, ki Dişli niye böyle bir "gereksiz yalana" başvursun!

Muhtemelen, çabucak gelivermesinden yakınlarda olduğunu anlayarak, lafın gelişi "Sen burada ne arıyorsun" anlamında şaşırmışlığını ifade edip, "pozisyonunu" anlamaya çalışmıştı.

Öztürk'ün, damadının Akıncı'daki askeri lojmandaki evinden geldiğini henüz bilmiyordu!

"DARBEYİ EMİR-KOMUTA ZİNCİRİ İÇİNDE GÖSTERMEK İÇİN" BİLDİRİ OKUTACAKLARDI

Kuzey Deniz Saha Kurmay Başkanı Tuğa. Ömer Harmancık elindeki 2 sayfalık metni, önce okudu, ardından da Akar'a uzattı:

"Komutanım bunu imzalayıp TV'de okursanız her şey çok güzel olacak, herkesi alıyoruz, herkesi getiriyoruz."

Akar, sert bir dille reddetti:

"Şiddetle ve hiddetle reddettim 'Kendinizi ne zannediyorsunuz, siz kimsiniz, topladığınızı söylediğiniz ikinci başkan, kuvvet komutanları nerede, bakanlar nerede, elinizde kim varsa getirin, sizin başınız kıçınız kim' diye bağırdım."

Akar'ı yanlarına çekeceklerini sanıp yanılmışlardı!

Kim darbecileri Akar konusunda yanılttmıştı? Ulu orta, ağzına geleni esirgemeyen tarzına bakıp, AKP'den hoşlanmadığını düşünmüş olmalıydılar!

AKAR'A "GÜLEN'LE GÖRÜŞTÜRME" TEKLİFİ

Akar, bildiriyi okumayı reddedince Fethullah Gülen'le görüştürülmek istendiğini(!) söylüyor:

"Hakan Evrim 'Dilerseniz sizi kanaat önderimiz Fethullah Gülen ile görüştürürüz' gibi bir şey söyledi. Ben kimse ile görüşmem diyerek tersledim."

Hakan Evrim ise ifadesinde, "Akar'ı kanaat önderi Gülen'le görüştürmek istediğini" reddediyor.

Akar'ın iddiası doğru olsa bile, darbeciler açısından çok mantıklı değil. Çünkü Akar'a okutulmak istenen bildiri ve darbeye verilmek istenen süs, "Atatürkçü bir darbe olduğu" şeklinde.

Akar'ı ancak "Atatürkçülük'le kandırabilecekler iken, "Gülen'le görüştürme" darbecilerin stratejisine ters!

MORALLERİ BOZULUNCA TV'Yİ KAPATTILAR

Darbeciler, ikna olmayacağını anlayınca, Akar'ı "nasılsa yola gelir" diye kendi haline bıraktılar.

Oysa, takip ettiği TV haberleri Akar'ın direncini arttırıyordu. İşler ters gitmeye başlayınca, darbeciler TV yayınını kesti:

"Tutulduğum yerde belli bir süre daha geçmişti ki, TV kapandı. Hiç olmazsa askeri hattan eşime haber vermek için telefon bağlamalarını istedim. Eşime askeri hattan Akıncı Üssü'nde olduğumu ve kendilerine iyi bakmalarını söyledim.

Eşim bu bilgiyi ilgililerle paylaşmış. TV 2-3 saat sonra açıldığında, ekranda TBMM'nin, Emniyet binalarının bombalandığı yazıyordu, zaten sürekli uçak sesleri devam ediyordu. Sinirlendim bağırmaya başladım. Bunun üzerine geldiklerinde, Ömer (Harmancık), ölümü göze aldıklarını söyledi. Hepsi robot gibiydi adeta."

Bombalamaları öğrensin diye TV'yi geri açmışlardı!

"TÜMGENERAL" DİŞLİ "TUĞGENERALİN" YANINDA PASİFSE KISMEN AKLANMIYOR MU?

Akar hiçbir zaman Mehmet Dişli'nin "darbeci cemaatçi" olduğundan tam emin olamadı.

İfadesinin bazı kısımlarında, Mehmet Dişli'yi "kötünün iyisi" kıvamında birazcık da olsa akladı:

"Bir zaman sonra Mehmet Dişli tek başına yanıma uğradığında aynı şeyleri söyledim, ancak kendisini dinlemediklerini belirtti. Çoğunlukla Amiral Ömer Harmancık konuşuyordu."

Tümg. Dişli'nin Tuğgeneralin yanında "ezik kalması" darbeciler arasında hiyerarşisinin olmadığını göstermiyor mu?

Akar'ı eşiyle görüştüren de Mehmet Dişli'ydi. Ama ifadesinde nedense değinmiyor.

Tıpkı, Dişli'nin kendisini Akın Öztürk'le telefonla görüştüren kişi olmasından da bahsetmemesi gibi!

Nasıl iş ki, Dişli "darbecilerin en rütbelisi" olmasına rağmen Akar'a gece boyu "sekreterlik" yapıyor!

Akar için de "büyük soru işareti"ydi!

AKINCI'DA DARBECİLERİN "KIRILMA" ANI

Akar'a göre, ErdoğanAtatürk Havalimanı'na inince, Akıncı'daki ekip yenildiğini anladı:

"Cumhurbaşkanımızın Atatürk Havaalanı'nda canlı yayında toplanan kalabalığa olan hitabı darbeci hainlerin bütün ümitlerini sanırım yok etti. Çünkü o andan sonra Tuğa. Ömer Harmancık ve Tuğg. Hakan Evrim'i bir daha görmedim. "

Akar, Akıncı'da psikolojik üstünlüğü ele geçirmişti:

"Karşımda Kubilay ve Mehmet'i hatırlıyorum. Sinmiş vaziyetteydiler. Hâlâ yorum yapmıyorlardı. Ama gözlerinde korku ve endişe görülüyordu.

Bir süre sonra dışarıdan patlama sesleri gelmeye başladı. Pistlerin bombalandığını söylediler. Saat sanırım 08:30-09:00 olmuştu. Beni Başbakanımız yahut Cumhurbaşkanımız ile görüştürmelerini, daha fazla zayiat vermeden adalete teslim olmaları gerektiğini anlattım. Kendileri artık bir şey başaramayacaklarını sanırım gördüler ve bir cep telefonu getirip Başbakan ile görüştürdüler."

Kalkışmanın bitişini Akar ilan etmişti!

AKAR, AKIN ÖZTÜRK'Ü ÖNCE SAHİPLENDİ SONRA VAZGEÇTİ

Akar, TSK bildirisinde koruduğu Akın Öztürk'ü, ikinci ifadesinde sahiplenmiyordu:

"Akın Öztürk Paşa benim götürüleceğim anlaşılınca 'Komutanım ben de sizinle geleyim' diye söyledi. Pozisyonu itibariyla ve gece boyu şahsı ile yaşadığım izlenimler yüzünden uygun olmayacağını

düşündüm ve 'Sen burada kal' dedim. Fakat sürekli ısrar ediyordu, onu üs binasında bırakıp çıktık.

Üsten kalkan helikopterlere ateş edilebileceğini birisi söyleyince 'Genelkurmay Başkanının içerisinde olduğunun belirtilmesi gerekir' gibi bir şey söylendi. Hatta ben Mehmet Dişli'ye 'Sen de kal' dediğim halde, bu hususu belirterek ben telefon ile irtibat kuracağım' dedi."

Akar, Akın Öztürk'ü bindirmediği helikoptere Dişli'yi "mecburiyetten aldığını" savunuyordu.

AKAR'IN DİŞLİ'Yİ TUTUKLATMASI "UYDURMA"

15 Temmuz yalanlarından biri, "Akar'ın, ilk ifadesine dayandırılarak, Akıncı'dan helikopterle Çankaya Köşkü'ne gelir gelmez, yanındaki Mehmet Dişli'yi 'alın bunu içeri' diye tutuklatması"ydı:

"Çankaya Köşkü'ne iniş yaptık. Başbakanlık Müsteşarı karşıladı. Ben ve peşimden Dişli geldi. Müsteşar bey ile baş başa iken bana peşimden gelenin kim olduğunu sordu, ben yaşadığım olayları kısaca özetledim ve Dişli'nin gözaltına alınmasının uygun olacağını değerlendirdim."

Oysa, sızan ifadeden anlaşıldığı gibi helikopterden iner inmez, Dişli'yi tutuklatmadı. Akşam 15:30'a kadar Çankaya Köşkü'nde birlikte mesai yaptı. Dişli, 16:30 gibi tutuklanarak, emniyete götürüldü.

Akar'ın Dişli'yle ilgili fikri, MİT Müsteşarı Hakan Fidan'ın Çankaya Köşkü'ne gelip, Başbakan ve Akar'la yaptığı toplantıdan sonra değişti!

Son kararı veren Akar değildi, mecbur kalmıştı!

GENELKURMAY BAŞKANLIĞI MAKAMI KİMİN İÇİN HAZIRLANMIŞTI?

Akar, bir başka şaşkınlığı darbe girişimini atlatıp, makamına geldiğinde yaşadı:

"Olayların ardından, 2. Başkanım Org. Yaşar Güler karargaha benden bir gün önce gelmişti. Bana anlattığı bir gariplik, odamın gayet toplu ve düzenli olduğu hususudur. Oysa çalışma odasından şiddet kullanılarak ve zorla götürülmüştüm. Makam ve dinlenme odasındaki kitap, kırtasiye, malzemeler, gazete kupürleri, çikolata, yiyecek, içecek, hediyelik eşyalar, normalde kalabalık görünmesine rağmen, çok sade ve düzenli bulunmuş."

Makam, yeni komutana hazırlanmıştı!

AKAR'IN CEP TELEFONUNU KİM ÇALDI VE İNCELETİYOR?

Kalkışma sonrası Bahçeli "anayasayı Cumhurbaşkanı için değiştirme atağına" geçti ve bir anda Erdoğan'la yakınlaşmaya başladı.

Çok garipti, herkes şaşkındı!

İlerde anlatacağız; herkes "Bahçeli teslim oldu" tarafından bakıyordu ama, Bahçeli'nin de kendince Erdoğan'ı kuşatması" söz konusuydu!

Akar'ın ifadesinden Bahçeli'yle gizliden gizliye yakın ilişkide olduğu sonucu da çıkıyordu. Tıpkı 1. Ordu Komutanı Ümit Dündar için de iddia edildiği gibi!

"Devlet Bahçeli tarafından hediye edilen ve odamda hatıra maksatlı duran tabanca ve beni götürdüklerinde emir subayı odasında kaldığını düşündüğüm şahsi cep telefonum halen bulunamamıştır. Bu husus bende makamın bir başkası için hazırlandığı kanaatini doğurdu."

Bahçeli-Akar'ın "tabancalı" ilişkisine daha sonra değineceğiz. Ama söyleyelim: tabanca bulundu!

Akar ve birlikte derdest edildiği KKK ile diğer

komutanların cep telefonları ise bulunamadı!

Akar'ın cep telefonu büyük ihtimal darbecilerde, düşük ihtimal de "istihbaratın" elinde!

İçinde neler olduğuna bakmaya almışlardı!

"AKAR'I GÜLEN'LE GÖRÜŞTÜRMEK İSTEYEN" TUĞGENERAL EVRİM'İN HİKAYESİ

Hakan Evrim, 2012 YAŞ'ında, HKK'da tuğgeneralliğe terfi ettirilen 8'i pilot 9 kurmay albay arasında ilk sıradaydı.

Evrim, generallikteki ilk görevini, Almanya'daki NATO Üssü'nde yaptı. Suriye'den füze tehditine karşı Malatya Kürecik'te konuşlandırılan patriotların idaresinden sorumluydu.

Evrim'in, NATO'dan sonraki görev yeri, ağustos 2014'te atandığı Akıncı Hava Üssü Komutanlığı'ydı.

2015'teki YAŞ toplantısında ise tümgeneralliğe terfi ettirilmeyip, tuğgenerallikte bekleme süresi uzatıldı.

Evrim, 2016 YAŞ'ında HKK'nda tümgeneralliğe terfi listesindeydi, ama elenme ihtimali yüksekti.

TSK'daki cemaatçileri kalkışmaya tetikleyen "elenme tehlikesi" onu da bekliyordu!

Sıkı "cemaat eğitim"inden geçmiş Evrim, atama listesinde "Milli Eğitim Bakanı" olarak yer alıyordu.

"EVRİM" GEÇİRMİŞ BİR ROBOT: CEMAATÇİ OLDUĞUNU BİLE REDDETTİ!

Evrim, "robotik" cemaat müritlerinin, asla vazgeçmeyeceği davasını korumak için her yalanı söyleyebilecek şekilde tasarlanmış "üst modeli"ydi.

Kalkışma gecesi kendisinin de rehin tutulduğunu söylüyordu(!):

"Beni 3 silahlı şahıs rehin aldı. Bu şahıslar Genelkurmay Başkanını benim odama getirdiler. Beni makam odasından çıkardılar. Karargah içerisinde silahlı kişiler çok fazla sayıda vardı. İstediklerini yapmaktan başka çaremiz yoktu."

Evrim, kalkışmanın kendisine "astları tarafından(!)" PKK'ya yönelik operasyon olarak iletildiğini, yani "kandırıldığını(!)" iddia ediyordu!

Tam "takiyyeci"ydi. HKK'na bile "takiyye" yapmıştı:

"Org. **Abidin Ünal** beni cep telefonumdan aradı, Ankara'da neler olduğunu sordu. Ben de benim ve kendisinin can güvenliği olmadığını söyledim. Yakalanan üst düzey komutanlar üsse getiriliyordu."

Evrim, "Yurtta Sulh Konseyi'nden ilk defa TRT'de duyunca haberim oldu" diyordu.

Direnişçi vatandaşların üsse geldiğinden de haberi olmamıştı(!) Nizamiyede öldürülenleri de bilmiyordu(!) Darbeciler, ne yaptıysa, bilmiyordu(!)

Gülen grubuyla ilişkisini de kesin bir dille yalanlıyordu(!):

"FETÖ/PDY ile kesinlikle bir bağlantım yoktur. Fetullah Gülen'i veya başka bir örgüt yöneticisini tanımamaktayım. Bunların işletmiş olduğu dershanelere gitmedim, yurtlarında kalmadım, evlerine gitmedim, bunlarla ilgili haberleri basın ve bize iletilen istihbarat bilgilerinden biliyorum."

Her şeyi reddeden Evrim, kalkışma sırasında Akar'a "Sizi kanaat önderimiz Fethullah Gülen ile görüştürelim" önerisinde bulunduğunu da reddetti.

HAKAN EVRİM DE İFADESİNDE AKIN ÖZTÜRK'Ü KORUDU

Evrim, Akın Öztürk'ün de, Akar gibi "neredeyse derdest edilerek yanına getirildiğini" söylüyordu:

"Öztürk'ü de Genelkurmay Başkanı'nın bulunduğu odaya etrafı sarılı şekilde getirdiler. Sabah 09:00 sıralarında Genelkurmay Başkanını çıkardıktan sonra Akın Paşa'yı da odadan çıkardılar. Öztürk'ün herhangi bir talimat verdiğini görmedim."

Acaba Hakan Evrim, hep doğru mu konuşuyordu, ya da hep mi yalan!

AKAR'I HELİKOPTERLE AKINCI'DAN ÇIKARAN PİLOT DA İHRAÇ EDİLDİ

Hulusi Akar, Akıncı'daki esaretten kurtulduğu sabah, Tümg. Dişli'yle birlikte helikopterle **Çankaya Köşkü**'ne gitmişti.

Bilmiyordu ki, helikopterde bile "darbeci" olmayan tek kendisiydi!

Akar'ı Çankaya Köşkü'ne götüren Kara Pilot Albay Uğur Kapan, darbeciler arasındaydı. 30 Temmuz kararnamesiyle TSK'dan atıldı.

Helikopterden bir tek Hulusi Akar "sağ" çıkmıştı!

SADECE HULUSİ AKAR'A KELEPÇE YOK!

Kalkışma gecesinin Genelkurmay karargahı görüntüleri 1 ay sonra medyaya sızdı.

Savcılık el koyduğu görüntülerden Hulusi Akar'ın

yeraldığı tek kareyi servis etmişti.

Akar'ın sadece sırtından çekilen görüntüsü vardı. Darbeci askerlerin arasında yürüyordu. Diğer komutanların tersine, Akar kelepçelenmemişti.

Fotograf, darbecilerin Akar'ı hala darbenin başı olması için iknaya çalıştığını gösteriyordu. "Kelepçesiz Akar" görüntüsüyle, belki de "Akar işin içinde" mesajı vermeye çalışıyorlardı.

Tümg. Mehmet Dişli'nin, aynı karedeki pozisyonu Akar'la tamamen aynıydı. Ne organize eder bir hali vardı, ne de kelepçelenmişti, sanki Akar'ı bilgilendirerek, yanında yürüyordu.

Akar'ın ve Dişli'nin "ruh halini anlamamız için" ön cepheden yüzünü bariz gösteren bir tane mi fotograf olmaz! Ya da niye video değil de fotograf!

GENELKURMAY'DAKİ "SİVİL KATİLİ" TUĞAMİRAL

Genelkurmay görüntülerinden, Genelkurmay 1. İstihbarat Analiz Değerlendirme Başkanı Tuğa. Sinan Sürer'in karargahı kuşatan sivillere tabancasıyla ateş açtığı tespit edildi.

Nizamiyede vurulan direnişçi vatandaş Yusuf Çelik'in bedenindeki kurşun Sürer'in tabancasından çıkmıştı.

AKAR'IN YAVERİ HERKESİ FİŞLEMİŞ

Akar'ın yaveri Yarbay Levent Türkkan'ın odasında yapılan aramada "gizli ibareli" belgeler bulundu.

Binlerce subayın isimlerinin karşısına 'uygundur' ya da 'uygun değildir" notu düşülmüştü.

Bazı isimlerin yanına şunlar yazılmıştı:

"Atatürkçüdür", "AKP'lidir", "solcudur", "içki içer", "alemcidir"...

TSK'daki neredeyse tüm subayları fişleyen FETÖ'cü askerler, Genelkurmay Başkanlığı'ndaki personel için de "bize yakın", "bize uymaz", "işe yarar", "işe yaramaz" şeklinde notlar düşmüştü.

GENELKURMAY KARARGAHINDAKİ "SİVİL DARBECİLER"

Genelkurmay baskınındaki görüntülerde, eli silahlı siviller de vardı. Kimdi bunlar?

Eli tabancalı kırmızı gömlekli sivil Mehmet Akçara, Kara Harp Okulu'nda Türk Dili öğretim görevlisiydi.

Akçara'nın Adil Öksüz'le aynı üniversiteden olması dikkat çekiyordu. Sakarya Üniversitesi Türk Dili ve Edebiyatı bölümünden 2012'de mezun olmuştu.

Sık sık görüştüğü Adil Öksüz'ün toplantılarına da katılan Akçara'nın, FETÖ'nün «Büyük Bölge Talebe Mesulü» olduğu söyleniyordu.

HULUSİ AKAR'IN "TANIDIĞI" ÇIKAN GENELKURMAY'DAKİ SİVİL DARBECİ

Görüntülerde, Hulusi Akar'ın izlerken irkilmesine yol açan bir de "mavi tişörtlü sivil" vardı.

Darbeciler cep telefonlarına gelen şifreli talimat ve mesajları okurken etrafta görünen mavi tişörtlü sivil, Akar'ın kalkışmadan 1,5 ay önce emekli olan emir astsubayı Serhat Pahsa'ydı.

Pahsa, cuntacı astsubayları organize eden ve harekete geçiren isimdi. Görüntülerde, Pahsa başçavuş emeklisi olmasına rağmen kendisinden rütbeli subaylara talimat veriyordu.

Hakkında yakalama kararı çıkarılan Pahsa, darbe girişiminin ertesi günü yurt dışına kaçtı.

MİT, kalkışmadan önce Pahsa'nın "cemaatçi"liğine dair dosya hazırlayıp, Genelkurmay'a göndermişti. YAŞ'ta ihraç edilirse bazı haklarından mahrum olmamak için apar topar emekli olmuştu.

Akar, hakkındaki cemaatçi şüphesine rağmen, yanında çalıştığı günlerin hatırına, iyi niyetle, emir astsubayının "emekliliğe tüyüşü"ne göz yummuştu.

HULUSİ AKAR'IN GÜVENDİĞİ SAVCI DA TSK'DAN ATILDI

Eylül 2016 başındaki kararnameyle TSK'dan atılanlar arasında Genelkurmay Askeri Savcısı Binbaşı Kurtuluş Kaya da yer aldı.

Binbaşı Kaya, kalkışma öncesi MİT'ten gelen uyarı üzerine Genelkurmay Başkanı Akar'ın "Gözaltılar için hazırlık yapın" emrini verdiği isimlerden biriydi.

Akar, farkında olmadan cemaatçiye, darbecileri harekete geçiren "tasfiye bilgisini" vermişti!

"1 NUMARALI DARBECİ" HULUSİ AKAR'DAN TORPİLLİ ÇIKTI!

Kalkışmanın emir-komuta zinciri içinde olmadığının netleştiği ilk anlarda, "yeni bir Talat Aydemir vakası" ihtimali öne çıkmıştı.

"Alt rütbeli subayların girişimi" görüntüsü veren kalkışmanın "lideri" olarak adı ortaya atılan bir isim de, hakkında cemaatçi olduğu ve ordudaki cemaatçi tasfiyesini engellediği iddiaları bulunan, Genelkurmay Adli Müşaviri Muharrem Köse'ydi.

Darbe girişiminden çok önce, dedikodular üzerine açığa alınan ama "kalkışmayı yönettiği" iddialarına maruz kalacak şekilde hala serbest olan" Muharrem Köse, kalkışmadan sonra tutuklandı.

Köse, şaşılacak şekilde cemaatle alakasını reddetti. Kendisinin cemaatçi olduğunu söyleyen Akar'ın yaveri Yarbay Levent Türkkan'ı yalanladı:

"Levent Türkkan cemaatçi olduğumu kime sormuş, daha doğrusu kimden öğrenmiş, ben onunla cemaat evine mi gitmişim, cemaat toplantısına mı katılmışım. Olabilir zannıyla ismimi vermiş olabilir. Bu tür örgütler güçlü gözükmek için örgütten olmayanları da kendi adamıymış gibi gösterir."

Gülen cemaatini her zaman terör örgütü olarak değerlendirdiğini ve kalkışmadan önceden haberdar olmadığını söylüyordu.

Ergenekon ve Balyoz'zede subaylarda, kendilerine sahip çıkılmaması ve cemaatçilerin önünün açılmasından ötürü varolan haklı kızgınlıkla, herkesi çok kolay "cemaatçi"likle suçlama refleksi geliştiğini göz ardı etmemek lazım.

Tafiyelerde Akar gibi komutanların elini kolunu bağlayan, biraz da bu "şartlanmışlığı" görmeleriydi.

2011 yılında Muharrem Köse'yi dönemin Genelkurmay

Başkanı Necdet Özel'e, adli müşavir olarak kim önermişti dersiniz!

Dönemin Genelkurmay 2. Başkanı Hulusi Akar!

GENELKURMAY 2. BAŞKANI GÜLER'İ DARBECİLER NİYE SEVMİYORDU?

Genelkurmay 2. Başkanı Güler'in kalkışmada öldürülen emir subayı Mehmet Akkurt'un evindeki aramada "Güler'in kaçırılma planı" bulundu.

Plana göre, Güler kaldığı lojmandan alınacaktı. Görevlendirilen 9 kişinin ismi de vardı. Güler'in elinin kim tarafından bağlanacağı, kimin eter koklatacağı ve kaçırılmada kullanılacak aracı kimin kullanacağı tek tek belirlenmişti.

Org. Güler ifadesinde, "Derdest edilmişken sivil biri sırıtarak omzuma vurdu. 'Komutanım merak etmeyin bu bir tatbikat' diye alaycı ifadelerle konuşunca, baktım, emir subayım Mehmet Akkurt'tu" demişti.

Darbecileri "Güler'e düşman yapan "TSK'yı Akar'la AKP'ye sattıkları" şeklindeki yaygın duyguydu.

DÜĞÜNDE ESİR DÜŞEN HAVA KUVVETLERİ KOMUTANI

Cuma gecesi, denk orduevlerinde düğün gecesiydi.

Hava Kuvvetleri Komutanı Abidin Ünal, Muharip Hava Kuvveti ve Hava Füze Savunma Komutanı Korg. Mehmet Şanver'in kızının Moda Deniz Kulübü'ndeki düğününde rehin alındı.

Ünal, kalkışmayı darbecilerin derdest ettiği Korg.

Fikret Erbilgin'in eşinden gelen telefonla duydu.

Hemen Akar ile telefonla görüşmek istedi. Akar'ın darbeci emir subayından, "Şu an toplantı halinde, müsait olunca görüştüreceğim" yanıtını aldı. Ancak kimse dönüş yapmadı.

Eski HKK Akın Öztürk'ü arattırarak, Akıncı'da ne olup bittiğini öğrenmesini istedi.

Muhtemelen o saatlerde "darbenin başında Akar'ın olup olmadığından" emin değildi. Kendisinin dışlandığı "emir-komuta zinciri içindeki bir darbe"den bile şüphelendi.

Saat 23:00 sıralarında Moda Deniz Kulübü'ne helikopterle gelen askerler HKK Ünal'ı, "Güvenliğiniz tehlikede, sizi korumaya almamız lazım" diyerek götürmeye çalıştı. Ancak Ünal, helikoptere binmedi ve askerleri uzaklaştırdı.

Saat 24:00'te Moda Deniz Kulübü'ne ikinci helikopter indi. HKK Ünal, Korg. Şanver ve diğer bazı generaller, darbeci subaylar tarafından derdest edilerek Akıncı'ya götürüldü.

Akıncı'da Ünal'ı, HKK'nın bir önceki Genel Sekreteri Kurmay Albay Ahmet Özçetin karşıladı.

Org. Ünal, Akıncı Üssü'nde odaya kapatıldı. Başına sabaha kadar muhafız dikildi.

Ertesi gün saat 12:00 sıralarında darbe girişiminin başarısız olduğu anlaşılınca, odadaki muhafız, durumdan korkarak cep telefonunu Ünal'a verdi.

Ünal'ın ilk talimatı, "Akıncı Üssü'nü vurun" oldu.

Üssün bombalanmasının ardından, saat 16:00 civarında Akıncı tamamen ele geçirildi.

"AKIN ÖZTÜRK MUAMMASI"NDA HAVA KUVVETLERİ KOMUTANI'NIN ROLÜ

İlk günlerde "darbenin 1 numarası" denilen Akın Öztürk, HKK Abidin Ünal'ın selefiydi.

Darbeden 1 yıl önce YAŞ üyeliğine kaydırılırken, görevi devretmişti. Komutanlıktan alınıp, pasif göreve atanması eşine az rastlanılır bir durumdu.

Kalkışma gecesi halef-selef komutanların yolu düğünde kesişecek iken, Akıncı'da kesişti.

Nasıl, Öztürk'ün Moda'daki düğüne katılmaktan son anda vazgeçip Ankara'ya gitmesi tuhaf ise, Hava Kuvvetleri Komutanı'nın Ankara'da günboyu "darbe alarmı" varken düğünde olması da tuhaftı.

Hulusi Akar ya HKK'nı uyarmayı unutmuştu, ya da MİT'ten gelen ihbarı çok da abartmak istememişti.

Ünal'ın "darbenin bir numarası" iddialarına bile maruz kalan Öztürk'ü, kalkışma gecesi en güvendiği kişi olarak Akıncı'ya göndermesine ne demeli!

TSK açıklamasında, Öztürk'ün Akıncı'ya HKK'nın talimatıyla gittiği" doğrulanınca, "tuhaflıklar" sürdü.

Ünal'ın, personeliyle sohbette "Akın Paşa kesinlikle doğru söylemiyor. Genelkurmay'ın açıklaması da doğru değil. Hiçbirine kefil değilim. Güvenecek kimse kalmadı" ifadelerini kullandığı iddia edildi.

Ünal "Akın **Öztürk**'e de, Genelkurmay'a da kefil değilim" dediğini yalanladı, "Hava Kuvvetleri olarak kendi içimizde yaptığım bir konuşma maksatlı olarak ve çarpıtılarak basına yansıtılmıştır" dedi.

Artık Akın Öztürk'e kefil olmakta bocalıyordu!

DARBENİN 1 GÜN ÖNCESİ İSTANBUL HAVA HARP OKULU'NDA SIR TOPLANTI

"İstanbul'daki darbe toplantısı" kalkışmadan 1 gün önce, Yeşilköy'deki Hava Harp Okulu'nda yapıldı.

Toplantıya gelenlerin, nizamiyede şifre olarak "Tümg. **Gökhan Şahin Sözmezateş'in misafirleriyiz"** demeleri yeterliydi.

14 Temmuz saat 19:53'te, Tümg. **Sözmezateş** okula sırtında mavi sırt çantasıyla girdi. 20:42'den 22:20'ye kadar, sivil kıyafetli kişilerin okula yaptıkları girişler güvenlik kameralarınca kaydedildi.

Toplantıya katılan 20 general ve subayın "nizamiye kaydının alınmaması" talimatı, Hava Harp Okulu Komutanı Tümg. Fethi Alpay'ın emir astsubayı Burhan Torluk tarafından verilmişti.

Toplantıya gelenlerin bazılarının yine kayıt alınmadan misafirhanelerde kaldıkları belirlendi.

Alb. Yusuf Özdemir'in toplantıda dağıttığı sarı zarflarda "F serili 1 dolarlar" olduğu iddia ediliyordu.

Hava Harp Okulu'ndaki darbe toplantısına katılan 40 subay hakkında tutuklama kararı çıkarılacaktı.

HAVACI GENERALLERİN KALKIŞMADAKİ 21 SAAT 24 DAKİKASI

HKK **Ünal**'ın hazırlattığı rapor, Genelkurmay'ın "Bütün uçuşlar dursun" emri ile derdest edilen havacı generallerin tamamen serbest kaldığı an arasında geçen 21 saat 24 dakikayı anlatıyor.

15 Temmuz Cuma

19:06: Ankara'daki Hava Harekat Merkezi, Hava Kuvvetleri Komutanı'na "Genelkurmay Harekat Merkezi uçuşların kesildiği, havadaki uçakların inmesi gerektiği emrini iletti." mesajını verdi.

19:26: Eskişehir'de bulunan Hava Harekat Merkezi bütün birliklere Genelkurmay Harekat Merkezi'nin emrini iletti ve emirlerin ulaştığı 2 kez teyit edildi.

Org. Ünal, Genelkurmay Başkanı Akar ve Genelkurmay 2. Başkanı'nı arayıp, neden böyle bir emir verildiğini sormaya çalıştı. Ancak iki komutanın emir subayları "Komutanlar toplantıda" diyerek görüşmeye geçit vermedi.

21:05: Uçuş yasağına ilişkin işlemler tamamlandı ve havadaki 36 uçağın inişi tamamlandı.

22:15: Yurt hava sahasındaki uçuş yasağına rağmen Ankara üzerinde uçuşlar başladı. HKK Ünal, Hava Kuvvetleri Kurmay Başkanı'na vekalet eden subayla görüşürken durumu öğrendi.

22:20: Org. Ünal, düğünde bulunan 24 havacı generali toplayarak "Derhal birliklerinize ulaşın ve kalkışları engelleyin. Üssünden uçak kalkan Divanı Harp'liktir" emrini verdi.

22:25: Org. Ünal, Akıncı komutanını arayıp, "Ankara üzerindeki uçaklar sizden mi kalktı" diye sordu. "Evet" yanıtını alınca "Derhal indir" dedi. Ancak bu emrin karşılığında "Mecburum, siz de, ben de hayati tehlike içindeyiz" cümlesini duydu.

22:30: Bütün üs komutanları durumun kontrol altında olduğunu söylerken, Diyarbakır 8. Ana Jet Üssü komutanı, kalkış hazırlığında 6 uçak olduğunu bildirdi. "Engelleyin" emri yerine getirilemedi.

22:45: İstanbul'daki 2 korgeneral, 1 tümgeneral ve 1 tuğgeneral, Eskişehir'deki Harekat Merkezi'ne gitmek üzere yola çıktı. Muharip Hava Kuvvetleri Komutanı Korg. Mehmet Şanver, Akın Öztürk'ü arayarak, "Komutanın emrine karşın uçuş yapılıyor, neler oluyor" dedi. Öztürk "Bilmiyorum" deyince Korg. Şanver, HKK'nın "İlgilensin" talimatını iletti.

23:00: Ankara'daki Hava Harekat Merkezi'nin darbecilerin kontrolünde olduğu anlaşıldı ve etkisiz hale getirilmesi kararlaştırıldı. Org. Ünal, yanındaki tüm generallere, "Her türlü önlemi alın, tek bir uçak kalkmasın. HKK adına emirler bundan sonra Ankara'dan değil Eskişehir'deki Hava Harekat Merkezi'nden alınacak" emrini verdi. Ankara Akıncı, Adana İncirlik ve Balıkesir'deki üsler dışında kontrolsüz uçuş kalmadı.

23:30: Silahlı bir grup Moda Deniz Kulübü'ne geldi ve toplantı halindeki generallere "Güvenliğiniz için buradayız" denildi. Org. Ünal, "Benim böyle bir emrim yok, uzaklaşın" emrini verdi. Ancak emre itaat edilmedi.

16 Temmuz Cumartesi

00:10: Askerlerin gelmesinden itibaren geçen 40 dakikada HKK Ünal, Başbakan'a ulaşamadı. Birliklerle telefon trafiği sürdü. Bu durum darbecilerin takviye kuvvet getirmesiyle son buldu. Bütün generaller derdest edildi.

01:00: Ankara Hava Harekat Merkezi tamamen devre dışı kaldı. Geçen 2 saat boyunca çift başlılık sürdü. Havadaki tüm uçaklara "Yaptığınız kanunsuzdur. Hemen inin" çağrısı yapıldı.

02:00: Eskişehir'deki Harekat Merkezi büyük ölçüde kontrolü sağladı. Ancak derdest edilen havacı generaller darbeciler tarafından Akıncı Üssü'ne götürülerek, elleri gözleri bağlı alıkonuldu.

04:40: Başbakan Yıldırım, Harekat Merkezi'ne "dost ama kaçırılmış uçakları düşürme" yetkisi verdi.

Yıldırım'ın emri doğrultusunda; **04:53'de** Erzurum'dan, **05:02'de** Diyarbakır'dan, **05:43'de** Dalaman'dan, **06:49'da** Balıkesir'den kaldırılan 48 F-16 uçağının baskısıyla kontrolsüz uçaklar inişe zorlandı. Tanker uçaklar yakıt boşaltıp inişe geçti.

08:00: Darbecilerin kontrolündeki son uçak indi. Akıncı Üssü'nden helikopter dahil hiçbir hava aracının kalkmasına izin verilmedi.

11:15: Eskişehir'den kalkan F-4 2020 uçakları, Akıncı Üssü'ndeki pist ve araba yollarını vurdu. 18 F-4, 9 ayrı noktaya 16 bomba bıraktı.

15:30: Akıncı'da tutulan HKK Ünal ve 10 Havacı general serbest kaldı. Ankara Hava Harekat Merkezi'ndeki FETÖ'cü subaylar bu generaller tarafından kolluk kuvvetlerine teslim edildi.

Kapısında tek muhafız olan HKK Ünal'ın darbe başarısızlığa uğradıktan sonra akşama kadar serbest kalmayı başaramaması çok ilginçti!

PİLOTSUZ KALAN HAVA KUVVETLERİ

Akıncı, Diyarbakır, Malatya ve İncirlik başta, cemaatçi pilot sayısının çokluğu ürkütücüydü. Tam 249 pilot ihraç edilmişti. 150'si muharip pilottu.

HKK envanterindeki 450 uçak için pilot açığı doğdu.

TSK'dan ayrılan veya ilişiği kesilen pilot subaylara, başvurularının uygun görülmesi durumunda TSK'ya dönme fırsatı verildi.

Yıllarca düşük ücret politikaları ve FETÖ'cülerin soruşturmalarıyla, kaliteli pilotlarını özel sektöre kaptırıp, cemaatçi pilotlara kapılarını açan Hava Kuvvetleri, eski pilotlarını göreve çağırıyordu.

Yeni pilotlar alındıkça da, eldeki şüphelilerin ihracı sürüyordu.

Kalkışma sonrası ilk YAŞ'ta, komutanları tutuklanan Akıncı Hava Üssü'ne tek atama yapılmadı.

AKINCI ÜSSÜ YENİDEN "MÜRTED" OLDU

Ankara'nın eskileri, MÜRTED Hava Üssü'nü bilirdi.

Darbe girişiminin yönetildiği Akıncı Üssü, MÜRTED'in adı değiştirilmiş haliydi.

MÜRTED, Arapça'da "İslam dininden ayrılan, dinden dönen, dini reddeden. Müslüman iken kafir olan kimse" anlamına geliyor.

Başkentin savunması amacıyla üs, Ankara'nın batısındaki Mürted Ovası'na inşa edilmişti.

Bölge adını, 1402'de Osmanlı ile Timur'un ordusu arasındaki Ankara Savaşı'ndan almıştı.

Savaş sırasında Osmanlı ordusunda yeralan Kara Tatarlar ve bazı Anadolu beyleri ihanet ederek, Timur tarafına geçmişti. Bu savaşta Osmanlı ordusu yenilmiş ve padişah Yıldırım Beyazıd esir düşmüştü.

Savaş sonrasında bölge, İslam'da "dininden ayrılan,

dini reddeden" anlamında 'Mürted' olarak anılmaya başlanmıştı.

"Mürted" ismi, 1995'te Akıncı olarak değiştirilmişti.

Darbe girişiminden sonra alınan kararla, Akıncı Üssü'ne yine eski adı "MÜRTED" verildi.

Yani yeniden "gavur" oldu!

FETÖ'CÜLÜKLE SUÇLANAN 9 PİLOT ÖZEL İZİNLE OPERASYONLARDA

Hava Kuvvetleri ihraçlarla öyle zayıflamıştı ki, "adli kontrol şartı" ile serbest bırakılan 9 savaş pilotu tekrar göreve başladı.

TSK, başsavcılığa "Pilot ihtiyacımız var, bu pilotları kullanabilir miyiz?" diye sordu ve olumlu yanıt alınca da, 9 zanlı pilot Eylül 2016'dan itibaren yurt içi ve Kuzey Irak'ta PKK'ya, Suriye'de de Fırat Kalkanı harekatı kapsamında IŞİD'e yönelik operasyonlarda görev almaya başladı.

"FETÖ şüphelisi" 9 pilot sabah karakolda imza atıyor, akşam operasyona katılıyordu.

JANDARMA KOMUTANLIĞI'NDA KANLI GECE: 16 DARBECİ ÖLDÜRÜLDÜ

Erdoğan'ın sarayının yakınındaki Beştepe'deki Jandarma Genel Komutanlığı binası darbecilerin Ankara'daki merkez karargahıydı.

Jandarma Okullar Komutanı Tuğg. Sadık Köroğlu, Beştepe'deki karargahta darbeci ekibin başındaydı.

Beştepe'deki "darbeci" jandarma karargahına karşılık,

Güvercinlik'teki Jandarma Komando Özel Asayiş Komutanlığı Merkezi'nde Korgeneraller Kemal Alataş ve Harun Ocaklı ile Tümgeneraller İbrahim Aydın, Salih Karataş, Güray Alpar ve Tuğgeneral Celal Şahin'in başı çektiği "anti-darbeci karargah" oluşturuldu.

Derdest edilen J. Genel Komutanı ve Kurmay Başkanı'na ulaşılamaması üzerine, Jandarma Teşkilatı'nın sevk ve idaresi bu merkezden yapıldı.

Darbe karşıtı jandarma generallerinin Güvercinlik Kışlası'nın emirlerine uymaları istendi.

Beştepe'deki, darbecilerin elindeki Jandarma Genel Komutanlığı Karargahı'na müdahale etmek üzere, Polis Özel Harekat timleri takviyeli birlik oluşturuldu.

Saat 00:40'ta Yarbay İrfan Tüten komutasında 1 Cobra, 2 Shortland ve 6 Unimoc'dan oluşan 9 araçlık konvoyla yaklaşık 90 kişilik kuvvet Beştepe karargahını ele geçirmek için harekete geçti.

Beştepe'deki çatışma çok kanlı geçti. 16 darbeci asker öldürüldü, 250'ye yakın asker teslim alındı.

İlk OHAL kararnamesiyle Jandarma Genel Komutanlığı ve Sahil Güvenlik Komutanlığı direkt İçişleri Bakanlığı'na bağlandı.

Zaten, çoğu demokratik ülkede iç güvenlikle ilgili askeri birimlerin işleyişi aynı şekildeydi.

JANDARMA KOMUTANI MENDİ DE DÜĞÜNDE PAKETLENDİ

Kalkışma gecesi, Beştepe'deki karargahının ana üs haline getirildiğinden habersiz olan Jandarma Genel Komutanı Galip Mendi'ye de ulaşılamıyordu.

Mendi, bir tümgeneralin kızının düğünü için Ankara Gazi Orduevi'ndeydi.

Saat 21:00 civarı emir astsubayı Genelkurmay nizamiyesinde çatışma olduğunu söyledi. Jandarma Genel Komutanlığı Harekat Merkezini arayan Mendi, yaşadıklarını şöyle anlattı:

"Genelkurmay'ı aradım, telefonlar kesikti. Emir subayım Yarbay Murat Yılmaz'ın koşarak yanıma geldiğini gördüm. Sivil giysiliydi. Düğüne emir subayımla değil emir astsubayımla geldiğim için, sivil elbise ile yanıma koşarak geldiğini görünce çok şaşırdım. Bana, Genelkurmay 2. Başkanı'nın beni Genelkurmay Karargahında beklediğini söyledi…

Düğüne geldiğim arabama bindikten sonra birden aracın sol arka kapısı açıldı. Konya Jandarma Bölge Komutanı Tuğg. Timurcan Ermiş arabaya bindi. Üzerinde eğitim elbisesi ve tabanca vardı."

Tuğg. Ermiş'e "Benden habersiz Konya'dan niye buraya geldin?" diye sordu. Ermiş'ten, "Burada size bir şey söylemeyeceğim. Akıncı Kışlasında size tebliğ edilecek." yanıtını aldı.

Mendi "siz eşkiya mısınız" diye tepki gösterince, "Sizi de aramızda görmek istiyoruz." teklifi geldi.

Mendi'nin yanıtı "Allah hepinizin belasını versin"di:

"Bunun üzerine Timurcan Ermiş belindeki tabancasını çıkartıp bana doğrulttu. Akıncı'ya gidinceye kadar silahı doğrultulmuş şekilde durdu."

Mendi'ye "Sizi de aramızda görmek istiyoruz" denilmesi çok şey anlatıyor!

Darbeciler Mendi'ye sıcak bakıyorlardı! TSK atama listesinde, isminin karşısında "Devam" yazıyordu.

MENDİ, AKINCI'DA HULUSİ AKAR'LA GÖRÜŞTÜRÜLMEDİ

Mendi, Akıncı'ya götürülmüştü ama "dirençlerinin ayrı tutularak kırılabileceği" düşünüldüğünden, Genelkurmay Başkanı Akar'ın yanına çıkarılmadı:

"Akıncı'da demir kapılı bir yere arabayla girdik. Bina müstakil binaydı, hiç cam yoktu. Binanın içinde 'sorgu merkezi' yazan bir tabela gördüm. Aralarında yaklaşık 1 metre olan yan yana 2 sandalye vardı."

Elleri ayakları kelepçelenen, başına kukuleta geçirilen Mendi'nin, yanına getirildiğinde sesinden tanıdığı bir şahidi var: Kara Kuvvetleri Eğitim Doktrin Komutanı Org. Kamil Başoğlu!

Ağızlarındaki bantların izin verdiği kadarıyla, geceyi birbirleriyle sohbet ederek geçirdiler.

Her nedense, Genelkurmay Başkanı sabah serbest kalırken, Jandarma Genel Komutanı, koruma astsubayı akşam gelip kurtarana kadar "esir"di.

JANDARMA KOMUTANI MENDİ KALPTEN GİDECEKTİ

Mendi'yi serbest kalınca gittiği Jandarma Genel Komutanlığı'nda, çok kötü bir manzara bekliyordu:

"Bina harabe edilmiş ve odaların tamamı kullanılamaz hale gelmişti. Cesetler yerdeydi."

Sonra da kalp rahatsızlığı ve hastane!

Darbecilerin "göreve devam etmesini" uygun gördükleri Mendi konusunda yanılmaları çok ilginçti!

Mendi'nin "kalbim var" diye hastaneye yatması da!

Kalkışma gecesi "komuta zaafiyeti" vardı: Komutanlığı darbenin merkezi olmuştu.

Ya da "daha fazlası" vardı!

"Hastalığı bahane" gösterildi ama görevine devam edemeyeceği açıklanan "tek" komutan Mendi'ydi.

Dereyi geçerken "tek" at değiştirilmişti!

MENDİ'NİN ÖZEL KALEM MÜDÜRÜ DARBENİN ORGANİZATÖRÜ ÇIKTI

Galip Mendi, ifadesinde "olay tarih ve saatinden önce hiçbir şey hissetmedik." diyordu.

İyi "uyumuştu"…

İçişleri Bakanı Efgan Ala, Mendi'nin ipini çekiyordu:

"Jandarma merkezde özel kalem müdürü Alb. Erkan Kıvrak'ı da görevden almıştık. Mendi 'Bunu ben yıllardır tanıyorum dedi, şöyle iyidir böyle iyidir' dedi, tayini çıktığı halde onu tuttu. Tayini çıkmış adam kalkışmada Jandarmayı organize etti."

Tutuklanan Jandarma Maliye Başkanı Tuğg. Celal Şahin'in ifadesine göre, kalkışmadan 2 gün sonra Jandarma Komutanlığı'nda bir toplantı yapıldı.

Bazı generaller, "Komutanım sizin 2 özel kalem müdürünüz ile emir subayınız darbeci çıktı. Yakın korumanız binbaşının yanınızda durması güvenliğiniz açısında uygun değil" dediler.

Mendi, "Darbecilerin atama listesinde sizlerin de bazılarınızın adının karşısında 'devam' yazıyor. Ben kime güveneceğim" tepkisini gösterdi.

Generaller de Mendi'ye, "Sizin adınızın karşısında

da 'devam' yazıyor, o gece sabaha kadar nerede olduğunuzu ispatlayabilir misiniz?" diye sordular.

Mendi kalp rahatsızlığı geçirmesin de, kim geçirsin!

JANDARMA KOMUTANI: GENELKURMAY KALKIŞMAYI BANA HABER VERMEDİ

Jandarma'da öyle güçlü bir cemaat yapılanması oluşmuştu ki, Kasım 2016 başında bile 419'u subay 1.218 personel daha ihraç edildi.

"Sağlık durumundan emekli(!)" Mendi, Meclis Darbe Komisyonu'na bilgi verirken, "intikamını" alacaktı(!):

"Aytun Çıray (CHP İzmir milletvekili): O gün saat 16:00'da MİT Müsteşarının Genelkurmay Başkanı'na gelerek bu darbeyi haber verdiğine dair basında çıkan yazılar var.

Mendi: Ben de basında okudum. Eğer öyle bir darbe girişimi haberi aldıysa Genelkurmay'ın otomatikman bütün kuvvet komutanlarını haberdar etmesi lazım. Bana 16:00'da Genelkurmay Karargâhı'ndan veya herhangi bir kurumdan bir bilgi gelmedi. Zaten olağanüstü bir durum olsa düğüne gitmem mümkün değil yani!"

Şaka gibiydi; muhtemelen olayı abartmak istemeyen Akar, KKK dışındaki hiçbir kuvvet komutanına MİT'ten gelen istihbaratı iletmemişti.

"EN KEMALİST" YAŞAR BÜYÜKANIT'IN YAVERİ BİLE "CEMAATÇI" ÇIKTI

Komutanların etrafı cemaatçi yaver, koruma ve özel kalem müdürleri tarafından sarılmıştı. "Durumun vehametin anlatmak için" bir parantez açalım.

Erdoğan'la yaptığı "Dolmabahçe görüşmesi" sonrası şantajla susturulmakla" eleştirilen eski Genelkurmay Başkanı Yaşar Büyükanıt, sıkı Atatürk'çüydü.

Resepsiyonlarda AKP'ye laf çakmasına bizzat şahit olmuşuzdur! Meşhur 27 Nisan e-muhtırasını da verecek kadar gözü pekti. İslamcıları sevmezdi!

Ama değişen koşullarda, giderek çaresizleşti. Komploya uğrayabileceğini düşündü ve "ricat" etti.

Büyükanıt gibi "cemaate ve İslamcılığa karşı çok sert tepkili" bir Genelkurmay Başkanı bile, çevresinin "cemaatçi yaver ve özel kalemler"le kuşatıldığını anlayamamıştı.

Kalkışmadan sonra, Büyükanıt'ın yaverliğini yapmış olan emekli yarbay Gürsel Yücel de tutuklandı.

Büyükanıt'ın Özel Kalem Müdürlüğünü yapmış, Tümgeneral Oğuz Serhat Habiboğlu da, darbecilerin atama listesinde yeralan bir subay olarak tutuklananlar arasındaydı.

Kalkışmaya kadarki 8 Genelkurmay Başkanının özel kalemi arasında, tek cemaatçi çıkmayan İlker Başbuğ'un özel kalemi Albay Bülent İlhan'dı!

DENİZ KUVVETLERİ KOMUTANI GECEYİ OTOPARKTA GEÇİRDİ

TSK'nın beynindeki isimler "cemaat tarafından nasıl kuşatıldıklarını" 15 Temmuz gecesi anladılar.

Daha düne kadar, karşılarında "hazır ol"da bekleyenler, artık alaycı şekilde sırıtıyorlardı. Sanki "gördün mü, ben neymişim" der gibi!

Gece boyu darbeci korumalarından kaçan Deniz

Kuvvetleri Komutanı Bülent Bostanoğlu'nun yaşadıkları tam bir aksiyon filmi!

15 Temmuz'da Heybeliada Deniz Lisesi'ndeki mezuniyet törenine katılan Bostanoğlu, akşam da Yeşilköy'deki Çınar Oteli'ne akraba düğününe gitti.

Saat 22:23'te Deniz Kuvvetleri Kurmay Başkanvekili Tüma. Macit Aslan arayıp olağandışı hareketlenme olduğunu bildirdi.

Korumaları bırakıp, sadece emir subayı ile şoförünü alarak düğünden ailesiyle birlikte ayrıldı.

"Komutanım neredesiniz, sizi almaya gelelim" diyerek kendisine ulaşmaya çalışan korumalarıyla köşe kapmaca oynayan Bostanoğlu, 9 saat süreyle arabayla sokaklarda dolaştığını ve İSPARK'ın otoparkında saklandığını anlatıyordu:

"Araç içinden radyodan, cep telefonundan olan biteni anlamaya çalıştım. Bu bölgede araç yoğunluğu olduğu için, yerimizi tespit etmesinler diye Florya'da havaalanı yakınındaki İSPARK'ın otoparkında bekledik. Bazen de aynı bölgedeki sokaklarda kendimizi takipten korumaya çalıştık. Sinyal bilgilerinden yerimi bulmasınlar diye cep telefonumu da kapattım."

Milli Savunma Bakanıyla temasa geçen Bostanoğlu, CNN Türk'ü arayarak, "darbeye karşı olduğunu duyurabilen tek kuvvet komutanı" oldu!

Bostanoğlu sabaha karşı, Ataköy Karakolu'na sığındı. Genelkurmay Başkanvekilliğine atanan 1. Ordu komutanı Ümit Dündar'la temasa geçti.

Bostanoğlu, kalkışmanın ertesi akşamı bile, Ankara Esenboğa Havalimanı henüz çok güvenli olmadığı için, İstanbul Atatürk Havalimanı'nda bir süre uçak bekledikten sonra, karayoluyla Ankara'ya gidecekti.

DENİZCİLER DARBENİN EMRİNE GİRMİŞTİ

Bostanoğlu'nun ifadesine göre, kalkışma gecesi Deniz Kuvvetleri'nin durumu faciaydı:

"Gölcük, Foça, Mersin, Ereğli ve Aksaz üslerinden emir komuta hiyerarşisine aykırı olarak ve sözde büyük çaplı terörist saldırı ihbarı ile seyre çıkarılmış, 11 fırkateyn, 8 hücumbot, 5 korvet, toplam 24 geminin üslerine dönmesi için direktif verdim. Bu sırada Yavuz fırkateynindeki darbeciler Donanma Komutanı Veysel Kösele'yi etkisiz hale getirdiler."

Bostanoğlu, sabah 06:24'te Gölcük Ana Üs Komutanı Tuğa. Hayrettin İmren'den ilginç bir cep telefonu mesajı aldı:

"Ben Hayrettin Paşa, ülkem milletim bayrağım şehitlerim için Gölcük'teyim. Görevimin başındayım. Varlığım Türk varlığına armağan olsun. Ne mutlu Türküm diyene!"

Oysa Hayrettin İmren, Donanma Komutanı Veysel Kösele ile Kurmay Başkanı Tüma. İskender Yıldırım'ı, terör saldırısı yalanıyla kandırıp bindirdiği Yavuz Fırketeyninde gözaltına aldıran komutandı.

İmren, Tuzla'da saklandığı evde yakalandı.

DENİZ KUVVETLERİ'NDEKİ PAŞALARIN YARISI DARBECİ ÇIKTI

2010-2016 arasındaki YAŞ'larda amiralliğe terfi eden denizci subayların yarısı darbeciydi.

2010 YAŞ: (Genelkurmay Başkanı Orgeneral Işık Koşaner, Deniz Kuvvetleri Komutanı Oramiral Uğur

Yiğit) Amiralliğe terfi eden 8 kurmay albaydan 1'i (Kuzey Deniz Saha Kurmay Başkanı Tuğa. Ömer Faruk Harmancık) tutuklandı.

2011 YAŞ: (Genelkurmay Başkanı Necdet Özel, Deniz Kuvvetleri Komutanı Murat Bilgel) Tuğamiralliğe terfi eden 7 kurmay albaydan 4'ü darbeci çıktı.

2012 YAŞ: (Özel, Bilgel) Tuğamiralliğe terfi eden 8 kurmay albaydan 4'ü darbeye katıldı.

2013 YAŞ: (Özel, Bilgel) Cemaat açısından rekor yılı. Albaylıktan tuğamiralliğe terfi eden 8 kurmay subaydan 7'si darbe girişimine karıştı. Bu şurada tuğamirallikten tümamiralliğe terfi ettirilen Hakan Üstem de darbe girişiminden sonra tutuklandı.

2014 YAŞ: (Özel, Bostanoğlu): Bu şurada terfi eden 8 tuğamiralden 2'si darbe girişimine katıldığı gerekçesiyle tutuklandı. Ayrıca bir diğer tutuklu Ömer Faruk Harmancık'ın görev süresi uzatıldı.

2015 YAŞ: (Özel, Bostanoğlu): Cemaat açısından bir başka verimli yıl. Tuğamiralliğe terfi eden 7 denizciden 5'i darbeye katılmakla suçlandı. ABD'de firari durumuna geçen Mustafa Zeki Uğurlu da tümamiralliğe terfi ettirildi.

Deniz Kuvvetleri Komutanlığı'nda zaten 51'i muharip, toplam 58 amiral kadrosu vardı. Darbe girişimine katıldığı için tutuklu ya da firari olan amirallerin sayısı 24'tü.

DKK amirallerinin yarısı cemaatçiymiş! Olaya bakın!

DENİZ HARP OKULU İMAMI AKP'Lİ ÇIKTI

Kalkışmanın ardından, Deniz Harp Okulu basılarak, arandı. Okul Dekanı Kur. Kıd. Alb. **Çetin Özaktan** ile okulda görevli 4 subay gözaltına alındı.

DKK'da 2 komutan darbede çok önemli rol almıştı: Gölcük Deniz Ana Üs Komutanı Tuğa. Hayrettin İmren ile Marmaris Aksaz Deniz Üssü'nde görevli Güney Grup Görevi Komutanı Tuğa. Nazmi Ekici.

Her iki tuğamiral de Eylül 2016'da, Tuzla'da "subay arkadaşlarından birinin kızının adına kiralanan evde" yakalandılar.

Yine Eylül başında yakalanan "Deniz Kuvvetleri imamı" Orhan Sipahioğlu, AKP'li Gebze Belediyesi'nin eski başkan yardımcısıydı.

ATAMA LİSTESİNDE "BOŞ" BIRAKILAN KKK NASIL ALDATILDI?

Darbecilerin atama listesinde, Kara Kuvvetleri Komutanı Salih Zeki Çolak'ın isminin karşısı "BOŞ" bırakılmıştı.

Yani, o da muğlaktı! "İkna edilebilir" görülmüştü.

Çolak'ın ifadesine göre, 15 Temmuz günü saat 16:00 sıralarında, Akar kendisini aradı ve KKK'na ait 2 Skorsky ve 1 Cougar helikopterin gece izinsiz uçuş yapacağını söyleyip, araştırmasını istedi.

"MİT'ten gelen ham bilgiyi" vermişti!

Çolak saat 18:50'de Kara Havacılık Komutanlığı'na gitti ve (daha sonra darbecilerin derdest edeceği) Tümg. Hakan Atınç ile makamında görüştü.

Akşam için uçuş planı varsa getirmesini söyledi. Pilotların listesini istedi. Kendisine, akşam uçuş olmadığı beyan edildi. Helikopterler hangardaydı. Olağanüstü bir durum görmedi.

Oysa gece sakin geçeceğe benzemiyordu!

Kara Havacılık'ı kontrol eden Çolak, Akar'a bilgi vermek istiyordu. Genelkurmay'la telefonlaştı.

Emir subayı Yarbay Levent Türkkan, çok rahat bir ses tonuyla "Komutanım, Genelkurmay Başkanımız sizi ve özellikle Kurmay Başkanımız İhsan Uyar'ı karargaha bekliyor" dedi.

Çolak'ın ulaştığı Genelkurmay'da kaos vardı. Her zamanki giriş yeri Güney nizamiyesinde "yerde yatanlar olduğu" ve güvenli olmayacağı gerekçesiyle diğer nizamiyeye yönlendirildi:

"Komutanlık karargahının giriş kapısına gelip, yoğun ateş altında araçtan indiğimde Genelkurmay Başkanı Özel Kalem Müdürü Kur. Alb. Ramazan Gözel, giriş kapısının iç kısmından bana hitaben 'Komutanım süratle içeri girin' şeklinde heyecanlı şekilde bağırıyordu. O ana kadar Genelkurmay Başkanlığına dışarıdan bir saldırı olduğunu, karargah içerisindeki askerlerin dışarıya karşı karargahı koruduklarını düşündüm."

Org. Çolak, karargah binasına girdiğinde Özel Kuvvetler tarafından derdest edilecekti:

"Üzerimize silah dayadılar. Koruma Müdürüm Bnb. Burak Akın olaya müdahale etmek istedi. Koruma astsubayım Bülent Aydın müdahale ederken şehit edildi. Şoförüm, sivil memur Başaran Karabıçak da elleri arkasından kelepçelenerek derdest edildi."

KKK ÇOLAK DA AKINCI ÜSSÜ'NDE

KKK Çolak da Akar gibi helikopterle Akıncı Üssü'ne götürülüp, bir odaya kapatıldı:

"Elimizi ayağımızı kelepçe ile bağladılar. 'Sizin gibi Cumhurbaşkanı, İçişleri Bakanı, MİT Müsteşarı da tutuklanacak, birazdan onları da buraya getireceğiz' dediler. Su ihtiyacımızı kendileri ağzımıza tutarak verdiler. Tuvalet ihtiyacımız için de yan tarafa bizi ittirerek götürdüler."

Darbeciler, TSK listesinde adının karşısını boş bıraktıkları Çolak'a, "işbirliği bile teklif etmemişler"di:

"Saat 08:00-09:00'dan itibaren uçaklarla bombalar atıldığını duyduk. Saat 10:00'da 'Bu yaptığınız Türkiye Cumhuriyeti Hükümeti'ne karşı bir ayaklanmadır, derhal üssü terk edin ve teslim olun' şeklinde anonslar duyduk. Saat 15:15'e kadar bu şekilde bekledik ve kapıdaki 2 görevlinin yok olduğunu hissettik. Kafamıza geçirilen maskeyi ve kelepçeleri ileri geri ittirerek çıkardık.

Civarda keşif yaparken bir minibüs gördük. Kışlanın ne kadar vahim boyutta olduğunu, bombalandığını, bazı yerlerin yanmakta olduğunu gördük.

Nizamiyenin dışında 500 metre kadar ilerleyince Zırhlı Tümen Komutanlığı'ndan gelen tanklar ve askeri zırhlı araçların bölgeyi güvenlik altına aldığını gördük. Burada cep telefonu olan personelden istifade ederek ailelerimizi ve diğer komutan arkadaşlarımızı aradık. 17:00 sıralarında Kara Kuvvetleri karargahına geldik."

Kalkışma sabahsona ermiş, KKK Çolak ise "serbest kaldığını neredeyse 8 saat sonra" fark edebilmişti!

DARBEYİ ÖNLEYEN KOMUTAN

1. Ordu, darbe girişimine katılmayınca, "Karacıların hele de 1. Ordu'nun yer almadığı darbe başarılı olmaz" efsanesi bir kez daha doğrulandı.

2. Ordu ve 3. Ordu darbe girişimini bastırmakta zayıf

kalmıştı, ama zaten en kuvvetlisi 1. Ordu'ydu.

1. Ordu Komutanı Ümit Dündar kalkışma gecesi,

Boğaziçi Köprüsü ve Genelkurmay'daki hareketliliği duyar duymaz, Hulusi Akar'ı ve diğer komutanları aradı, ama kimseye ulaşamadı.

Saat 22:20'de evini terkederek kapatılan Boğaziçi Köprüsü'ne doğru yola çıktı. Arkasından darbeciler evini basacak, ama Dündar'ı bulamayacaklardı.

Kendisine bağlı 5 birliğin darbeye katıldığını saptayan Dündar, Çorlu ve Gelibolu'daki iki kolordu komutanını arayarak desteklerini aldı.

22:45'te Dündar'a bağlı Tümg. Yavuz Türkgenci ve İstanbul Valisi Vasıf Şahin, Boğaz Köprüsü trafik denetleme biriminde kriz masası oluşturmuştu.

Dündar, Boğaziçi Köprüsü güvenli olmayacağından, İstanbul Valisiyle "gizli tutulan" bir başka yere geçti.

Dündar, Ege Ordu ve 3. Ordu komutanlarını arayıp, televizyonlara açıklama yapmalarını sağladı.

Erdoğan'ı arayıp, "Atatürk Havalimanı'na inin, sizi ben koruyacağım" dediği iddiasını ise Meclis Darbe Komisyonu'na verdiği ifadede yalanladı!

Keza, Erdoğan'a "Beni Bahçeli'ye sorun" dediği iddiasını da doğrulamadı! Belki de, Erdoğan'a "Ümit Dündar hakkındaki güvenceyi'' Bahçeli verdi. Bilgi medyaya sızarken, karışıklık yaşandı!

ÜMİT DÜNDAR,15 TEMMUZ'DA "GELECEĞİN GENELKURMAY BAŞKANI" OLDU

Darbecilerin TSK atama listesinde, 1. Ordu Komutanı Ümit Dündar'ın da görevden alınıp Kara Kuvvetleri

Komutanlığı emrine verildiği görülüyordu.

Ümit Dündar, hem TV'lere çıkarak, hem Erdoğan'ın indiği Atatürk Havalimanı başta, stratejik yerlerde polisle birlikte kontrolü sağlayarak, "darbeyi önleyen apoletlilerin 1 numarası" oldu.

28 Temmuz 2016 YAŞ'ında, Genelkurmay 2. Başkanlığı'na terfi ettirildi. Genelkurmay Başkanı'nın kuvvet komutanlığı yapan isimlerden seçileceği" hükmü de kaldırıldı.

Ümit Dündar, artık 2017 YAŞ'ta Genelkurmay Başkanlığı'nın en güçlü adayı haline gelmişti.

YA, ÜMİT DÜNDAR 15 TEMMUZ GECESİ YAPTIKLARININ TERSİNİ YAPSAYDI!

Darbe emir-komuta zinciri içinde olsa 1. Ordu Komutanı Dündar ne yapardı?

Akar'a ulaşamayınca, "Acaba beni devre dışı bırakarak mı bir şeyler yapılıyor" kuşkusuna kapıldığı anlar olmalı!

Çünkü, öyle bir gecede Genelkurmay Başkanı, 1. Ordu Komutanıyla görüşmemezlik edemezdi; İstanbul'u kontrol altına alacaksın sonuçta!

Dündar, Akar'ın derdest edildiğinin farkına vardı ve emir-komuta zinciri içinde olmayan cemaatçi darbeye başkaldırdı, kahraman oldu.

Darbecilerin TSK görevlendirme listesinde ismine çizik atılmış olması da, AKP'nin ona duyduğu güveni arttırıyordu.

ÜMİT DÜNDAR'IN AKINCI'YA GÖNDERDİĞİ KOMUTAN FETÖ'CÜ MÜ?

Dündar'ın güvenip, darbenin merkezi Akıncı'ya gitmesini emrettiği komutana ne oldu dersiniz?

Tutuklandı!

Kara Kuvvetleri Lojistik Başkanı Korg. Yıldırım Güvenç, vekaleten Genelkurmay Başkanlığını üstlenen Dündar'ın Akıncı'ya gönderdiği isimdi.

İfadesinde, geceboyu darbecilere telefon edip, teslim olmalarını istediğini; Ankara Valisi ve Emniyet Müdürü ile işbirliği yaptığını söylüyordu. Tabii en başta da Ümit Dündar'la:

"Ümit Dündar, Akıncı Kışlası'na giderek rehin olan komutanları kurtarmamı emretti. Yüklettiğim tankları Akıncı'ya gönderdim.

Aldığımız önlemler sonucu komutanların etrafındaki darbeci ekip çekilmeye başladı. Komutanlar da gözlerini açıp etrafa bakacak duruma gelmişler. Fırsattan istifade telefonla bana ulaştılar. Tarif ettikleri yere gittim. Genelkurmay 2. Başkanı Yaşar Güler, YAŞ üyesi Akın Öztürk ayrı ayrı yerlerde bulunuyorlardı. Üstleri başları perişan vaziyetteydi."

Korg. Güvenç, darbecilerin atama listesinde TRT Genel Müdürü olarak göründüğü için tutuklanacaktı!

SEKİZİNCİ BÖLÜM

"CEMAAT DIŞI DARBECİLER" MUAMMASI

FETHULLAH GÜLEN CNN'DE: DARBECİLER ULUSA İHANET ETTİ!

Kalkışmadan 2 hafta sonra, CNN International'da gazeteci Ferid Zekeriya'nın sorularını yanıtlayan Gülen, darbe girişimiyle bağlantısını reddederek, olayın uluslararası bir komisyon tarafından derinlemesine incelenmesi önerisinde bulundu:

"Bu suçlamanın 10'da 1'i bile doğru çıkarsa, başımı öne eğip, 'doğruyu söylüyorlar, bırakın beni götürsünler, beni assınlar' derim!"

15 Temmuz'u **"Hollywood filmine"** benzeten Gülen, "darbe girişiminde bulunanlar arasında kendisine sempati duyanların olabileceğini, eğer varsa bu kişilerin ulusa ihanet ettiğini" kaydetti.

Stratejisini "Ben bu işte yokum" üzerine kurmuştu ama müritlerinden katılım olduğunu saklamıyordu.

"Erdoğan'a bir mesajının olup olmadığı" sorusuna yanıtında, muhalefeti sürdüreceğini hissettiriyordu:

"Allah'ın huzuruna tüm bu işlediği günahlarla çıkmamasını dilerim sadece!"

GÜLEN "EVRAK ÖĞÜTMEYE" Mİ BAŞLADI?

17-25 Aralık ses tapelerinde, Erdoğan'ın damadı Berat Albayrak, harıl harıl evrak öğütüyordu.

Kalkışmadan sonra, Pensilvanya'daki evi her an aranma tehlikesi altında olan Gülen'in de "evrak öğütmeye" başladığı "tesadüfen" ortaya çıktı.

Gülen'in 15 Temmuz'un ardından ilk açıklamasını

yaptığı gazetecilere, yaşadığı oda da gösterilmişti. Reuters'ın abonelerine geçtiği fotoğraflarda, Gülen'in odasında dikkat çeken bir ayrıntı vardı.

Yatağının başucunda bir 'kağıt imha makinesi' görünüyordu. Aynı odanın daha önceki tarihlerde çekilen fotoğraflarında, o makine yoktu!

Gülen'in "evrak öğüterek", yazılı delil bırakmıyordu!

EKREM DUMANLI'DAN DARBE YALANLAMASI

Darbe girişiminden çok önce kaçtığı ABD'nin New Jersey eyaletinde bir alışveriş merkezinde görüntülenen Zaman gazetesinin firari Genel Yayın Yönetmeni Ekrem Dumanlı, Zaman Avrupa'ya yazdığı "Türkiye'de darbe kimin işine yarar?" başlıklı yazısında "tuzaklandıklarını" iddia etti:

"Onca dikkatine rağmen cemaate sempati duyan bazı kişiler tuzaklanmış darbenin bir parçası haline getirilmiş olabilir mi? Maalesef bu risk her zaman ve her kesim için söz konusu."

Dumanlı cemaati aklamaya çalışıyordu:

"Cemaatin demokratik prensip ve ideallerine aldırış etmeksizin bazı manipülasyonlara maruz kalmış kişilerin cezasını, sayısı milyonları aşan bir topluluk ödemek zorunda değil. Çünkü tuzaklanmış darbe girişimi ile milyonlarca insanın ne ilgisi vardır, ne de sorumluluğu. Darbe bahane edilerek işinden edilen, hapse atılan ne kadar memur, işçi, esnaf, gazeteci varsa, hepsi de masum ve mazlumdur. Zalimlerin akıbeti ise her daim aynıdır."

17-25 Aralık yolsuzluk operasyonlarındaki "cemaat

parmağı"nı hep reddeden cemaat, kalkışmada ise "cemaatçi unsurların katılımını" kabulleniyordu.

Külliyen yalanlamak çok tehlikeliydi çünkü ABD hukuku, "yalan beyan"ı çok sert cezalandırıyordu.

DARBEYE CEMAATÇİ OLMAYAN SUBAYLAR KATILDI MI?

Pek çok subay, Gülen'ci olduğunu reddederken, darbeciliği kabullendi.

Çoğu "yalancı"ydı ama, bazıları değil!

Bir kısmı "emir-komuta zincirine uydum" savunmasına sığındı.

Bir kısmı, "iki arada bir derede" kalanlardı. Korkudan iştirak etmişlerdi.

Bir kısmı cemaatçi olmamasına rağmen "çıkar" için işbirliği yapmıştı.

Bir kısmı "Düşmanın düşmanı dostumdur" desturuyla hareket etti.

Bir kısmı ise tamamen gümbürtüye gitti..

Tutuklananların yüzde 20-30 kadarının cemaatçi olmadığı tahmini yapılıyordu.

BAŞBUĞ: 3 FARKLI DARBECİ GRUP VAR

Genelkurmay eski Başkanı İlker Başbuğ'a göre de kalkışmada 3 farklı grup vardı:

"15 Temmuz kalkışmasının arkasında planlayan, yöneten, kurgulayan ana isim Cemaat'tir.

İkincisi büyük bir ihtimalle anında yapması gereken hareketi yapmayanlar, gecikenler, tereddüde düşenler... Bunlar cemaatçi mi hayır. Böyle bir grup da var bunların içinde.

Üçüncü grup ise cemaatçi olmamasına rağmen buradan istifade etmek isteyen bazı insanlar olabilir."

15 TEMMUZ ORDU'DA BİRİKEN GAZIN FETÖ'CÜ SUBAYLAR TARAFINDAN PATLATILMASI

İyi bir cemaat gözlemcisi olan Prof. Hakan Yavuz, Hürriyet'teki röportajında şu analizi yapıyordu:

"Generallerin hepsi Fethullahçı değildi. 15 Temmuz darbesi orduda biriken gazın Fethullahçı subaylar tarafından patlatılmasıdır."

Ve asıl tespit: Cemaat savaşı kaybeden Naziler gibiydi!

Yok olacağını anlayınca, 15 Temmuz'da "intihar saldırısı" düzenledi...

"EMİR-KOMUTA ZİNCİRİ İÇİNDE" SÜSÜ VEREN DARBECİLER

Marmaris'te Erdoğan'ın kaldığı oteli basan timin başındaki Tuğg. Gökhan Şahin Sönmezateş, "İsterlerse idam etsinler, ben darbeciyim" dedi.

Eşine mesaj atıp, "darbeciyim, benden boşan" dediği de ileri sürüldü.

Ama Sönmezateş ısrarla "FETÖ'cü olmadığını" belirtiyordu!

Örgütsel ilişkileri ispatlanamazsa, Sönmezateş Gülen'ci değilse, neciydi?

İkinci bir örnek de, Akar'ı Gülen'le görüştürmeye çalıştığı söylenen Akıncı Üssü komutanı Tuğg. Hakan Evrim.

İfadesinde darbecilerle silah zoruyla işbirliği yapmak zorunda kaldığını savunan Evrim de, cemaat bağlantısını yalanlıyordu.

Biri Marmaris operasyonunun başında, diğeri darbenin ana karargahının başında ve ikisi de FETÖ'cü olmadığını söylüyor.

Kafa karıştırarak, darbenin Gülen'e mal edilmesini engellemeye çalışır gibiydiler.

"Takiyye" ağır basıyor, ama ya...?

2. ORDU KOMUTANI HUDUTİ "TEREDDÜTE DÜŞENLER"DENDİ

Darbe girişiminde pasif kalan veya "iki arada bir derede" görüntüsü verenlerden biri de, tutuklanan 2. Ordu Komutanı Adem Huduti'ydi.

Darbecilerin atama listesinde, Huduti için "görevine devam" denilmesi, üzerindeki şüpheyi arttırdı.

Darbecilere, Genelkurmay Başkanlığı için "karacı bir orgeneral" lazımdı ve "en uygunu" Huduti'ydi!

Darbe gecesi durumu tuhaftı. Sanki işin içinde değildi. Ama "darbenin başarılı olup olmamasına endeksli" tavır alacağı izlenimi doğuyordu.

Adeta "Komutasındaki darbecilere seyirci kalarak, darbeye destek vermiş durumuna" düşmüştü.

Huduti, darbe gecesi, "neler oluyor" diye Genelkurmay

karargahındaki en yüksek rütbelilerden Personel Başkanı Korg. İlhan Talu'yu telefonla aradı. Talu, ifadesine göre o sırada makamında saklanıyordu ve "cemaat işi" dedi.

Huduti, "darbeyi kimin yaptığını" yani emir-komuta zinciri olup olmadığını öğrenmeye çalışmıştı.

Sonrasında Huduti, 1. Ordu Komutanı Ümit Dündar'ın yaptığını yap(a)madı. Telefonla TV'leri bile aramadı.

Darbeye tankıyla-uçağıyla en çok 2. Ordu bölgesinden katılım olduğu için "kusuru" aşikardı!

HUDUTİ "CEMAATÇI" DEĞİLDİ

Huduti, cemaat karşıtı olduğunu söylüyordu. Yüksek ihtimalle doğru!

Akıncı'daki esaretten kurtulmak üzere olan Akar'ın kendisini aradığını ve girişimin sonlandırılmasını sağlamak üzerine görüştüklerini de söylüyordu:

Huduti, darbe gecesi yaşadıklarını anlatırken, doğru söylüyordu. Kendisinden düşük rütbeliler inisiyatifi ele almışlar, o da seyirci kalmıştı:

"Maalesef benden emir alacak konumda olan iki tuğgeneral (Tuğg. Mustafa Serdar Sevgili ve Tuğg. Zekai Karataş), Kurmay Albay Bahadır Erdemli'den emir alıyorlardı. Onun emriyle hareket ediyorlardı"

Huduti evindeyken kapı çalmıştı ve kendisine darbe tebliği yapılmıştı:

"Bahadır Albay bana iki dosya uzattı. Birisi kuvvetlerin sorumluluğunu alacak kişileri gösteren belgeydi. Diğeri ise sıkıyönetim komutanlarının yönetimini gösteren büyük hacimli bir evraktı.

'Tafix' denilen askeri sistemler üzerinden Van Jandarma Asayiş, Diyarbakır 7'inci Kolordu ve Adana 6'ıncı Tümen komutanını aradım. Böyle bir emir geldiğini ancak uygulanmayacağını, hiçbir aracın birliklerden çıkarılmayacağını, helikopter ve uçağın kaldırılmayacağını, birliklerin kışlada kalması gerektiğini bildirerek, alt komutanlıklara tebliğ edilmesini istedim.

Bu kişiler odadayken, 1. Ordu, 2. Ordu ve Ege Ordu komutanlarıyla görüştüm. Albay Erdemli bana bu işten dönmeyeceklerini, ölümü göze aldıklarını, başarıya ulaşmak için kendilerinin başına geçmemi ve tüm idareyi elime almamı istedi. Ben de kendilerine yaptıklarının yanlış olduğunu, emir komuta zinciri dışına çıkmamalarını söyledim. Ancak ikna olmadılar."

Huduti'nin götürüldüğü karargahtaki güvenlik kamerası görüntüleri, inisiyatifi darbecilere bırakıp, kendisini korumaya çalıştığı izlenimini doğuruyordu.

Kendisini Ankara'ya götürmek için hazırlanan İnsanlı Keşif Uçağı, Kara Havacılık Alay Komutanı Alb. Hakan Keleş tarafından engellenmese belki "yeni Cemal Gürsel"imiz olacaktı!

Ama "Cemal Gürsel"liği reddettiğini söylüyordu.

ERGENEKON SANIĞI FETÖ'DEN TUTUKLANDI

Ergenekon davasında cemaat kumpasıyla yargılanan Manisa Merkez Komutanı Alb. Murat Yılmaz da, cemaatçi darbe teşebbüsüne katıldığı iddiasıyla tutuklandı.

Gerekçe olarak, Manisa Emniyet Müdürü Fevzi Bilgiç'e telefonda, "TSK yönetime el koydu. Sizi sağduyuya davet ediyorum. Bir olumsuzluk olmasını istemiyorum." demesi gösteriliyordu.

İfadesinde, emniyet müdürünün iddia ettiği şekilde konuşmadığını savunan Yılmaz, "Sözlerimin yanlış anlaşıldığını sezmiş olsam, derhal bu durumu düzeltmek için çaba sarf ederdim" dedi.

Albay Yılmaz, kesinlikle cemaatçi değildi.

Olsa olsa, darbeyi emir-komuta zinciri içinde sanıp destekleyen "ulusalcı" bir subaydı.

ERDOĞAN'IN DARBEYE KATILAN MUHAFIZ ALAYI KOMUTANI CEMAATÇI DEĞİL Mİ?

Ankara'da TRT ve Genelkurmay gibi kritik kurumların ele geçirilmesi planlarının yapıldığı yer Cumhurbaşkanlığı Muhafız Alayı'ydı.

Muhafız Alayı komutanı Kur. Alb. Muhsin Kutsi Barış ifadesinde, "kandırıldım" diyordu.

"Gülen benim için kendisini 'hoca' diye tanıtan, ülkeye zarar veren yapının başıdır. Namaz kılmıyorum, cumaya da gitmiyorum, arada oruç tutarım" diyerek de, "durumunu" açıklıyordu.

Peki nasıl olmuştu da, TRT'ye, Genelkurmay'a asker gönderecek kadar kandırılmıştı?

İfadesine göz atalım:

"Genelkurmay Başkanı Akar'ın başdanışmanı Alb. Orhan Yıkılkan, salı günü (12 Temmuz) beni arayarak koruma tatbikatı yapılacağını söyledi.

15 Temmuz günü öğleden sonra Genelkurmay

Karargahı'na Orhan Yıkılkan albayın yanına giderek tatbikatı ne zaman yapacağımızı sordum. '24:00'te yapacağız, sen birliklerini hazırla' dedi.

Ancak 21:00 sularında Yıkılkan dahili hattan ve cep telefonumdan beni aradı, tatbikatın erkene alındığını, 21:00'de başlayacağımızı söyledi. Bunun üzerine 100'er kişiden oluşan 3 birliğimi topladım.

Bu sırada sistem üzerinden bize 3 ayrı mesaj geldi. Mesajın ilkinde Silahlı Kuvvetler'in yönetime el koyduğu ve sıkıyönetim ilan edildiği yazıyordu. İkinci mesajda; sıkıyönetimde görevlendirilen bazı generaller ve karargah sorumluları yazıyordu. Üçüncü mesajda; atama listeleri ve sıkıyönetim emri yazıyordu.

Ben bunları görünce dahili hattan Genelkurmay Başkanlığı Özel Kalem Müdürlüğü'nü aradım, telefonu Orhan Yıkılkan açtı. Bana içeriklerin doğru olduğunu tatbikat durumunun fiili duruma geçtiğini söyleyerek, 'Gereğini yapın' dedi. TRT'ye ekibimi göndermemi söyledi.

Kara Harp Okulu Tabur Komutanı Yarbay Ümit Gencer, 1 gün önce benden 10 kişilik uzman çavuş ekibi istemişti. Ben de kendisine 22:00 sularında 10 kişilik ekip verdim. Ümit Gencer, 10 uzman çavuş ile TRT nizamiyesini ele geçirmek için gitti. Ayrıca benim yardımcım Piyade Yarbay Ekrem Işık komutasındaki 100 kişilik grubu TRT'ye gönderdim.

TRT'ye giden ekip takviye isteyince, alayımdaki komutanlardan Bnb. Osman Koltarla refakatinde ikinci 100 kişilik ekibi TRT'ye gönderdim.

Saat 23:00 sularında Genelkurmay'dan Orhan Yıkılkan Albay beni aradı ve 100 kişilik takviye ekip istedi. Bunun üzerine de Piyade Binbaşı Fedakar Akca emir komutasındaki 100 kişilik grubu Genelkurmay'a gönderdim."

Doğruysa darbe emir-komuta içinde diye harıl harıl çalışmıştı. Sonrası, açık yürekli bir pişmanlık:

"Ben kandırıldım. Bir muhakeme hatası yaptım. Sütten çıkmış ak kaşık değilim. Emir-komuta zinciri içerisinde hareket ettiğimi düşündüm. Bunun bedelini ödemeye hazırım."

Muhafız Alayı komutanı, 'kalkışmaya "emir-komuta zinciri içinde sanarak, katılmış" gibi görünüyordu.

"ODASINA SAKLANAN" KORGENERAL İLHAN TALU MUAMMASI

Korg. İlhan Talu, kalkışma gecesi, Genelkurmay karargahındaki en yüksek rütbeli subaylardandı.

MİT'ten gelen "Kara Havacılık'ta hareketlilik olacağına" dair ihbar üzerine, adli işlem olabilir diye 3 askeri savcıyı makam odasında bekletirken, karargahtaki hareketlilikten kalkışmayı hissetti:

"Sanırım saat 20:30'dan sonra tekmil vermek için 2. Başkan Yaşar Güler'in odasına gittim. Odadan çıktığımda tam teçhizatlı silahlı askerler Genelkurmay Başkanı'nın karargaha girdiği merdivenlerden koşarak yukarı çıktı.

Tatbikat olduğunu düşündüm. Ben koridor boyunca odama ilerlerken, askerler 2. Başkan'ın odasına girdi. Kontrollü kapıdan geçtikten sonra bulunduğum koridorun merdivenlerinden bana çarparak, koşarak aşağı koridorlara yöneldiler.

Biraz sonra emir astsubayım 'Komutanım askerler koridordakileri tutukluyor' deyince kapıları kapatıp kilitlemesini söyledim."

Talu sabaha kadar makam odasında saklanacaktı!

TALU, TELEFON KAYITLARINA GÖRE GECE BOYU DARBEYİ ÖNLEMEYE ÇALIŞMIŞ!

Talu, kalkışmanın başında "kendisine bağlı Tuğg. Partigöç'ün olduğunu gelen telefonla öğrenecekti:

"Tank sesleri ile helikopter seslerini duyduk, uçaklar alçaktan uçmaya, mermiler makam odası camlarından içeriye girmeye başladı.

2. Ordu Komutanı Adem Huduti, görüntülü telefondan arayarak hiç kimseye ulaşamadığını, Genelkurmay'dan altında Tuğg. Mehmet Partigöç ile Albay Cemil Turhan'ın isimleri olan atama ve görevlendirme mesajları geldiğini söyledi.

Böylece kalkışmanın içinde kendi personelimin de olduğunu öğrendim. Adem Paşa'ya, 'bu faaliyetin TSK içindeki Fethullahçı grup tarafından organize edildiğini, Genelkurmay'ın bunu desteklemediğini, mesajları dikkate almamasını' söyledim. Adem Paşa'yla aynı kapsamda 4-5 defa daha görüştük."

Talu, ulaşabildiği bütün birlik komutanlarına faaliyetin "Fethullahçı bir kalkışma" olduğunu, söyleyerek sabaha kadar "telefon trafiği" yapmıştı!

Doğruysa, hepsinin kaydı olmalı!

KALKIŞMA SONRASI AKAR'IN GENELKURMAY KARARGAHTA GÜVENDİĞİ TEK İSİM TALU'YDU

Akar, ertesi sabah Talu'ya telefon edip, Genelkurmay'daki darbecilerin başı ile görüşerek teslim olmalarını sağlamasını istedi. Denileni yaptı:

"Darbecilerin Genelkurmay sorumlusu tuğgeneralle (Partigöç) temasa geçerek şartlarını aldım.

Şu isteklerde bulundular: 1- Sivil savcı görevlendirilsin. 2- Silah ve mühimmat Merkez Komutanlığı tarafından teslim alınsın. 3- Mont ve pantolonlar çıkartılmasın.

Şartlar sağlandı ve karargahtaki 46 özel kuvvet ile 42 tank mürettebatı ve 15 karargah subayı teslim oldu."

Akar, Genelkurmay karargahındaki darbecilerin teslim alınması işlemlerini, günboyu Talu üzerinden yürüttü. Ta ki, Talu tutuklanana kadar:

"Genelkurmay Başkanı yine arayarak Akıncı Üssü'ne askeri savcı ile Merkez Komutanlığı personeli göndermemi emretti. Bununla ilgili görevlendirmeyi yaptım. Son olarak 2. Ordu Komutanlığı'nın görevden alınma mesajını çektikten sonra, gelen polisler tarafından gözaltına alındık."

Talu, "Karargahtaki en üst rütbeli subaydınız, neden 1. Ordu Komutanı Ümit Dündar gibi televizyona bağlanıp tepki göstermediniz?" sorusuna, "Açıklama yaparsam beni odamda etkisiz hale getirirlerdi." yanıtını veriyordu.

Hem başında olduğu Genelkurmay Personel'in FETÖ'cü yapılanmada "pasif" kalması, hem de darbecilerin listesinde adının "göreve devam edecekler" arasında geçmesi "eksi puanları"ydı.

AKAR'IN TALU'DAN VAZGEÇMESİNE YOL AÇAN "TARTIŞMALI" KAMERA GÖRÜNTÜLERİ

Hulusi Akar, kalkışmanın ertesi günü, "sağlamdır" diyerek, Talu'yu korumuştu.

Ancak daha sonra, Talu için "darbecilerin arasında dolaşırken görüntüleri var" denilince, "görüntüleri iyi inceleyemeden" Talu'yu korumaktan vazgeçti.

Genelkurmay'daki kalkışma gecesi fotografları medyaya sızdı. Görüntülere göre, Talu'nun darbeci askerleri komuta katına çıkardığı söyleniyordu!

Ancak videodan seçilen fotograflar "bu iddiayı(!)" anlatmıyordu. Videoya bakmak lazımdı. Fotografları sızdıranlar, videoyu her nedense sızdırmıyordu!

Fotograflar iyi incelendiğinde, Talu'nun darbecilere hiç tepki göstermemeye çalışarak, ifadesindeki gibi "çaktırmadan, saklanmak üzere ufaktan ufaktan odasına doğru tüydüğü" izlenimi doğuyordu.

İLHAN TALU'YU DOĞRULAYAN İFADE

Darbecilerin atama listesinde "göreve devam edecekler" arasında sayıldığı için tutuklanan Genelkurmay Plan Prensipler Başkanı Korg. Salih Ulusoy ifadesinde, İlhan Talu'yu aklıyordu:

"İlhan Talu korgenerali Harbiye'den beri tanırım. Dini cemaatlerle hiçbir bağı yoktur. Askeri darbe yapacağını sanmam."

İlhan Talu da kendisi gibi, iki arada bir derede kalmıştı! Birbirlerini en iyi onlar anlıyordu!

PARTİGÖÇ "İCRAATTA BİR NUMARA" GİBİYDİ

"Genelkurmay karargahtaki darbe icracısı 1 numara"nın Mehmet Partigöç olduğu kesindi.

Karargahta, darbeci olduğunu göğsünü gere gere göstermekten kaçınmayan, en yüksek rütbeli subaydı. Sanki Genelkurmay Başkanlığını da üstlenerek, "darbenin askeri 1 numarası" olacaktı.

Darbecilerin TSK'dan ihraç edilme korkusuyla aceleyle acemice bir kalkışma yaptıklarını belirten Genelkurmay Plan Prensipler Başkanı Ulusoy da Partigöç'e işaret ediyordu:

"Partigöç bu işi planlamış olabilir. Karargaha girdiğimde komutanın yerinde onu gördüm. Gülen cemaatinin TSK'da bir potansiyeli vardır. Bunlar her şeye rağmen cemaatten kopmayan bir gruptur. TSK içerisindeki gençleri bilmem ancak general seviyesindeki kadroların neredeyse yarısı Gülen Cemaati'ne mensuptur ya da yakın hisseder."

İtiraf inanılmazdı; generallerin yarısının Gülen'e sempati duyduğunu baştan beri biliniyormuş!

Neredeydiniz yahu, darbe girişimi gecesine kadar!

PARTİGÖÇ GÖRÜNTÜLERDE NİYE YOK?

Kalkışma gecesi karargah görüntülerinde, Partigöç hiç görünmüyordu. Kendisini "maskelemiş"ti.

Oysa, Partigöç "Harekat Yıldırım" adlı darbe planında "Genelkurmay Karargah Sorumlusu"ydu.

Partigöç, kalkışma boyunca Genelkurmay Görüntüleme Merkezi'nde "gizlenerek", olanları güvenlik kameralarından takip ettiği iddiasındaydı.

Genelkurmay Görüntü İzleme Merkezi'nde görevli Ütğm. Fahri Kafkas'a göre ise, hiç de öyle değildi:

"Partigöç beraberinde Yarbay Gökhan Eski ile, Görüntü İzleme Merkezi'ne geldi. Partigöç, cep telefonu ile mesajlaşıyordu. Grup Komutanı Cengiz Aydın durumun ne olduğunu sordu. Partigöç, 'Komutanlarımızın güvenliğiyle ilgili duyumlar aldık. Hükümet tarafından tutuklanacağını duyduk. Onlardan önce hareket edip komutanlarımızı güvenli yere sevk edeceğiz. Komutanları tahliye ettikten sonra halk galeyana gelebilir. Genelkurmay çevresinin emniyetinin sağlanması gerekiyor' dedi.''

Darbecilerin yeraldığı Genelkurmay'daki görüntü kayıtları, Partigöç'ün talimatıyla imha edilmişti. Ancak imha edilen kayıtların, Genelkurmay Harekat İzleme Merkezi'nde yedeklendiğinden haberi yoktu!

Partigöç, kendisinin yer aldığı güvenlik kamerası görüntülerini özellikle sildirmiş, ulu orta emir de yağdırmayıp, "ölü noktalar''da hareket etmiş olmalı!

AKIN ÖZTÜRK'Ü AKINCI'YA PARTİGÖÇ GÖNDERMİŞ

Ütğm. Kafkas'ın ifadesine göre, Genelkurmay Başkanı ve KKK başta, komutanların Akıncı'ya sevkiyle, Partigöç komutayı iyice ele geçirdi:

"Tekrar Görüntü İzleme Merkezi'ne geldi. Genelkurmay Başkanı'nı emniyetli bir yere tahliye ettikleri söyledi. Bu sırada Partigöç, YAŞ üyesi Akın Öztürk'ü arayarak, 'Komutanı Akıncı Üssü'ne tahliye ettik, siz de oraya geçin' dedi.''

İfade doğruysa, Akın Öztürk'ü Hulusi Akar'a gönderen "asıl el'', Partigöç'tü!

PARTİGÖÇ'ÜN İFADESİ: MECBUR KALDIM!

Partigöç ifadesinde, "darbe girişimi olunca can kaybını önlemek için darbecilerle birlikte davrandım'' demeye getiriyordu:

"Herhangi bir oluşumun veya faaliyetin içinde bulunmadım. Sadece bu mezkur olay meydana geldiğinde karargahta bulunuyor olmam, mesaiyi henüz terk etmemiş olmam nedeniyle, can kaybını engellemek maksadıyla, silahlı gruplar arasında kalmam nedeniyle bazı girişimlerim oldu."

Peki ya darbe emirlerinde imzasının olması?

"Bu benim isteğim ve iradem dışındadır, herhangi bir ıslak ve elektronik imzam bulunmamaktadır. Genelkurmay 2. Başkanı Yaşar Güler'in emir subayı Binbaşı Mehmet Akkurt'un, benim maiyetimdeki birisine, 'ikinci başkanımızın emridir, bu mesajlar çekilecek' demesinden kaynaklanan süreç nedeniyle ismim evrakların altında görülmüştür."

Yalan söylüyordu!

PARTİGÖÇ'ÜN TUTUKLANMADAN HEMEN ÖNCE EŞİNE YAZDIĞI NOT

İddiaya göre, Partigöç'ün masasında bulunan üzerinde "Eşime" yazılı notta, "Biz bu teşebbüsü yapmasaydık, onlar bu YAŞ'ta bizim kafamızı koparacaktı" yazılıydı.

Partigöç'ün çekmecesinden YAŞ'a sunulacak listeler de çıktı.

Kalkışmada, darbeye karışanlar ve sonrasında TSK'dan ihraç edilenler terfi listesindeydi.

Darbeye karşı çıkan generallerin bir kısmının isminin yanında ise, "E", yani "emekliye sevk edilecek" notu yer alıyordu.

PARTİGÖÇ'ÜN MAKAMINDAN DARBE DUASI GİBİ CİHAT DUASI ÇIKTI

Tuğg. Partigöç'ün odasında yapılan aramada Arapça iki metne ulaşıldı.

Savcılık, metinlerin tercüme edilmesi için Diyanet İşleri Başkanlığı'na yazı yazdı.

Gelen yanıtta, "Arapça yazılmış duanın ilk paragraftaki kısmının, Hz. Peygamberin cihada çıkmadan önce okuduğu bir dua" olduğu, "ikinci paragraftaki ibarelerin ise Fetih Süresi'nin 6. Ayetinin bir parçası" olduğu belirtiliyordu.

Partigöç, kalkışma başlamadan, okumuş olmalı!

DARBECİLERİN GÖREVLENDİRME LİSTESİNDEKİ İKİ KOMUTANA İADE-İ İTİBAR

Çoğu komutanı "isimlerinin darbecilerin görevlendirme listesinde yeralması" yakmıştı.

GATA Haydarpaşa Askeri Hastanesi'nin komutanı Tümg. Gürsel Öztürk, adının karşısında "göreve devam" notu bulunduğu için tutuklandı.

Tümg. Öztürk, boş yere 23 gün Silivri Cezaevi'nde yattıktan sonra bırakıldı.

Tuğg. Ahmet Biçer de görevlendirme listesinde sıkıyönetim komutanları arasında yer alıyordu.

HKK Org. Ünal verdiği ifadede, Tuğg. Biçer'i derdest edilmiş halde gördüğünü söyledi ve kurtulmasını sağladı.

Darbecilerin "görev dağılımı yaptığı" belge, pek de sağlam bir belge gibi görünmüyordu!

SÜRPRİZ DARBECİ: AKP'Lİ ŞABAN DİŞLİ'NİN KARDEŞİ MEHMET DİŞLİ

Kalkışmanın ertesi günü Başbakan Yıldırım'ın etrafında sıkıntılı sıkıntılı dolaşan bir isim vardı: AKP Genel Başkan Yardımcısı Şaban Dişli!

Darbecilerin görevlendirme listesinde, kardeşi Tümg. Mehmet Dişli'nin isminin karşısında "DEVAM" yazıyordu.

Abdulkadir Selvi'nin Hürriyet'teki **"Akar, Dişli'yi nasıl yakalattı"** başlıklı yazısına göre ipini çeken Akar'dı:

"Sabah 08:30'da kurtarılan Hulusi Akar, üsten ayrılacağı helikoptere doğru ilerlerken, Dişli'ye, 'Sen kal' diyor. Ama o gelmek istiyor. Helikoptere birlikte biniyorlar. Çankaya Köşkü'ne birlikte ulaştıklarında saat 09:30'u gösteriyor. O sırada bazı bakanlar Köşk'te. Hulusi Akar bakanların olduğu odaya giriyor. Bakanlara, "Dışarıdaki, hainlerden" diyor. Dişli bunun üzerine derdest ediliyor."

Doğruysa, Akar Dişli'yi çok net suçlamıştı.

MEHMET DİŞLİ'DEN İNANILMAZ KARŞI İDDİA

İlk günlerdeki zayıf bilgi akışında hayli başarılı gazetecilik sergileyen Abdülkadir Selvi'nin yazısında vahim bir yanlış vardı.

"Özel kaynağım" fısıldadı.

16 Temmuz günü, Hulusi Akar birlikte helikopterle Çankaya Köşkü'ne iner inmez, "alın bunu" diyerek Dişli'yi göstermiyor.

Sabah 08:30'dan 15:00'e kadar Çankaya Köşkü'nde

birlikte çalışıyorlar. Yanlarına Binali Yıldırım da geliyor. Hatta geceboyu kardeşine ulaşamayan Şaban Dişli de köşke geliyor.

Akar, Dişli'nin cemaatçi-darbeci olduğundan emin olsa, saatlerce yanında tutar mı? "Çeker silahı, beni de, Binali Beyi de vurur" diye önlemini alır.

Almıyor, çünkü emin değil, hatta MİT Müsteşarı Hakan Fidan gelene kadar, Dişli'yi koruyor. Ya da en azından ele vermiyor diyelim!

Hakan Fidan geliyor, Binali Yıldırım ve Hulusi Akar'la, bir odaya girip görüşüyorlar. Ve içerden dışardaki özel kaleme talimat gidiyor.

Mehmet Dişli'nin tutuklanmasına ilişkin tutanak tutuluyor.Fidan ne dediyse, Akar Mehmet Dişli'yi savunamaz duruma düşüyor.

Şaban Dişli, şoklarda!

Hatta aynı gün, Hulusi Akar'a kardeşinin durumunu soruyor. "Zerre kadar şüphe etmem" yanıtını alıyor.

Panik içindeki kardeşiyle konuşmaya çalışıyor.

"Yahu olur mu, ben anamızın tabutunu taşımış Erdoğan'a karşı bir darbenin içinde nasıl olurum" tepkisini alıyor.

Gerçek o ki, Dişli Bingöl Alay Komutanı iken, terörle mücadeleyi bırakıp cenazesine bile gidemediği annesinin tabutuna Erdoğan omuz veriyor.

Şaban Dişli, herkese kardeşinin devlet okullarında okuduğunu, cemaatin okul, dershane ve yurtlarıyla alakası olmadığını anlatıyor. İçinde cemaatçi olduğuna dair en küçük kuşku olsa "cezasını çekmesini isteyeceğini" söylüyor, ama dinletemiyor.

Yıldırım'dan Erdoğan'a, çaldığı tüm kapıların verdiği yanıt, "kardeşin kesinlikle darbeci" oluyor!

HAKAN FİDAN'DAN ERDOĞAN'A: B PLANI VE B LİSTESİ VAR, MEHMET DİŞLİ'NİN ADI ORADA!

Dişli, ifadelerinde "MİT Müsteşarının kendisini yaktığı"na dair bilgiyi nedense sakladı.

Oysa, Fidan Erdoğan'a bir istihbarat iletiyor:

"Asıl bir B planı ve B listesi var. Mehmet Dişli gibi bazılarının adı o listede yeralıyor, ilk listede özellikle isimleri gizleniyor."

Bu bilgi Şaban Dişli'ye de iletiliyor. Yine inanası gelmiyor. Ama Erdoğan inanıyor!

ERDOĞAN MEHMET DİŞLİ'YLE GÖRÜŞMEK İSTEDİ AMA...

Şaban Dişli'nin yakın çevresine dile getirdiği üzere, kardeşi Hulusi Akar'a çok bağlı.

Genelkurmay'a ve hiçbir komutana tam güvenemeyen Erdoğan, Şaban Dişli'nin kardeşi olduğu için Mehmet Dişli'yle görüşüp, tanışmak istiyor. "Getir şu kardeşini, tanışalım" diyor.

Kardeşine söylüyor. Mehmet Dişli, "Gidersem Hulusi Akar'a çok ayıp olur" diye karşı çıkıyor.

Gerçekten de gizlice veya aleni gidip görüşse komutanını çiğnemiş olacak! Gitmiyor!

MEHMET DİŞLİ, "AKP'Lİ" DİYE ABİSİ ŞABAN DİŞLİ'YLE 7 YIL GÖRÜŞMEDİ

Şaban Dişli ve kardeşleri, Adalet Partili muhafazakar bir ailenin çocukları olarak büyüdü.

Şaban Dişli, Hollanda'da bir Türk bankasının genel müdürü iken, Erdoğan'dan aldığı teklifle siyasete girerken de uyardı:

"Biliyorsunuz, ben sizler gibi çok dindar biri değilim. Başınız ağrımasın!"

Şaban Dişli, ODTÜ'de okurken Dev-Yol'un öğrenci temsilciliğini bile yapmıştı.

Mehmet Dişli'yi tanıyanlar ise, "Ulusalcı bir NATO subayı" tanımlamasını yapıyor.

Şimdi yine sıkı durun; Mehmet Dişli, AKP'ye yönetici olduğunda 7 yıl abisiyle konuşmadı.

TSK'da " Abisinden ötürü AKP'ye yakın görünmek" istemiyordu. İslamcı AKP'ye de zaten sıcak değildi!

Cemaatçi olsa, o günlerde AKP ile cemaat sıkı fıkı olduğundan abisine tavır yapması tuhaftı!

İlerleyen yıllarda bakışı değişti. AKP ordu üzerinde kontrolü sağlayınca, abisinin de desteğiyle, "yükselişinin" önünün açılmasından mutlu oldu.

MEHMET DİŞLİ HULUSİ AKAR'IN İFADESİYLE ŞOK OLUYOR

Mehmet Dişli, Hulusi Akar'a öylesine bağlı ki, darbenin içinde olsa bile, yine de Akar'la "birlikte davranmaya" özen gösterdi.

Kalkışma gecesi, "Akar'ın darbede yer alıp, almayacağından" emin olamıyordu. İfadesine göre, yanına girip "dışarda hareketlenme başladı" dediğinde, Akar "biliyoruz, biliyoruz" diye tersledi.

O an, "galiba komutan artık işin içine giriyor" sandı.

Sonrasında, dışarda ateş açma ve vurulma olunca, yine durumu haber vermek için Akar'ın yanına girdi.

Mehmet Dişli, Akar'ın ilk kez o an telaşlandığını ve makamının kapısında olanlara karşı harekete geçtiğini düşünüyor.

16 Temmuz akşam 15:30'da gözaltına alınana kadar da, Akar ne derse yapıyor!

Akar, Şaban Dişli'ye, gözaltına alındıktan sonra bile "kardeşinin suçsuzluğuna inandığını" söylüyor.

Ama aynı Akar, ya olan biteni iç dünyasında tekrar sorguluyor, ya da kendisine zarar gelmemesi için, gard alıyor! İfadesinde Mehmet Dişli'yi suçluyor!

MEHMET DİŞLİ'NİN SAKLADIĞI SIR NE?

Mehmet Dişli, gözaltına alındıktan sonra polis gözetiminde tam 3 gün yarı çıplak su içinde tutuldu. Aç ve susuz bırakıldı.

"Her şeyi itiraf etmesi" isteniyordu. Hiçbir şeyi itiraf etmedi, sonuna kadar direndi. "Hiçbir şeyi imzalamayı kabul etmediğine" dair bir kağıt imzalatılarak, savcılığa sevk edildi ve tutuklandı.

Aynı hafta, eşi askeri lojmanlardan atıldı. Biri Bakü Büyükelçiliği'nde 3. katip olan, 2 oğlunun da işlerine son verildi. Ailesi açlığa mahkum edildi.

Şaban Dişli, Erdoğan dahil herkese yalvarmasına rağmen kardeşiyle görüştürülmedi. Gözlerinden rahatsızdı, ilaçları haftalarca verilmedi.

Avukatlarının "öldürülebilir" diye cezaevine yaptığı başvurunun da etkisiyle, "tek kişilik hücreye" konuldu. Gerçekten de, kim vurduya gidebilirdi.

Bildiği çok şey olduğunu hissettiriyordu. Ancak sorulduğunda, garip bir suskunluğu vardı.

"Anlatamayacağım şeyler var. Devlet meselesi, anlatmam doğru olmaz" diyordu.

Anlatacağı çok şey olmalıydı. Ya cemaatle ilgili, ya Hulusi Akar ve MİT'le ilgili, ya da iktidarla ilgili!

Anlatmak istiyordu ama, kayda geçerse, medyaya sızmasından endişe ediyordu.

AKAR'A DARBEYİ İLK DİŞLİ HABER VERDİ

Dişli ilk ifadesine göre, gelen bir telefon üzerine saat 20:00'de evinden Genelkurmay'a gitti.

Özel harekat giyimli 2 kişi kendisini karşıladı. Hulusi Akar'ı darbenin başına geçmeye ikna etmesi için çağırdıklarını söylediler:

"Bu kişiler bana yönetimi devraldıklarını, Genelkurmay Başkanı'nı ikna etmem için beni çağırdıklarını, ikna olmazsa derdest edip tutuklayacaklarını, sonunun eski Genelkurmay Başkanı Rüştü Erdelhun (1960'da darbecilerin görevden aldığı) gibi olacağını, o yüzden ikna olup bildiriye imza atmasını söylediler.

Buna karşı çıktım. Bunun üzerine benim de derdest

edilip vurulacağımı söylediler, Genelkurmay
Başkanı'nın odasına girmeye ikna edildim.
Genelkurmay Başkanı rutin işlerle uğraşıyordu, bir
şeyden haberi yoktu. Kendisine darbe olduğunu,
yönetime el konduğunu söyledim."

Akar, Dişli'ye "şaka mı yapıyorsun" diye gülmüştü.

Dişli, anlatmaya devam ediyor:

"Ben de ciddi olduğumu, TRT'de muhtıra
yayınlayacaklarını gözlerini karartıklarını,
Genelkurmay Başkanı'nın bildiriyi imzalamasını
istediklerini belirttim.

Sonrasında özel harekat giyimli kişiler içeri girip,
Genelkurmay Başkanı'nı derdest edip, plastik kelepçe
taktılar. Buna direndim. Komutanı yerden kaldırdım.
'O bizim komutanımız' diye tepki gösterdim. Hatta
düşen apoletlerini yerine taktım."

DİŞLİ, AKIN ÖZTÜRK'ÜN DARBECİ OLMADIĞINI SÖYLEDİ

Dişli, Akar'la birlikte götürüldükleri Akıncı Üssü'nde
karşılaştığı Akın Öztürk'ü de koruyordu.

"Akar'ın isteği üzerine telefon edip çağırdığı" Akın
Öztürk'ün sivil kıyafetlerle üsse geldiğini belirten Dişli,
"Akın Öztürk'ün kesinlikle bu girişimle ilgisi yoktur.
Yaşanılanlara sert tepki vererek, dışardakilere bağırdı"
diyordu.

Dişli ve Öztürk'ün ortak noktası, "başarılı olacaklar"
diye darbecilere yatmaları olabilirdi !

DİŞLİ KAÇMAK İÇİN DE ÖNLEM ALMIŞTI İDDİASI

İddiaya göre, kalkışma gecesi Mehmet Dişli'nin elindeki siyah çanta dikkat çekiciydi.

Savunmasında, "Çantada arz kağıtları vardı. Onun için 15 Temmuz gecesi karargaha gittim" demişti.

Ancak daha sonra odasındaki fotokopi makinasının altında ele geçirilen çantada, Dişli'ye ait silah, 2 bin dolar para ve pasaport bulundu.

Dişli'nin darbeci olduğuna dair şüpheler arttı. Sanki "darbe başarılı olmazsa" diye kaçış planı yapmıştı!

Genelkurmay'daki kamera görüntülerinden, Dişli'nin darbenin içinde olduğunu belirlemek çok zordu.

Genelkurmay'daki "aktif darbeci tuğgenerallerin rütbece üstü olduğundan, savcılık Dişli'yi ‹'1 numara olarak suçlamak" için çok delil aradı.

Haftalarca görüntüleri izlenerek, dudak okuma ve vücut dili analizleri yapıldı, ama nafile!

MEHMET DİŞLİ DARBENIN NATO AYAĞI MI?

Akar'ın ifadesinde, Dişli'yle diyaloğu farklıydı:

"Mehmet Dişli oturmakta olduğum masadaki sandalyelerden birine oturup heyecanlı ve geçmişte bildiğim ve alışık olduğum ruh halinden farklı bir tarzda, "Komutanım operasyon başlıyor, herkesi alacağız. Taburlar, tugaylar yola çıktı, biraz sonra göreceksiniz" gibi şeyler söyledi. Hiddetle ne diyorsun ulan sen ne operasyonu, sen manyak mısın, sakın ha yapmayın şeklinde bağırdım.

Kendisi sakin görünerek, 'Komutanım bu iş bitti ve

herkes yola çıktı' anlamında şeyler söylüyordu."

Akar'ın çok da yalan söyleyecek hali yok!

"Tipik NATO subayı" Dişli, "kazanacak tarafı doğru seçemeyerek, darbeci konumuna düşmediyse", "darbedeki NATO parmağının ayağı" da olabilir!

MEHMET DİŞLİ DARBE GECESİ AKP'LİLERİN GÜVENEREK İLK ARADIKLARI İSİMDİ

AKP'liler kalkışmada Genelkurmay'dan bilgi almak için, en çok Mehmet Dişli'ye ulaşmaya çalıştılar.

Abdülkadir Selvi'nin Hürriyet'teki köşesinden öğrendiğimize göre, Mehmet Dişli kalkışmanın başlarında, arayanlara soğukkanlı bir şekilde, 'Küçük bir kalkışma oldu ama bastırıldı' karşılığını veriyor. AKP'lileri rahatlatıyordu.

AKP'liler ilerleyen saatlerde, Akar'ın yerini öğrenmek için arıyorlar. Dişli ilk başlarda, Akar'ın güvenli bir yerde olduğu cevabını veriyor.

Sabah 07:30 olduğunda ise, kendisini arayan Başbakanlık görevlisine, ilk kez Akar'ın Akıncı Üssü'nde tutulduğu bilgisini veriyor. Tabii bu arada zaten başka kaynaklardan Genelkurmay Başkanı'nın yeri tespit edilmiş!

Kim bu Dişli'yle konuşan AKP'liler? İsimleri yok!

Aslında isim yok, çünkü muhtemelen aradığında ulaşabilen tek AKP'li yok! Kardeşi Şaban Dişli bile!

Şaban Dişli, sabah Akar'la Çankaya'ya Köşküne gelene kardeşiyle kadar konuşamıyor.

O gece Mehmet Dişli'ye eşi dahil, cep telefonundan hiçbir yakını ve AKP'li ulaşamadı.

MEHMET DİŞLİ DE KARDEŞİNİN DÜĞÜNÜNE GİDECEKTİ!

Dişli, darbe girişimi başladığında evindeydi.

Darbeden önceden haberdarsa, karargahı niye bırakıp, eve gitsin?

Üstelik "Akar'a cuma sunumunu günboyu yapamama" gibi Genelkurmay'da kalmasını gerektirecek kuvvetli bir bahanesi varken!

İfadesine göre, Dişli akşama kadar, rutin bilgi notlarını iletmek üzere Akar'dan davet bekledi.

Akar, Dişli'yi kabul edememişti, çünkü MİT Müsteşarı Fidan'la "malum temas halinde"ydi.

Makama kabul daveti gelmeyince, 19:00 gibi Genelkurmay'ı terketti. Ama geri çağrılacaktı:

"O gün beni klima çarptığı için akşam 19:00 civarı evime geçtim. O gün de beni ofisimden ya özel kalem, ya emir subayı, ya da danışman aradı."

Arayan, cemaatçi-darbeci yaver Levent Türkkan'dı. Komutanın kendisini kabul edeceği söylenince, 19:30-20:00 arası karargaha geri döndü.

Aslında Dişli, geceyi karargahta geçirmeyi düşünmüyordu. Hafta sonu en büyük ağabeyinin kızının düğünü vardı!

DİŞLİ DARBECİ DEĞİLSE NİYE AKAR'I İKNA ETMEKLE GÖREVLENDİRİLDİ?

Darbecilerin makamına girip, Akar'a darbeyi bizzat tebliğ etmek yerine; Dişli'yi aracı kullanmaları, savunmasındaki en zayıf bölümdü:

"Kendilerinin neden komutanın yanına, odasına girmediklerini bilemeyeceğim. Benim kendisini ikna edebileceğimi düşünmüş olabilirler."

Sonrası da enteresan, çünkü derdest edilen Akar televizyon izleyecek kadar rahat hareket edebiliyor. TV'lere bakıp, ikna olacağını düşünmüş olacaklar:

"Komutan'la koltuklara geçip oturduk. Sürekli konuştuk. Televizyona baktık. Boğaz köprüsünün kapatıldığını görünce işin ciddiyetini anladık."

Akıncı Üssü'ne götürülen Akar'ı ikna çalışmasını artık, üsteki darbeciler devralacaktı!

Dişli, Akıncı'da iknadan vazgeçmiş, artık sadece Akar'ı dinliyordu!

AKAR'A TRT CANLI YAYIN ARACINDAN DARBE BİLDİRİSİ OKUTTURULACAKTI

Darbeciler, TRT'den canlı yayın aracı ayarlamıştı.

Canlı yayın aracı Akıncı Üssü'ne gelecek, Akar'a darbe bildirisi okutulacaktı. Akar'a "Siz de bizimle birlikte katılın, okuyalım, duyuralım. Halk sizi görürse yatışır, bu iş bitmiş olur" dediler.

Akar, kabul etmedi!

Darbecilerin Akar'ı ikna için umut bağladıkları Akın Öztürk de, gidişata bakıp, pek de arzulanıldığı gibi iknaya uğraşmamıştı.

Akıncı'daki pazarlık da olumsuz sonuçlanmıştı!

AKAR, GECE BOYU DİŞLİ'NİN TELEFONUNDAN EŞİ DAHİL HERKESLE KONUŞTU(!)

Kimsenin telefonlarına çıkmayan Dişli, Akar adına her yere telefon edebiliyordu:

"Evden geldiğim için şahsi ve resmi cep telefonlarım yanımdaydı. Şahsi telefonlarımla sürekli karargahı arayarak olup biten hakkında bilgi alıp komutana iletiyordum. Komutan'ın eşini aradık. Eşine hala mesaide olduğunu söyledi."

Dahası da var! Dişli'nin ifadesine göre, Akar'ın eşi dışında da aramadığı kalmamış:

"Kuvvet komutanlarının yakalandığını televizyonlardan takip ettik. Bütün her şeyi komutan talimat vererek, benim cep telefonum vasıtasıyla, benim üzerimden yapıyordu. Hatta Başbakan ve MİT Müsteşarı'nı benim cep telefonumdan aradı. Cumhurbaşkanı'nı da aradık ama ulaşamadık."

Telefon serbestisi, "darbenin renginin değişmeye başladığı" sabah doğru gevşemiş olmalı!

Akar Başbakanla telefonla konuşarak, iç kargaşayı önlemeye çalıştı:

"İnsanlarımız ölmesin, siz polisi geri çekin, ben de Silahlı Kuvvetleri geri çekeyim. Genelkurmay'a gideyim, oradan emir-komutayı devralayım ve durumu tüm Silahlı Kuvvetlere bildireyim"

Başbakan Çankaya Köşküne gelmesini isteyecekti.

MEHMET DİŞLİ: "BEN FETÖ'CÜ İSEM HULUSİ AKAR DA FETHULLAH GÜLEN"

Dişli, ifadesinde AKP'li abisine de atıfta bulunarak,

"cemaatçi ve darbeci değilim" diyordu:

Ne yaptı ise, herşeyi Akar'ın can güvenliği için ve bilgisi dahilinde yaptığını söylüyordu:

"Ben Komutan ile 16 yıldır değişik kademelerde çalıştım. Komutan'ı ailemin bir parçası olarak gördüğüm için 'Öleceksek de birlikte ölelim' düşüncesiyle onun yanında oldum. Onun can güvenliğini sağlayabilirim diye karşı taraf ile belirttiğim görüşmeleri yaptım."

Dişli'nin FETÖ'cülüğü reddederken söylediği şu söz ise ifade tutanağına sokulmadı:

"Ben FETÖ'cü isem, Hulusi Akar da Fethullah Gülen'dir!"

Komutanına bağlılığını ifade ederken, acaba ne demek istiyordu!

DİŞLİ'NİN ÇALIŞMA EKİBİ "FULL" DARBECİ ÇIKTI

Dişli'nin durumu karışıktı. Kendini çok iyi gizlemiş ve en başından beri darbenin içinde olabilirdi.

Hakkında çıkan fazlasıyla "eksik" ve "kafa karıştırıcı" haberlerden birine göre, Dişli ve 8 kişilik ekibi "Ordunun Dönüşümü" adı altında darbenin stratejisini hazırlamışlardı.

Dişli'nin 8 kişilik ekibinden 1'i ölü, 2'si firari, diğer 5'i ise tutukluydu. Bu isimler şöyle:

"Proje Geliştirme Şube Müdürü K. Alb. Doğan Öztürk (tutuklu), Strateji İzleme ve Araştırma Şubesi'nden K. Bnb. Bülent Kaya (firari), K. Bnb. Yusuf Yenidağ (firari), K. Bnb. Zekeriya Açıkgöz (öldü), Bşçv. Suat

Sağlam (tutuklu), K. Alb. Zeki Demir (tutuklu), Yarbay **Lütfullah Taşyumruk** (tutuklu) ve K. Bnb. Ahmet Durmaz (tutuklu)"

Dişli, Akar'ın Genelkurmay Başkanı olduğu 2015 YAŞ'ında tümgeneralliğe terfi edip Genelkurmay Stratejik Dönüşüm Dairesi Başkanı olmuştu.

Daire, Dişli için özel kurulmuştu. Görevi, ordunun dönüşüm stratejisini hazırlamaktı.

Savcılık, Dişli ve ekibinin, "Dönüşüm" adı altında darbenin stratejisine çalıştığını düşünüyordu. Ekipteki tutuklu Bşçv. Suat Sağlam'ın itirafları vardı, ama "işkence altında konuştuğu" iddia ediliyordu.

Dişli ifadesinde, "4 yıldır Proje Değişim Dönüşüm Dairesi'nde çalışıyorum. Planı Cumhurbaşkanımıza arz edecektim." dedi.

"Dönüşüm projesi"nin darbeyle alakası olduğuna dair haber doğruysa(!), "darbeyi planlatan" daireyi kurdurtan Hulusi Akar'dı(!)

"BAHÇE PLANLAMASI" DARBE PLANLAMASI ÇIKTI(!)

Dişli'yle ilgili en somut iddia(!) ise, Eylül başında patladı: Odasında "Bahçe Gelişim Planlaması" isimli belge bulunmuştu!

Belgede, kalkışmanın gerçekleştiği 15 Temmuz için "Kesilen ağaç köklerinin çıkarılması" ifadesi vardı!

Belge, bahçe ve bitkilerden bahsedilerek, darbe planlamasının şifrelendiği(!) şüphesini doğurmuştu.

Aklıma Peter Sellers'ın oynadığı politik komedi filmi

"Merhaba Dünya" geldi:

"Bütün hayatı boyunca bahçesinde çalıştığı malikanenin dışına çıkmamış olan, kendi halinde, saf, biraz da zekası kıt bir bahçıvan, işvereni ölünce kendini sokakta bulur. Dış dünya hakkında bildiği her şey sadece televizyonda seyrettikleri ile sınırlı olan bu saftirik bahçıvan, ara sıra sarfettiği sözler bilgelik zannedilince, bunlardan derin anlamlar çıkaran etkili bir politikacının himayesine girer, Washington sosyetesinde basamakları hızla tırmanırken ABD başkan adaylığı teklifi bile alır."

Filmden aklımda kalan en etkili sahne ise, çıkarıldığı TV canlı yayınıydı. Kendisine ekonomik kriz sorulunca, bildiği tek iş olan bahçıvanlık tecrübesiyle, "Her kıştan sonra yine bahar gelir" diyerek, farkında olmadan "konjonktürel dalgalanmalara" yaptığı gönderme muhteşemdi.

Dişli de, o filmi seyretmiş olmalı(!)

DİŞLİ'NİN "CEMAATÇI OLABİLECEĞİNE" DAİR İLK İFADE

Kalkışmanın ardından tutuklanan karargah subaylarından biri, doğrudan Genelkurmay başkanına bağlı çalışan "J" başkanı 6 korgeneralden 1'i olan (4'ü tutuklandı) Plan Prensipler Başkanı Korg. Salih Ulusoy'du:

"Saat 20:40'ta Karargah'tan ayrılıp kız kardeşime yemeğe gittim. Emir astsubayım aradı. Çatışma çıktığını, Genelkurmay'da herkesi tutukladıklarını, beni aradıklarını, görünmememi ve yerimi belli etmememi söyledi. Söylediklerini ciddiye almadım."

Ciddiye almamış! Şaka gibi!

Sonra jetonu düşmüş ve çatışma yaşanan Genelkurmay karargahına gitmiş:

"Ankara'da uçaklar alçak uçuş yapmaya başladı. Vahim bir olay olduğunu o zaman anladım. Saat 23:30'da Genelkurmay'a gitmek üzere yola çıktım."

Ulusoy'un ifadesindeki en ilginç kısım, "Dişli dini gruplara yakındır. İnanç olarak Fetullah Gülen grubuna da kendini yakın hisseder" demesiydi.

İfadeden, Dişli için tam olarak "cemaatçi" dediğini çıkarmak mümkün olmasa da, AKP'ye karşı cemaatçileri tercih ettiğini iddia ettiği kesin.

Ulusoy, mesai arkadaşı Dişli'yi cemaatçilikle suçlayan ilk üst düzey komutandı.

DİŞLİ'NİN "İKİLİ OYNADIĞINI" GÖSTEREN İFADE

Akar'ın makamında gözleri bağlanarak derdest edilen Genelkurmay Halkla İlişkiler Daire Başkanı Ertuğrulgazi Özkürkçü'nün ifadesi, Dişli'nin idam fermanı gibiydi:

"Yarım açık kalan kapıdan Tümg. Dişli'nin makam odasından çıkıp koridorda etrafı kontrol ettiğini gördüm. Görüş alanımda olmayan biri kendisine 'Dişli generalim, ne zaman tahliye edeceğiz' dedi. Kendisi de 'Şimdi değil, talimat gelecek, haber gelecek bekleyin' mealinde bir şey cevabını verdi.

10 dakika geçmeden tekrar Dişli makam odasından çıkıp koridorda göründü ve oradakilere '10-15 dakikaya çıkıyoruz' dedi ve Genelkurmay Başkanı'nın makam odasına tekrar döndü."

Özkürkçü'nün ifadesi, Dişli'nin cemaatçi olmasa bile darbecilerle birlikte davrandığını kuvvetlendiriyordu.

MEHMET DİŞLİ'Yİ ASIL YAKAN İFADE: CEMAATÇIYDI!

Akar'ın yaveri Levent Türkkan, kendi cemaatçiliğini saklamıyordu. Dişli'nin de cemaatçi olduğunu çok net ifade edecekti:

"15 Temmuz öğleden sonra Tümg. Dişli'nin odasına gittim. O da cemaatçidir. 'Genelkurmay Başkanı'na sen Kenan Evren olacak mısın olmayacak mısın' diye soracağım' şeklinde beyanda bulundu. Dişli, Akar Paşa'nın teklifi kabul edeceğini düşünüyordu."

Acaba darbecilerin atama listesinde, Akar'ın isminin karşısının "BOŞ" bırakılmasını sağlayan Dişli miydi!

MEHMET DİŞLİ CEMAATÇI OLABİLİR Mİ?

Şaban Dişli, kardeşi hakkında yazılıp çizilenleri okudukça kendinden bile şüpheye düştü.

Yakın arkadaşlarına, "Mehmet'in bana göre cemaatçi olması imkansız. Benim bunu hissetmemem imkansız. Acaba ben mi çok kördüm diye kendi kendimden şüphe ediyorum" diyordu.

Merak edip, kardeşinin karısına, çocuklarına tekrar tekrar sordu. Aldığı yanıt, "Asla, hayır, olamaz"dı.

Dişli'nin eşi de, çocukları da cemaatle ilintili değildi.

Tümgeneral seviyesinde olduğuna göre, "TSK'ya ilk sızanlardan sayılabilecek" bir cemaatçinin(!), cemaat emrine göre evlenmesi gerekirdi!

Dişli, Sakarya Geyve'den memleketlisi ve babasının askerlik arkadaşının kızıyla evlendirilmişti. Evliliği, dünür olmak isteyen iki askerlik arkadaşı organize etmişti. Cemaat parmağı yoktu.

Sonuç; Dişli darbecilere destek vermiş olabilir ama cemaatçiliğine dair, "sıkı dayaktan geçirilmiş itirafçı" Levent Türkkan'ın ifadesinden başka ipucu yok!

Yine de Türkkan'ın ifadesi göz ardı edilemez!

Ancak Dişli, "cemaatçi" ise, rütbe itibarıyla darbenin 1 numarası" olması gerekiyordu.

Ya alakası yok, ya da filmlerdeki gibi "yüzü son sahnede ortaya çıkan" sürpriz 1 numara!

GÖZLERİ BAĞLI BAKİ KAVUN MUAMMASI

Genelkurmay görüntülerinde "gözleri bağlanarak derdest edilmesine" rağmen, darbecilikten tutuklanan tek komutan Genelkurmay Harekât Plan Daire Başkanı Tümg. Baki Kavun'du.

Kavun'un gözlerinin bağlanması sanki "darbe karşıtı" olduğunun ispatıydı.

Keza, darbecilerin atama listesinde görevinden alınıyor görünmesi de!

Ama, Tümg. Kavun 15 Temmuz sonrasında YAŞ kararıyla önce emekli edildi, sonra da tutuklandı.

Tutuklanma öyküsü, İlhan Talu'yla benzerdi. Bazı görüntülerde gözleri açık, koridorlarda geziniyordu.

Soru şuydu; gözleri açık görüntüler, gözleri bağlanmadan önce mi, yoksa sonra mıydı?

Gözleri bağlıyken işbirliğini kabul edip, gözlerini açtırmadıysa, tutuklanması için neden yoktu!

Erdoğan'ın sarayında oluşturulan "15 Temmuz haberlerini kontrollü sızdırma merkezi" onaylamamış olacak, Baki Kavun (Ocak 2017 itibarıyla) ifadesi sızmayan tek tutukluydu!

NTV'DE "KIŞLAYA DÖN' ÇAĞRISI YAPTI AMA DARBECİLİKTEN TUTUKLANDI

İstanbul'daki 3. Kolordu Komutanı Korg. Erdal Öztürk, darbe girişimi sırasında NTV canlı yayınında askerlere "Kışlalara dönün" çağrısı yaptı:

"TSK hiyerarşisindeki herhangi bir emir dışında, tüm personele kışlalarına dönmesi çağrısı yapıyorum. Aksi takdirde personele hukuki işlem yapılacaktır."

Belki o saatlerde tam anlaşılamadı ama "her yöne çekilebilecek" bir açıklamaydı.

Çünkü darbeciler "darbe emir-komuta zinciri içinde" görüntüsü vermeye çalışıyorlardı.

Şu da vardı ki, 1. Ordu Komutanı darbeye karşı tavır alınca, İstanbul 3. Kolordu Komutanı Korg. Erdal Öztürk de, başlangıçta darbeye destek verdiyse bile, vazgeçmek zorunda kalmıştı.

Kalkışma gecesi İstanbul Maltepe 2. Zırhlı Tugay Komutanlığı'na bağlı General Nurettin Baransel Kışlası'ndaki sabit hattan, "yüzbaşı" ünvanlı bir asker, il emniyet müdür yardımcılarını aradı.

"Sizi sıkıyönetim komutanımız Erdal Öztürk'e aktarıyorum" diyerek telefonu verdiği kişi, emniyet müdürlerine, "İl Emniyet Müdürü Mustafa Çalışkan'ı görevden aldık. Siz de bizim emrimizin altına gireceksiniz. Yoksa tutuklanırsınız" demişti.

Şayet adı kullanılmadıysa, Erdal Öztürk'ün darbeciler adına emniyet müdürlerini araması, suçunun ispatıydı.

Belki de kendisini garantiye almak için televizyona çıktı ama ertesi sabah hemen firar etti.

Yolda, Bursa'nın İnegöl ilçesinde eşi ile birlikte köfte yerken yakalanıp tutuklandı.

"ÖTERSEM ÇARPILIRIM" KORKUSU, TOPLU BEDDUA SEANSLARI VE YENİ DARBE TESELLİSİ

Moralman çöken cemaat, müritlerinin psikolojisini korumak için toplu namazlar sonrası özellikle Erdoğan'a karşı "beddua seansları" yaptırıyordu.

Tutuklulara da "konuşursanız çarpılırsınız" korkusu salınıyordu.

Anadolu Ajansı haberine göre, tutuklanan bazı cemaat mensupları, "örgüte girişte yemin ettirildiğini, örgüt hakkında bildiklerini anlatmaları halinde yeminlerinin bozulmuş olacağını ve çarpılma endişesi taşıdıklarını" söylüyorlardı.

Laik(!) cumhuriyetimizin mahkemeleri ne yaptı!

Diyanet'ten "çarpılmazlar, konuşsunlar" diye fetva alıp, tutuklanan cemaatçilerin önüne koydu.

Cemaat, belirlediği "cezaevi imamları" üzerinden 'moral motivasyon' çalışması da yaptırıyor, tutuklu örgüt üyelerine kısa süre sonra serbest bırakılacakları haberi gönderiliyordu.

"YİNE DARBE YAPILACAK" SAFSATALARI

Gezi direnişinden sonra sürekli "ayaklanma(!)"

tarihleri verilir, "555K" tarzı komplo teorileri üretilirdi. Amaç direnişe karşı kitleleri "diri tutmak"tı.

AKP, aynı taktiği 15 Temmuz darbe girişiminden sonra da izledi.

"FETÖ'cülerin 14 Ağustos'ta Türkiye'yi 1 hafta elektriksiz bırakacakları" ya da 14 Ağustos'ta "suni deprem yapılarak" Türkiye'ye ikinci bir darbe vurulacağına dair iddialar bile gündeme geldi.

Aydınlık gazetesi de "14 Ağustos'un Sırrı" manşetinde, cemaat'in "14 Ağustos'u bekleyin" mesajlarının sırrını çözmüştü(!)

"Siyasi darbe"nin başında Abdullah Gül ve Bülent Arınç olacak, 50 kadar vekil de AKP'den kopacaktı!

Salla gitsin işte! Hiçbiri olmadı!

SONUÇ: CEMAAT YALNIZ DEĞİL MİYDİ?

Yıllar içinde bambaşka ayrıntılar çıkacağı için, hep "ihtiyat payı" bırakarak analiz etmek gerekiyor.

Kalkışmada farklı kokular hissediliyordu. Ama cemaatin kalkışmanın içinde olduğundan, hatta "başı

çektiğinden" kuşku yoktu!

"Cemaatin darbe girişiminde yalnız başına olup olmadığı" ise hayli tartışmalı.

"Cemaat yalnız değildi"nin, yurt dışı bağlantısı kısmı çok daha önemli ama, yurt içinde yalnız olup olmadığı çok daha merak uyandırıcı.

Gözaltına alınan ve tutuklanan subayların hepsi "cemaatçi" değildi. Yani "kendilerini ulusalcı-laikçi gösterenler cemaatçi çıktı" demek yanlış!

Cemaatin başrolü üstlendiği darbe girişimine, YAŞ'ta tasfiye olacağı için "kişisel çıkarları nedeniyle" eşlik edenler de vardı.

Kalkışmayı, okunan darbe bildirisine bakarak, emir-komuta zinciri içinde "laik-ulusalcı-vatansever bir darbe(!)" olarak görüp, destek verenler de vardı.

AKP'nin kalkışmayı vesile bilerek, cemaat ve darbeyle alakası olmayan vatansever, ulusalcı ve laik subayları tasfiye ettiği de düşünülebilir.

Gözaltı ve tutuklamalara bakınca, yüzde 20-30'luk böyle bir kesim olabileceği belirtiliyor.

Polisteki cemaat operasyonlarında benzerini yapmışlar; fırsattan istifade muhalif gördüklerini meslekten atmışlar. sürgüne göndermişlerdi.

Özetle, kalkışmaya cemaat dışı katılım da var; cemaat ve kalkışma ekibi dışında olmalarına rağmen, AKP'nin işin içine kattıkları da var!

DOKUZUNCU BÖLÜM
ABD VE AB PARMAĞI

ABD VE AB PARMAĞI VAR MI?

Tüm dünya, "Erdoğan'ın darbe girişimini kendi sivil darbesi için kullanmasından" endişe duydu.

Balyoz-Ergenekon davalarını muhalif avına dönüştürdüğü bilinen Erdoğan, "İslamcı ve anti-demokrat" kimliği yüzünden artık istenmiyordu.

Darbe başarılı olsa, hele de emir-komuta zinciri içinde olsa, ABD ve AB'nin, "bir an önce parlamenter sisteme dönülmesi..." gibi klişe laflarla darbecilerin üzerine pek gitmeyeceği aşikardı.

Batılı yaklaşımlar "cemaatin darbe girişiminde yurt dışından teşvik gördüğü veya kışkırtıldığı" kuşkularımı kuvvetlendiriyordu.

Gülen, "esir" olduğu ABD'den habersiz kalkışmaya girişmiş olamazdı. Teşvik veya tahrik muhtemeldi.

AKP'yi iktidardan indirmeye yönelik 17-25 Aralık operasyonlarının suçlularından Zarrab'ın ABD'de tutuklanması da, 15 Temmuz darbe girişimiyle "daha anlamlı" hale getirmişti.

"Darbe söylentisi" uzun süredir Amerikan medyasında sıkça dile getiriliyordu.

Kalkışma sonrası Batı medyasına baktığımızda, darbecilerden daha çok Erdoğan'a alerji duyulması, çok normal bir durum değildi.

Örneğin ABD'de yayınlanan Wall Street Journal Gazetesine göre, Erdoğan totaliterliğini daha da arttırmaya yönelebilirdi.

İngiliz Guardian Gazetesi'ndeki, "Darbeye karşı direnişin karanlık yüzü" başlıklı makalede, darbe girişimindeki tuhaflıklara dikkat çekilirken, AKP'nin sokaklara döktüğü kitleden duyulan endişe vardı.

15 Temmuz sonrası İçişleri Bakanlığını üstlenecek Süleyman Soylu, çok net bir şekilde "darbenin arkasında ABD var" suçlamasında bulundu.

Cumhurbaşkanı ve Başbakan da, Gülen'in ABD'de ikametine atfen, "iade etmezseniz, darbenin arkasında siz varsınız" demeye getirdiler.

Ankara'da AKP'li protestocuların, etrafında protesto turları attıkları "ABD Büyükelçiliği'ne saldırma olasılığı", Melih Gökçek gibi AKP'li isimler tarafından dile getirilerek önlendi.

AKP, kalkışmanın köklerinin Amerikan yönetimine uzandığının "alenileşmesinden" korktu. Çünkü AKP'nin ABD'yle zıtlaşması, Türk ordusunu da, Türkiye'yi de bambaşka komplolara sürükleyebilirdi.

Bu yüzden AKP'liler "araf"ta kalmayı tercih ettiler. Rusya ile gelişen dostluğa ve gidişata bakacaklardı.

Gülen'in iadesi sorunu, AKP ile ABD arasındaki örtülü gerginliğin "turnusol kağıdı" olacaktı.

Cemaat yurt dışında kesinlikle "yalnız" değildi!

BAŞIMIZA NE GELDİYSE SURİYE POLİTİKASI YÜZÜNDEN

Darbe girişimi ve ABD bağlantısını sorgularken, "Suriye politikasındaki zig-zag'lara" bakmak şarttı.

Davutoğlu'nun başbakanlıktan gönderilmesi "Suriye politikasının iflasının kabul"üydü.

Türkiye ABD ve AB ülkeleriyle birlikte İslamcı terör

örgütlerini besleyerek, Suriye savaşında taraf olmuş; ancak sonrasında IŞİD'le mücadelede ABD ve AB'yle yol ayrımına girmiş, bocalamıştı.

ABD ve AB de, Suriye'de I IŞİD'e karşı savaşta PKK'nın Suriye ayağı PYD'yi öne çıkarmış, ve Suriye'de Irak'taki gibi Kürt bölgesi oluşmuştu.

Suriye'deki oluşan "Kürt devletimsi şey"inde muhatap Barzani-Talabani gibi isimler değil, PYD'nin patronu PKK'ydı.

PKK "sınır komşumuz" olmuştu!

Hatta fırsat bu fırsat deyip, Türkiye'de "hendek savaşları" ayaklanmasını başlatmış, Suriye'deki PKK devletine Türkiye topraklarını katma hayallerine girişmişti.

AKP, mezhepçi arzularla bulaştığı Suriye savaşında, Esad'a karşı kazanamadığı gibi, bir de "PKK devleti kazığı" yemişti.

İç savaşa, İran ve Rusya da Esad tarafından girince, hesaplar iyice karışmıştı.

Rusya, ABD ve AB gibi, IŞİD'i istemiyor, ama Esad'ı koruma noktasında anlaşamıyordu.

Tüm bu ülkelerin "PKK-PYD devleti" konusunda kafaları karışıktı. Hepsi Kürtleri kullanmak ve kendi tarafına çekmek istiyordu ama, Rusya'nın kafasındaki Esad'ı koruyarak Kürtlerle uzlaştırmaktı. ABD ve AB'nin kafası ise, Kürtlerle Esad'ı yıkmak!

Sınırda Rus uçağının düşürülmesi; Türkiye'nin PYD-PKK yüzünden ABD ve AB'den, ABD ve AB'nin de İslamcı terör örgütlerini empati yaptığı için AKP'den "huylandığı" bir döneme denk geldi.

Mantık, Türkiye'yi Esad'ı kollasa da Rusya'ya itiyordu. Hatta IŞİD'den olduğu kadar PKK/PYD'den de rahatsız olan Esad'a daha çok itiyordu!

İşte kalkışma böyle bir ortamda gerçekleşti. Dış faktörlere "iç karışıklık"la müdahale edildi!

RUS UÇAĞININ DÜŞÜRÜLMESİ VE KALKIŞMA: CEMAAT-ABD ORTAK OPERASYONLARI MI?

Kalkışmadan sonra, "Rus uçağını düşüren pilotlar cemaatçiydi" iddiası ortaya atıldı.

Pilotların darbe girişimi sonrası ordudan atıldığı ya da açığa alındığına ilişkin iddialar medyada yer aldı.

Rus uçağının düşürülmesi, olası Türk-Rus yakınlaşmasının önünü kesen bir "hamle"ydi!

Kalkışmadan sadece birkaç hafta önce, Suriye'de ABD ve AB'yle işlerin iyi gitmediğini gören, Rusya'nın ekonomik ambargosundan da bunalan Erdoğan, "düşürülen uçak" için Putin'e özür mektubu yazdı. Dikleşmekten vazgeçmiş, Putin'in ambargosuna teslim olmuştu!

Rusya ile işler ABD ve AB'nin hoşuna gitmeyecek şekilde bir kez daha düzelme yoluna girdi.

Yaşam pratiği, üst üste fazla "tesadüf" kaldırmaz!

Ardından, çekirdek kadrosunu, Pensilvanya'da ABD kontrolünde yaşayan Gülen'in TSK'daki müritlerinin oluşturduğu darbe girişimi geldi!

Suriye'de Rusya ile yakınlaşma ve Rus uçağının düşürülmesi...

Rusya ile yeniden yakınlaşma ve darbe girişimi...

Kabaca bakıldığında her şey "cuk" diye oturuyor.

Zamanla netleşecek ama, tüm bu nedenlerle genel algı "kalkışmada ABD ve AB parmağı" olduğuydu.

Başbakan Yardımcısı Numan Kurtulmuş'un da itiraf edeceği gibi, Türkiye'nin başına ne geldiyse, yanlış Suriye politikasından ötürü gelmişti.

"HEDEFTEKİ MÜTTEFİK" ABD, DARBEYİ SURİYE'DEKİ KÜRT DEVLETİ İÇİN Mİ TETİKLEDİ?

Türkiye kalkışmayla uğraşırken, ABD Suriye Kürdistan'ını oluşturuyordu.

Kalkışmanın bir amacı Türkiye-Rusya yakınlaşmasının önünü kesmek ise, diğer bir amacı da, Türkiye iç karışıklık yaşarken "Suriye'deki Kürt koridorunu tamamlamak" olabilirdi.

ABD yönetimi reddediyordu ama, Gülen'in Pensilvanya'da barındırılmasının ötesinde, ABD parmağına ilişkin başka işaretler de vardı.

ABD ve AB'nin, IŞİD'e yakın ve "kontrol edilemez" gördüğü Erdoğan'dan soğuduğu kesindi.

ABD medyası gibi düşünce kuruluşlarının da, olası darbeyi dillendiren yorumları sıklaşmıştı.

ABD'nin önde gelen ulusal güvenlik danışmanı Zbigniew Brzezinski, kalkışmadan 3 ay önce American Interest'te yayınlanan **"Küresel bir Yeniden Dizilime Doğru"** başlıklı makalesinde, ABD'nin Ortadoğu ve dolayısıyla dünya hakimiyetini kaybetmemek için "Türkiye'de de bir şeyler yapması gerektiğini" açıkça yazıyordu.

AMERİKAN MEDYASI DARBEYİ AYLAR ÖNCEDEN HABER VERMİŞTİ

Kalkışmayı çok önceden haber veren ilk makale, 24 Şubat 2016 tarihinde, Counterpunch adlı sitede Mike Whitney imzası ile yayınlandı:

"Türkiye'nin olası bir Suriye harekatı, ciddi boyutta bir tepki ortaya çıkarabilir ve bu durum Erdoğan'ın gücünde ciddi bir azalmaya neden olabilir. MİT ve TSK içerisinde ajanları bulunan ABD ise bu durumdan faydalanabilir. Erdoğan Washington'dan yönetilen bir darbe ile etkisiz hale getirilebilir.

Gözünde canlandırması zor değil, Obama gizlice Erdoğan'a yeşil ışık yaktı ve altındaki halıyı çekmeden önce askerlerini Suriye'ye sokmasını bekleyecek.

Benzer bir sahtekarlık örneği 1990'da Amerikan elçisi Irak'a gittiğinde gerçekleşmişti. April Glaspie, Saddam'ın Kuveyt'e girmesine onay vermişti. Irak ordusu hedeflerine henüz ulaştığı anda ABD kendi ordusunu devreye sokarak Çöl Fırtınası Operasyonu adı altında büyük ölçekli bir karşı askeri operasyon başlatmıştı."

Bir dönüm noktası olan ve artık daha anlamlı hale gelen bu makale, benzer analizlerin ilki olma özelliğini taşıyordu ve TSK ve MİT içerisinde bulunan "ABD ajanları" üzerinden bir darbe harekatına girişilebileceğinin işaretini veriyordu.

Türkiye darbe girişiminden sonra Suriye'ye "kara harekatı" olarak da girdi ve belki de makalenin öngördüğü "darbe"yi asıl 2017-2018 yıllarında beklemek gerekiyordu!

DERİN AMERİKA NİYE ERDOĞAN'IN İPİNİ ÇEKTİ?

Washington Post'a ABD'nin eski Ankara büyükelçileri Morton Abramowitz ve Eric Edelman tarafından yazılan "Erdoğan ya reform yapmalı ya da istifa etmeli" başlıklı makale ise "Erdoğan'ın ipini çeken derin Amerika'nın havasını" yansıtıyordu:

"Açıkçası, Erdoğan'ın varlığı söz konusuyken demokrasinin gelişmesine imkan yok. AKP'nin gerçekleştirdiği reformlar, sistematik bir kötüye kullanımın, temel hak ve hürriyetlerin çiğnenmesinin önünü açmış görünüyor."

Abramowitz ve Edelman, ABD'nin Erdoğan'ın yönetimden uzaklaştırılmasına sıcak baktığının ilk sinyalini vermişlerdi.

ABD GÜLEN CEMAATİNDEN VE DARBEDEN YANAYDI

Bir diğer önemli işaret, ABD Dışişleri Bakanlığı'nın hazırlayıp paylaştığı 2015 İnsan Hakları raporuydu.

Rapor, Gülen cemaati mensuplarının Türkiye'de maruz kaldıkları sert tepkiyi eleştiriyordu.

Raporu kaleme alanlar, "paralel devlet" tanımını gerçekçi bulmuyorlardı. Gülencilere karşı başlatılan savaşın asıl sebebinin, "hükümetin önde gelenlerinin ve Erdoğan ile ailesinin bazı üyelerinin karıştıkları iddia edilen yolsuzlukların ortaya çıkartılması olduğu" vurgulanıyordu.

Foreignpolicy'deki John Hudson imzalı makalede ise Başbakan Davutoğlu'nun görevden alınması şu sözlerle yorumlanmıştı:

"Amerika, Ankara'daki adamını kaybetti."

Sonrasında darbe söylentileri iyice ortalığa saçılmaya başladı. Wall Street Journal'ın İstanbul büro şefi Dion Nissenbaum "Türk Ordusunun yükselişte" olduğunu yazacaktı:

"Türk Ordusu'nun etkisi yeniden yükselişte, geçmişte sivil liderleri koltuklarından eden güç, şimdilerde Cumhurbaşkanı Erdoğan'ın Suriye'deki hareketleri ve ülke içerisinde Kürt isyancılara karşı hareketleri çerçevesinde yeniden şekilleniyor.

ABD'li bir yetkili bu konuda şöyle söylüyor, ABD ve Türkiye'nin orduları arasındaki ilişki geleneksel anlamda her zaman güçlü olmuştur. Şimdi ise muhtemelen her zaman olduğundan daha güçlü."

Hemen ardından Foreignaffairs.com'da, "Türkiye'nin Sonraki Askeri Darbesi" başlıklı bir diğer makalede, gerçekleşmesi olası bir darbenin kaynağının "Kemalist askerler" olacağı iddia ediliyordu:

"Ordunun kin beslemek için sebepleri bulunuyor. Bir fırsat görmesi durumunda politik süreçlere müdahil olmaya yönelik davranarak eski doğasına geri döneceğine dair korkuları olanlar da yok değil.

Gerçekte, ordu zayıf düşmüş olabilir fakat oyunun bütünüyle dışında kaldığını da söyleyemeyiz."

En şiddet dolu ve alenen tehditler savuran yazı ise Foreignpolicy.com'daki John Hannah'ın yazısıydı. Eski başkan yardımcısı Dick Cheney'in ulusal güvenlik danışmanı olan Hannah, ABD ile Erdoğan arasında "er ya da geç" bir hesaplaşma gününün yakın olduğu "kehanetinde" bulunurken, Erdoğan sorununun daha fazla büyümeden ABD tarafından çözülmesi gerektiğini belirtmişti:

"Türkiye yavaş yavaş ama engel olunamaz bir şekilde uçurumdan aşağı yuvarlanıyor. İşaretler gerçekten kötü. Despotluk. Terörizm. İç savaş. Ufukta, 'müflis devlet' ve 'zorla bölünme' gibi senaryolar görünüyor.

ABD'li politikacıların, ne kadar tercih etmeseler de, şu soruyla boğuşmak zorunda kalacakları gün yaklaşıyor: Yoldan çıkan bir NATO müttefiki ile nasıl başa çıkılır?

Türkiye'nin Erdoğan sorunu, yıllardır inşa halinde. ABD yetkilileri, yıllardır sorunun korktukları kadar kötü olmadığını ya da meselenin kendi kendine hallolacağını ve böylelikle yeryüzündeki en önemli jeostratejik toprakların bir bölümü üzerine kurulu eski bir müttefik hakkında zor kararlar alma durumuyla karşı karşıya kalmaktan kurtulacaklarını umdular.

Ancak ihtiyat galip gelmedi. Tersine, Erdoğan problemi giderek kötüleşiyor, metastas yapıyor (yayılıyor), ve ABD çıkarları için büyük tehlikeler yaratmaya devam ediyor. Er ya da geç bir hesaplaşma günü yaşanması ihtimal dahilinde."

Darbeyi haber veren makaleler listesi böyle uzayıp gidiyordu.

KERRY DARBEYİ ERKENDEN ÖĞRENDİ Mİ?

15 Temmuz'da Moskova'da bulunan ABD Dışişleri Bakanı John Kerry'nin programında yaşanan olağandışı durum dikkat çekiciydi.

Rusya resmi haber ajansı TASS'a göre, Kerry 15 Temmuz günü saat 10:00'da başlayan toplantısına 18:00 sularında ara vermişti.

"Mola", MİT'ten Genelkurmay'a gelen ihbarın saatlerine denk geliyordu!

Washington Post gazetesi, Kerry'nin kameralar önüne beklenenden 10 saat sonra çıktığını yazdı. Kerry'nin ABD Büyükelçiliği"ne gittiğini duyuran gazete, 4 saat boyunca Beyaz Saray ve Pentagon'dan yetkililerle konuştuğunu aktardı.

Bu ayrıntılar akıllara, o saatlerde tüm dünyada en önemli gelişme olan Türkiye'deki darbeyle ilgilenmiş olabileceğini getirdi.

Rusya Siyasi Araştırmalar Enstitüsü Müdürü Sergey Markov, gazetecilere yaptığı açıklamada, şunları söylüyordu:

"Kerry, ABD'nin darbe girişimiyle bağlantılı olduğunu biliyordu. Türkiye'deki olaylara saatler kala, Kerry Moskova'da Rusya Dışişleri Bakanı Sergey Lavrov ile yaptığı görüşmesine aniden ara verdi. Saatler 18:45'ti. Anlaşılan kendisine Türkiye'de önemli olaylar olacağı konusunda bilgi verildi. Amerikan istihbaratının Türkiye'de güçlü faaliyet gösterdiği belli. Onlar mutlaka haberdardı. ABD, Cumhurbaşkanı Erdoğan'a haber vermek yerine, darbecilere yardımcı oldu."

Tüm bunlar analizdi, ortada somut bir delil yoktu. Zaten Türkiye'de darbe girişimi varsa, Kerry'nin ilgilenmesi de çok doğaldı, illa işin içinde olması gerekmiyordu.

Yine de iddia dikkat çekici!

KERRY "ERDOĞAN ARTIK GİDİCİ" DİYE DARBENİN SİNYALİNİ Mİ VERDİ?

İddiaların dahası da var!

Kerry, Rusya'da iken Lavrov'la ikinci buluşmasında,

"mechanism launched" (mekanizma harekete geçti)" sözünü söyleyip, arkasından da 'Erdoğan'ın artık gidici olduğunu' ifade etmişti.

İddia, doğru olabilir! ABD böyle bir darbeyi istiyor ve Erdoğan'dan kurtulmayı hevesle bekliyordu.

Kerry, cemaatin tetiklediği kalkışmanın emir-komuta zincirinde bir darbeye dönüşeceğini sanıyordu!

GÜLEN'CİLERİ KALKIŞMAYA KIŞKIRTAN HANGİ AMERİKA?

Darbeciler 15 Temmuz gecesi desteğini almak için, ABD Genelkurmay Başkanı General Joseph Dunford'u aradılar.

Buzzfeed.com'un ulusal güvenlik muhabiri Ali Watkins'in bu çarpıcı bilgiyi verdiği makalesi aynen şöyle:

"ABD Genelkurmay Başkanı General Joseph Dunford, Cuma gecesi ofisinden neredeyse 7 bin mil uzaktan gelen gizemli bir telefon çağrısı almıştı.

Arayan numara, Türk ordusunun başındaki isim, IŞİD'e karşı savaşta en kritik müttefik, Türk meslektaşı General Hulusi Akar'a aitti.

Dunford'un ofis görevlileri çağrıya yanıt verdiklerinde, ahizenin karşısındaki sesin Akar'a ait olmadığı anlaşıldı. Ses, Akar'ı rehin alanlardan birine aitti, Türkiye sokaklarını kana bulayan darbe girişimi başlayalı 1 saat olmuştu.

Türk ordusunun en tepedeki ismini rehin alanlar, Dunford'un desteğini istiyorlardı. General, ABD güçlerini ziyaret için Afganistan'a yaptığı seyahat sebebiyle uykusuz kalmıştı. Darbecilere Dunford'un müsait olmadığını söyleyerek telefonu kapattılar.

Dunford'un ekibi Cuma gecesi darbecilerden telefon aldığında, o an itibariyle kiminle görüşmeleri gerektiği hakkında bir fikirleri yoktu. Darbe girişiminin bastırılmasının ardından saatler geçtiğinde, Washington felakete bulaşmaktan ucu ucuna kurtulmuştu."

Ali Watkins, darbeyle ABD'nin ilişkisi konusunda da, enteresan değerlendirmeler yapıyordu:

"Pek çok meselede olduğu gibi Washington bu konuda ellerinin temiz olduğunu göstermek istese de, kalkışma, askeri müttefikleri olan Türkiye ile var olan ilişkilerinin nasıl da çatladığını ve vidalarının yerlerinden çıkmakta olduklarını gösterdi."

Watkins'e gore, darbe kalkışması Ankara ve Washington arasında uzun zamandır süregelen meseleleri arttıracaktı. Çünkü, Ankara'nın gözünde ABD, darbenin arkasındaki isim olarak görülen Fethullah Gülen'e "Pensilvanya'da güvenli bir cennette yaşama imkanı" sunuyordu!

Makalenin özü şuydu, "Amerika Türkiye'de olacakları" biliyor, hissediyor ya da bekliyordu.

ABD Genelkurmay Başkanının kalkışmaya bilgisiz ve ilgisiz olması, "o zaman darbeyi hangi ABD istedi?" sorusunu akıllara getiriyor.

"Yek vücut bir ABD" yoktu! Obama'nın da altına imza attığı bir "devlet kararından" daha çok "CIA kışkırtması" düşünülmeliydi!

DARBE GECESİ İNCİRLİK DEVREDE!

Adana'daki İncirlik Hava Üssü, Amerikan Ordusu'nun Türkiye'deki ana istasyonudur.

15 Temmuz gecesi, İncirlik Üssü "darbecilerin hava harekat merkezlerinden biri"ydi.

İncirlik'teki Türk birliği olan 10. Tanker Üs Komutanı Tuğg. Bekir Ercan Van, cemaatçi darbecilerdendi.

Kalkışma gecesi, darbeci F-16'lara, İncirlik'teki tanker uçaklarla havada yakıt sağladı.

Kalkışmadan 1 gün önce, çeşitli mesleklerden 25 sivil ile karargahında toplantı yapan Van, "Gelecek günler çok güzel olacak, merak etmeyin" dedi.

Yarı şaka yarı ciddi, birkaç kişiye dönerek, "Sen belediye başkanı olmak istemez misin?", "Sen başhekim olmak istemez misin?" diye sordu.

Tuğg. Van güçlü olduğunu kanıtlamak için, toplantı yaptığı gruba uçak hangarlarını, mühimmat depolarını gezdirerek, neler yapabileceğini anlattı.

"Kalkışmanın elinin kulağında olduğunun sinyalini" vermişti!

İncirlik'teki ABD'liler bu sinyalleri almamış olamaz!

İNCİRLİK'TEKİ AİLELER ABD'YE GÖNDERİLDİ, YABANCI HEYET GEZİLERİ SIKLAŞTI

ABD, 31 Mart'ta "Acil Tahliye" yazısıyla, İncirlik başta tüm asker ailelerini Türkiye'den çıkarmıştı.

ABD, olası bir darbeye ve/veya çıkabilecek iç kargaşaya tedbirini mi alıyordu?

İncirlik'te son 2 ayda olağan dışı hareketlilik vardı.

"Nezaket ziyareti" veya "turistik gezi" süsü verilmiş heyetlerin, sıklaşan görüşmeleri dikkat çekiciydi.

ABD Ordusu, sanıldığı kadar uyumuyordu!

DARBEYİ ABD'Lİ EMEKLİ GENERAL CAMPBELL Mİ YÖNETTİ?

İncirlik ziyaretçilerinden biri, Afganistan'da konuşlu Uluslararası Destek Gücü'nün komutanlığından yeni emekli olmuş John F. Campbell'di.

İddiaya göre, kalkışmadan önce 2 kez İncirlik'e gelen Campbell, ABD'nin "darbenin koordinasyonu için görevlendirdiği" isimdi.

CIA'in kalkışmaya katılan askerlere, Nijerya bankası United Bank of Africa kanalıyla para ulaştırıldığı iddia ediliyordu.

Yeni Şafak'ın bu iddiaları, "darbe girişimindeki ABD parmağı şüphesi"ne ilişkin ilk somut suçlamaydı.

Wall Street Journal Gazetesi'ne konuşan Campbell hakkındaki iddiaları reddetti. "Tamamen saçmalık" diyerek, "olayın yanıt bile gerektirmediğini" söyledi.

İddialar, ABD Savunma Bakanı Ashton Carter ile Genelkurmay Başkanı Joseph Dunford'ın ortak basın toplantısında da gündeme geldi.

Her ikisi de, "Campbell ve ABD parmağı" iddialarını "absürd bulduklarını" söylediler.

İNCİRLİK ÜSSÜ KOMUTANI 1 GÜN ÖNCEDEN SİNYALİ NASIL VERDİ?

Adana'daki İncirlik Üssü'nün Türk Komutanı Tuğg. Bekir Ercan Van, darbeci uçaklara havada tanker uçakla yakıt ikmali yaptıran komutandı.

Darbe girişiminden 1 gün önce, çoğu işadamı yaklaşık 25 sivil ile İncirlik'te toplantı yaptı.

"Gelecek günler çok güzel olacak, merak etmeyin" diyen Van, yarı şaka yarı ciddi, konuklarına "Sen belediye başkanı olmak istemez misin?", "Sen başhekim olmak istemez misin?" diye sordu.

Tuğg. Van, ne kadar güçlü olduğunu kanıtlamak için misafirlerine uçak hangarlarını, mühimmat depolarını, 'gizli' bazı özel yerleri gezdirip, neler yapabileceklerini anlattı.

Kalkışma başarısız olunca, üsteki ABD'lilerden sığınma istediği iddia edilecekti!

KALKIŞMA GÜNÜ, ESKİ CIA'Cİ İSTANBUL'DA "DAVUTOĞLU"CULARIN MİSAFİRİ!

"Ilımlı İslam projesi" için çalışan 2 ünlü ABD'linin 15 Temmuz günü İstanbul'da olduğu iddiası vardı.

Eski CIA'cilerden ilki, kalkışma günü Büyükada'da olan, CIA'ye yakın Woodrow Wilson Merkezi'nin Ortadoğu Direktörü Prof. Henri Barkey'di.

Cemaat toplantılarına katılan, Gülen'e övgüler düzen "Ilımlı İslam" teorisyeni Barkey'in kalkışmada İstanbul'da olması haklı olarak dikkat çekti.

15 Temmuz günü Barkey'in katıldığı Büyükada'daki

toplantıdaki Karar gazetesi yazarı Mensur Akgün, darbe toplantısı iddiasını reddediyordu:

"Toplantı geçtiğimiz yıl İran ile imzalanan ve bu ülkenin nükleer silahlanmasının engellenmesini amaçlayan JCPOA'nın bölgeye etkisi üstünedir. Toplantı ima edildiği gibi gizli değildir.

Katılımını gizemli kılan ve dolayısıyla toplantının şüpheli olduğu algısı oluşturulmaya çalışılan Prof. Dr. Henri Barkey de Wilson Center yöneticisi kimliğiyle bu toplantıda yer almıştır."

Toplantının organizatörü Mensur Akgün'ün köşe yazdığı Karar Gazetesi'nin, Erdoğan'a muhalif, AKP içindeki çekişmenin ortaya çıkardığı "Davutoğlu"cu bir ekipten oluşması dikkat çekiciydi.

Karar'cıların çoğunun, "Darbe başarılı olsaydı, yeniden Başbakanlığa getirileceği" söylenen Davutoğlu'na yakın olması ilginç tabii!

"TESADÜFEN" İSTANBUL'DAKİ BARKEY'DAN İLK AÇIKLAMA CEMAATIN İNTERNET SİTESİNE

"Olağan şüpheli" Henri Barkey, kalkışmadan 2 gün önce de, ABD Kongresi'nde Gülen cemaatini anlatan bir konferans vermişti!

Barkey, hakkındaki iddiaları cemaatin internet sitesi hizmetnews'ta yalanladı.

Aylar öncesinden planlanan İran konulu bir toplantı için Büyükada'da olduğunu teyit ediyor ve AKP yandaşı medya tarafından komplo teorilerinin hedefi haline getirilmekten yakınıyordu. CIA adına darbecilerle iletişim sağladığını da yalanlıyordu.

Barkey, yazısında "kalkışmanın Gülenci askerlerin

de içinde olduğu bir koalisyon tarafından gerçekleştirildiğini" söylüyordu:

"Bunların bazıları Pennsilvanya'da inzivaya çekilmiş bir din adamı olmakla beraber bir süre öncesine kadar hükümetin müttefiki şimdilerde ise azılı düşmanı olan Gülen'e bağlı insanlar, bazıları azılı laikler ve bazıları da muhtemelen yakında ordudan atılacaklarını öğrenmiş olan çıkarcı şahıslardı."

Barkey'in iddiaları cemaatin haber sitesinde yanıtlaması, açıklamanın kendisinden daha ilginçti!

GRAHAM FULLER İSTANBUL'DA MIYDI?

CIA eski Başkan Yardımcısı Graham Fuller'in de, 15 Temmuz'da İstanbul'da olduğu iddia ediliyordu.

Kalkışma başarısız olunca, Yunanistan'a kaçan 8 darbeci subayla aynı helikopterde olduğu veya başka illegal yollardan kaçtığı da söylendi.

Fuller, 1980'li yıllarda "Ilımlı İslam projesi"ni ortaya atan ve Türkiye için bu modeli öneren eski CIA'cilerin ağırlıkta olduğu think-tank kuruluşu Rand Corporation'ın da tepesindeki isimdi.

Daha da önemlisi, Fuller "Gülen'in ABD'de oturma izni alması için referans olan" isimdi.

Fuller'ın da kalkışma günü İstanbul'da olduğu iddiasını Sabah'taki köşesinde ortaya atan, Erdoğan'ın danışmanı Cemil Ertem'di.

FULLER'DAN İDDİALARA YALANLAMA AMA...

Fuller'in, Huffington Post'ta yayınladığı kalkışma analizinde, "Gülen örgütünün asla darbeye bulaşamayacağını" yazması çok ilginçti:

"Erdoğan'a karşı düzenlenen başarısız darbe girişiminin arkasında Gülen'in olmadığına inanıyorum.

Hizmet, hiçbir zaman terörist faaliyetlerde bulunmamıştır, bu yüzden siyasi şiddeti desteklemesi bile kesinlikle ihtimal dışındadır."

Ya bunamış olmalıydı ya da Gülen cemaatine öylesine inanmıştı ki...

Muhtemelen "geçmiş günahları"nı kabullenip, "suç ortağı" durumuna düşmek istemiyordu.

Çünkü, 2006'da greencard başvurusuna yazdığı üst yazıda, "Gülen'in ABD için güvenlik tehdidi olabileceğine inanmadığını" belirtmişti.

Fuller, yazısında "15 Temmuz'da İstanbul'da olduğu iddiasına" cevap bile vermiyordu. Muhtemelen değildi ya da illegal yollardan giriş-çıkış yapmıştı!

"FULLER VE BARKEY PARMAĞI" TAM ŞEHİR EFSANESİ

Gülen'le röportajlar da yapmış, çok iyi bir cemaat gözlemcisi olan Utah Üniversitesi'nden Prof. Hakan Yavuz, doğru bir saptama yapıyordu:

"İkisini de iyi tanırım. Fuller, Türkiye'yi uzun yıllar izledi, güzel çalışmalar yaptı. Ama artık ABD'de değil, Kanada'da yaşıyor. Türkiye'yi yıllardır takip edemeyen, yanlış okumalar yapan bir analizci. Kendisine büyük paye vermek tamamen komploculuk.

ABD'nin eski Ankara Büyükelçisi James Jeffrey, Fuller'in 'ahmak' olduğunu söylerdi. Açıkçası çok yanlış bir sıfat değil.

Henri Barkey, yarı istihbaratçı, yarı akademisyen. Ne akademide ne siyasi alanda etkisi var."

Fuller ve Barkey artık "etkisiz isimler"'di.
Barkey tesadüfen bir panel için Türkiye'deydi, Fuller sahte kimlikle dolaşmıyorsa Türkiye'de bile değildi!

GENELKURMAY'DAN ABD'YE "YANINDAYIZ" GÜVENCESİ

Kalkışmanın arkasında ABD varsa, "devamı gelecek" demekti. ABD'yle kapışmak AKP'nin boyunu aşıyordu.

Amerikan yetkilileri arayarak güvenceler verdiler. En önemli güvence "darbenin arkasında olduğu sanılan Amerikan Ordusu'na" verilmişti.

Genelkurmay Başkanı Joseph Dunford, "Hulusi Akar'ın darbe sonrası kendisini 2 kez arayarak, Türkiye'nin başta IŞİD tüm taahhütlerine bağlı olduğu mesajını verdiğini" açıkladı.

Kalkışmaya ilişkin ABD hakkındaki iddialar, iktidarı korkutuyordu.

15 Temmuz'dan kısa süre sonra, artık sıranın "emir-komuta zinciri içinde" bir Amerikancı-NATO darbesine geldiği hissedilmeye başlanmıştı.

BAHÇELİ 15 TEMMUZ GECESİ ÖNCE "ASKERE DİRENMEYİN" Mİ DEDİ?

Küçük bir sır...

15 Temmuz gecesi, henüz "emir-komuta zinciri içinde görüntüsü dağılmamışken", MHP genel merkezinden gönderilen mesajlarda, "sokaklara çıkmayın, askere

direnmeyin" deniliyordu.

Sonra MHP üyelerine gönderilen mesaj değişti! Bahçeli kalkışmaya tavır aldı!

Eylül 2016 başı...

Ortalıkta henüz 15 Temmuz'un vesile olduğu başkanlık-anayasa değişikliği tartışmaları yok.

ANAP döneminin "derin devlet adamları"ndan biri, siyasetçi arkadaşına, önemli bir istihbarat verdi:

"Erdoğan ile Bahçeli anlaştı. Anayasa değişikliği ve başkanlık önerisini Bahçeli getirecek. Kendisi de Erdoğan'ın yardımcısı olacak."

Bu sözler söylendiğinde şaka gibiydi. Ama 1 ay içinde doğruluğu çıkmaya başladı.

Anayasa değişikliği önerisi Bahçeli'den geldi!

Tıpkı, Bahçeli'nin Cumhurbaşkanı adayı Ekmeleddin İhsanoğlu'nu kendi adayıymış gibi önce Kılıçdaroğlu'nun ilan ettirmesi gibi!

SANILANIN TERSİNE BAHÇELİ Mİ ERDOĞAN'I TESLİM ALDI?

Peki, Erdoğan Bahçeli'yi nasıl ele geçirmişti?

"Derin adam", "Siz hala anlayamadınız, Erdoğan Bahçeli'yi değil, Bahçeli Erdoğan'ı ele geçirdi" diyordu ve anlatmaya devam ediyordu:

"Erdoğan 15 Temmuz gecesi Marmaris'te panik halindeyken, eski ülkücü polislere sığınmak istedi. Aklına Mehmet Ağar geldi. Aradı, bulamadı. O gece, aradığı desteği Bahçeli'den buldu. Bahçeli asker ve polisteki kontaklarıyla, Erdoğan'ı korumaya aldı."

Hulusi Akar'ın makam odasında "Bahçeli'nin hediye ettiği silahtan bahsetmesini" hatırlayın!

Bahçeli'nin Akar'a tabanca hediye etmesi, Gülen'in müritlerine "1 dolar, saat vs." hediye etmesini anımsatmıyor mu?

Keza, darbeyi kıran komutan Ümit Dündar'ın Erdoğan'a "Beni Bahçeli'ye sorun" dediğine ilişkin yalanlanan(!) dedikoduyu anımsayın!

Güvenceyi veren Bahçeli olmasın!

Her şekilde, Erdoğan 15 Temmuz'dan sonra "dinci kadrolara" güvenemez hale gelince, politikasında milliyetçiliğe ağır vermesinin de etkisiyle, MİT-Emniyet-TSK'da ülkücüleri öne çıkarmaya başladı.

Bahçeli'nin eski MİT elemanı olduğunu hatırlayın!

15 Temmuz gecesinin başlarında, MHP'den üyelerine giden "askerle karşı karşıya gelmeyin, sokaklara çıkmayın" mesajlarını anımsayın!

"Erdoğan'ın Bahçeli'ye sığınmak zorunda kaldığı" ve artık "Bahçeli'nin kontrolüne girmeye başladığı" iddiası çok fazla sırıtmıyordu.

"Darbe içinde darbe"lerden biri de, "Erdoğan'ın Bahçeli'nin kucağına düşürülmesi" olmasın!

AMERİKALI KOMUTAN VE CIA DİREKTÖRÜNDEN TERS SİNYALLER

Ankara, "emir-komuta zinciri içinde, Amerikancı-NATO'cu yeni bir darbe"den korkmakta haklıydı.

ABD Merkez Kuvvetler Komutanı Joseph Votel, Türk

ordusundaki her gün konuştuğu bazı muhataplarının tutuklanmasının, IŞİD'le mücadeleyi etkilemesinden endişe duyduklarını dile getirdi.

CIA Direktörü emekli General James Clapper de TSK'daki tasfiyenin IŞİD ile mücadeleyi zorlaştırdığını söyledi. Clapper, "Muhataplarımızın bir çoğu görevden uzaklaştırıldı ya da tutuklandı. Bunun Türklerle yürüttüğümüz işbirliğini zayıflatıp zorlaştıracağı şüphe götürmez" diyordu.

Muhtemelen "TSK'daki tutuklamaların boyutunu" anlatmak istiyorlardı. Ama Türkiye'de "tutuklanan darbecilerin sahiplenilmesi" olarak algılandı.

Başta Erdoğan, çok kızan oldu. "Adrese teslim mesaj" olarak algılanmıştı!

15 TEMMUZ'DAN SONRA ABD'DEKİ HAVA ÜSSÜ'NDE CEMAAT OKULU AÇILDI

Darbe girişiminin ardından, cemaat ABD'deki son okulunu Las Vegas'taki askeri üste açtı.

Okul, ABD Hava Kuvvetleri Harp Merkezi'ne ev sahipliği yapan, Nellis Hava Üssü'ndeydi.

"Coral Academy of Science Las Vegas" adıyla faaliyete geçen okulun açılış töreninde, üssün komutanı Albay William Norton, okulun müdürü Ercan Aydoğan'a okulun anahtarını teslim etti.

Askeri üsteki cemaat okulu, cemaatin ABD ordusuyla iyi ilişkiler kurduğunun şaşırtıcı örneğiydi.

Gülen cemaati, yaklaşık 60 bin öğrencinin okuduğu 140 civarındaki "charter" okul ile ABD'de en yaygın sözleşmeli okul ağlarından birini yönetiyordu.

ABD GENELKURMAY BAŞKANI'NA "ABD DARBEYİ DESTEKLEDİ Mİ" BİLE DENİLEMEDİ

Kalkışmadan 2 hafta sonra, ABD Genelkurmay Başkanı Dunford, "kalkışmada parmakları olmadığını" anlatmak için geldiği Ankara'da TBMM'yi ziyaret etti. Ardından Başbakan Binali Yıldırım ile görüştü.

New York Times'da Dunford'ın ziyaretiyle ilgili çıkan haberde, "ABD ile bağları koruma çabasındaki Türkiye, söylemini yumuşattı" yorumu yapılıyordu.

ABD'yle kapışmaktan kaçınan AKP Dunford'ı, öylesine sevinçle karşılamıştı ki, kendisine ABD'nin darbe girişiminde rol oynayıp oynamadığına ilişkin "tek bir soru" sorulmamıştı.

NYT, "Türk yetkililer, ABD'yi kamuoyu önünde eleştirirken Amerikalı yetkililerle özel konuşmalarında ise stratejik ortaklığa bağlı oldukları güvencesini veriyorlar" diye yazıyordu.

BAŞBUĞ: BU İŞ CIA İŞİ

Dunford'ın Türkiye'ye geldiği gece, eski Genelkurmay Başkanı İlker Başbuğ, CNN Türk'te "Kalkışmadaki CIA parmağına" işaret ediyordu:

"Gülen nerede yaşıyor. ABD'de. Orada o imkanları sağlayan kim? CIA. Bu istihbarat örgütü ona ABD'de kalma iznini boşuna mı verdi? İstihbaratın onu kullanmayacağını mı düşünüyorsunuz?

ABD iade etmezse, Gülen'i kullanmaya devam edecektir. İade ederse Gülen'in son kullanma tarihi dolmuş demektir."

MESUT YILMAZ ABD'DE CIA PARMAĞINI SORDU

Yine özel bir bilgi aktaralım.

Eski Başbakanlardan Mesut Yılmaz, Ekim 2016'da New York'ta 15 Temmuz konulu bir panel yönetti.

Paneldeki konuşmacılardan biri, ABD Dışişleri Bakan Yardımcılığı yapmış, eski ABD Kara Kuvvetleri Komutanı Emekli Tuğg. Mark Kimmitt'ti.

Yılmaz, bir ara Mark Kimmit'in kulağına eğildi:

"Ne dersiniz, bu darbe CIA işi mi?"

Kimmit'in cevabı çok netti:

"Darbeyi CIA organize etse, başarırdı!"

Türkiye'deki yaygın kanının tersine, "kısmen parmaklama" olsa bile, 15 Temmuz "tamamen" ABD ya da CIA organizasyonu olmayabilirdi!

Ancak, Gülen'i Pensilvanya'da kontrolde tutan CIA'in "kışkırtmalarının olmaması" mümkün değil!

CIA'in cemaati kışkırtıp, sonra da kalkışmayı ihbar ettirdiğine ne dersiniz!

Yani artık rahatsız olduğu İslamcıları birbirine kırdırma taktiği!

Yani Ergenekon-Balyoz kumpaslarının İslamcı versiyonu!

15 Temmuz sırları bitmez!

NATO KALKIŞMANIN İÇİNDE Mİ?

İncirlik'ten kalkan tanker uçakların, 15 Temmuz gecesi boyunca havadaki darbeci F-16'ların yakıt ikmalini yapması akla şu soruyu getiriyor:

"15 Temmuz'da NATO parmağı da var mı?"

NATO, Suriye'de çark etmeye başlamasından dolayı AKP hükümetinden rahatsızdı. Müttefiği Türkiye'yi kaybetmek istemiyordu, ama AKP Türkiye'sinin NATO'da ayrıcalıklı üye olarak kalmasından rahatsız olmaya başlamıştı.

Darbe girişiminden sonra, NATO'daki rahatsızlık, Batı medyasında fazlasıyla dillendirilmeye başlandı.

Kalkışmadan 2 hafta sonra, İngiliz Times gazetesi editoryal yazısında, "Türkiye'nin Batı açısından çok önemli bir müttefik olduğunu, ancak NATO içinde ayrıcalıklı üye olmaması" gerektiğini belirtti.

Türkiye'nin 15 Temmuz öncesi Rusya ile yeniden yakınlaşması, Suriye'deki NATO çıkarlarıyla çelişir hale gelmesi, NATO'da kaygı yaratıyordu.

NATO için, tartışmasız şekilde Türkiye ne kadar önemli ise, AKP de o kadar kaygı vericiydi!

15 Temmuz'un "örtülü bir NATO yoklaması" olma ihtimali, kulağa pek de ters gelmiyor!

Türkiye'nin Suriye topraklarına girmesi sonrası, Ankara'da Cumhurbaşkanı Erdoğan ve Başbakan Yıldırım'la görüşen NATO Genel Sekreteri Jens Stoltenberg "15 Temmuz darbe girişimi, NATO'nun temeline yapılmış bir saldırıdır" dedi..

Kibarca "biz kalkışmanın içinde değiliz" demişti!

HALKIN YÜZDE 70'İNE GÖRE DARBENİN ARKASINDA ABD VAR

MAK Danışmanlık, 15 Temmuz'a ilişkin ortaya atılan

"tiyatro" iddialarını vatandaşa sordu.

"Hükümet ve Cumhurbaşkanı tarafından tiyatro yapıldı" görüşünde olanlar yüzde 1,5'ti.

Yüzde 84, kalkışmada Gülen cemaatinin arkasında uluslararası güçlerin olduğunda hemfikirdi.

Gösterilen yabancı adres ise yüzde 70 ile ABD olurken, ikinci sırada yüzde 9 ile İngiltere yer aldı.

ABD GÜLEN'İ 2003'TE TAKİBE ALDI

Wikileaks'e sızdırılan yazışmalara göre, ABD cemaati 2003'ten itibaren yakın takibe almıştı.

ABD Dışişleri'nin "gizli" yazışmalarına bakıldığında, polis teşkilatının cemaatin eline geçtiği, 2000'lerin başındaki yazışmalarda vurgulanmıştı. AKP'nin tek başına iktidara gelmesiyle, cemaatin rahat bir hareket alanı bulduğuna dikkat çekiliyordu.

WikiLeaks'e sızan Gülen konulu belgelerin en eskisi, Büyükelçi Robert Pearson'a ait bir telgraftı:

"Gülen, 1970'lerde başladığında çok daha militandı. Gülen ve takipçileri, aralarında eski Cumhurbaşkanı Demirel ve önde gelen laik milliyetçi Başbakan Ecevit'in de bulunduğu siyasetçilerle ilişkiler kurup kamu desteği aldı.

35 ülkede üniversitelerden medyaya, iş derneklerinden holdinglere geniş bir bağlantı ağı olan cemaat; Türk hükümeti, özellikle Dışişleri ve istihbarat servisi tarafından cesaretlendirilmekte.

Fakat Kemalist devlet, özellikle Türk ordusu 1997 post-modern darbesinde olduğu gibi Gülen'i İslamcı bir tehdit olarak tanımlıyor.

Gülencilerle yoğun ve devamlı irtibatlarımıza dayanarak şu sonuca ulaştık: Gülen'in yaklaşımı uzun vadeli ve üst düzey yöneticileri militan gibi görünmeme konusunda çok temkinli. Hareket devlete karşı açık ve güncel bir tehlike arz etmiyor."

ABD BELGELERİNE GÖRE DAVUTOĞLU DA NURCU

Ankara'dan aynı yıl geçilen ikinci bir telgrafta hükümetle cemaatin ilk yakınlaşmaları anlatılmış.

"Cemaat ile AKP istikrarlı biçimde yakınlaşıyor. Gülenciler önceki hükümetlerin aksine Erdoğan, yardımcısı Gül ve AKP'nin önde gelenleriyle gayet iyi bir şekilde çalışabildiklerini söylüyor.

Bülent Arınç'ın merhum oğlu da Gülen'in müridiydi. Kıdemli bir AKP milletvekilinin danışmanı bize Davutoğlu'nun da Nurcu olduğunu söyledi. Ancak Gülen'in grubunda olup olmadığı net değil.''

ABD BELGELERİ: CEMAAT ERDOĞAN'A MESAFE KOYMAYA 2005'TE BAŞLADI

Eski Büyükelçi Eric Edelman'ın 7 Nisan 2005 tarihli yazışması, cemaatin Erdoğan'a mesafe koymaya "sanılandan çok erken" başladığını gösteriyor:

"Batı'da birçok kişi Türkiye'deki ılımlı İslam'ı model olarak görse de gerçek farklı. Seçimlerde başarılı olmak isteyen partiler tarikatlara ihtiyaç duyuyor.

Gülen Cemaati yüzlerce müridini polise, yargıya ve Sayıştay'a sızdırmış durumda. AK Parti içinde de gedikler açmayı başarıyorlar.

Fakat son dönemde, Erdoğan'ın yönetim tarzından tatmin olmadığı için onunla arasına mesafe koyduğu görüntüsünü veriyor."

ABD CEMAATİN "ILIMLILIĞINDAN" HEP ŞÜPHELENMİŞ

İstanbul Konsolosluğu'ndan "Hoca için destek toplamak" başlığıyla gönderilen yazışmada, Gülen'in ABD'de oturma izni için Türk Musevi Cemaati Başkanı İshak Haleva başta, bazı kişilerden destek mektubu istediği belirtildikten sonra, cemaate ilişkin şüpheler anlatılıyor:

"Gülen'in hoşgörü ve diyalog mesajlarına bakıldığında, birkaç Batılı gözlemcinin onu 'Ilımlı İslam'ın sesi olarak tercih ettiği görülüyor.

Yine de bu hareketin nihai hedefleri konusunda derin ve yaygın şüpheler sürüyor.

Cemaat çevresinden insanlara baskı yapıldığı, işadamlarının cemaat okullarına ya da diğer aktivitelere bağış yapmaya zorlandığını anlatan kaynaklarımız var.

Cemaat okullarındaki öğrencilerin dini olarak nasıl endoktrine edildiğine dair sağlam raporlarımız var. Bu veriler, cemaat üyelerinin aralarında polis teşkilatının da bulunduğu devlet kurumlarına nüfuz etmesiyle birleştirildiğinde ortaya farklı bir tablo çıkıyor.

Gülenciler kendi uluslararası okullarında gelecek nesilleri şekillendirme amacındalar. Yine belgelenen amaçlarına göre sadece iş dünyasına değil, devlete sızma konusunda da başarı kazandıklarında ılımlı havalarının devam edip etmeyeceğine ilişkin soru işaretleri bulunmakta."

GÜLEN'CİLER NİYE ABD'YE AKIN EDİYOR?

Eski İstanbul Başkonsolosu Deborah Jones, 23 Mayıs 2006 tarihli yazışmasında, Gülencilerin vize başvurularının kaygı yarattığını anlatıyor:

"Gülen destekçilerinin artan bir vize talebi var. Başvuranlar, seyahat amaçları ve Fethullah Gülen'le ilişkileri konusunda daima kaçamak cevaplar veriyor.

Bu durum konsolosluk çalışanlarının kafasında soru işaretleri yaratıyor. Endişemiz, Türkiye'nin laik kesimlerinin endişeleriyle aynı.

Gülencilerin dosya yükü, konsolosluğun yıllık sayısı 75 bini bulan göçmen olmayan vize başvurusunun yüzde 3 ile yüzde 5'ini oluşturuyor."

ERDOĞAN'IN, OKULU İÇİN ARACI OLUP YARANMAK İSTEDİĞİ GÜLEN, 2007'DE ERDOĞAN'LA GÖRÜŞMEK İSTEMEMİŞ

Gülen hakkında ABD Dışişleri'nin ilginç bir yazışması da Bakü Büyükelçisi Anne Derse'in Erdoğan'ın ziyaretine ilişkin geçtiği bilgi notu:

"Azerbaycan'da genişleyen anti-Sünni cephe Gülen'e ve okullarına göz açtırmama niyetinde. Fakat Erdoğan, Başkan Aliyev'le buluşmasında Cemaat'e bağlı Çağ Öğretim adına aracı oldu."

İstanbul Başkonsolosu Jones, 2007'deki genel seçimler öncesinde işadamı Zeynel Abidin Erdem'le buluşmasında duyduğu bilgiyi aktarıyor:

"Erdem, Gülen'le Erdoğan'ın şu anda çok yakın

olmadığına inanıyor. Birkaç yıl önce ikili arasında telefon görüşmesine aracılık etmek istemiş ancak Gülen tarafından reddedilmiş."

ABD BELGELERİNDE GÜLEN'İN ORDUYA SIZMASI

Ergenekon Davası'nın hararetlendiği dönemde ABD'nin Gülen hakkındaki yazışmaları çoğalıyor.

İstanbul Konsolosluğu'nun çektiği 17 Eylül 2009 tarihli, "Değişen Türkiye'de İslam, AK Parti, Başörtüsü, Fethullah Gülen ve Diyanet" başlıklı telgrafta ilginç bilgiler var:

"Muhataplarımızın hepsi, Gülen'in Türk toplumunda her yere hatta Kemalizm'in kalesi Türk Ordusu'na bile sızdığı konusunda mutabık.

Askeri üst düzey yetkililer, Gülencilerin orduya ilişkin yüksek oranlı sızıntısının kesilip, temizlenmesini istiyor.

Gülen'in orduya yaptığı sızıntı, birçok Kemalist tarafından kökten dinciler karşısında son kalenin düştüğü şeklinde yorumlanıyor."

ABD ERGENEKON BELGELERİNİN SAHTE OLDUĞUNU EN BAŞTAN ANLAMIŞ

WikiLeaks'e sızan yazışmalar arasında dikkat çekici olanlardan biri, Ergenekon Davası'nın meşhur "AK Parti ve Gülen'i Bitirme Planı" belgesine ilişkin.

Büyükelçi James Jeffrey'nin 24 Kasım 2009 tarihli notunda, (sahte) belgelere ihtiyatla yaklaşılıyor:

"Ergenekon, askeri figürler dahil AKP'ye muhalif laikleri süpürüyor. Askerler Gülen'in nihai hedefinin sadece orduyu yok etmek değil, Türkiye'yi İran'a benzer bir İslami cumhuriyete dönüştürmek istediğini söylüyor.

Dursun Çiçek'e karşı kullanılan kanıt, orduyla ilişkili olduğu iddia edilen gizli bir isimden sağlanmış.

Gülen'in gazetesi Zaman, Genelkurmay'la paylaşılmamasına rağmen adli raporun kanıtın gerçekliğini ispat ettiğini cümle âleme duyurdu.

Halbuki adli çalışma, belgenin sadece bir askeriye bilgisayarında oluşturulduğunu kanıtladı ve mektup hala isimsiz.

Zaman, Yenişafak ve diğer AK Parti yanlısı basın kuruluşları en küçük bir karşı görüşe yer vermeden sözkonusu 'delil'in etrafında bir meşruiyet yaratıyorlar."

ABD, YAKLAŞAN AKP-CEMAAT KAVGASINI 3 YIL ÖNCEDEN GÖRMÜŞ

Cemaatle AKP arasındaki kavga 2012'de MİT Müsteşarı Hakan Fidan kriziyle patlamıştı.

Büyükelçi Jeffrey'in 2009 yazışmaları, kavganın gelişini çok önceden duyuruyor:

"Gülen hakkında muhafazakâr politikacıların yaklaşımları farklı. Neredeyse bütün bağlantılarımız Cumhurbaşkanı Gül'ün Gülenci gibi göründüğünü, Erdoğan'ınsa olmadığını düşünüyor.

Bazıları Erdoğan'ın kararlı bir şekilde Gülen Cemaati'nin dışında durduğunu, bu yüzden Gülencilerin Erdoğan'ı bir engel olarak gördüğünü söyledi."

ABD GÜLEN'DEN KUŞKULUYDU, CEMAAT DE ERDOĞAN'DAN

Ankara Büyükelçisi Jeffrey, 4 Aralık 2009 telgrafında, ABD'nin Gülen'i korur gibi gözükerek, oluşturduğu "laik olmayan bir Türkiye'yi teşvik ettiği" algısının önlenmesi gereğine işaret ediyor:

"Amerikan hükümetinin Gülen'in arkasında olduğuna yönelik suçlamalara ilişkin endişeler görmekteyiz. Buna göre aşağıdaki standart basın yönlendirmesini tavsiye ediyoruz.

SORU: ABD neden Gülen'i barındırıyor? Bu, Amerika'nın Türkiye'de laiklik karşıtlığını desteklediği anlamına gelmiyor mu?

CEVAP: ABD, Gülen'i barındırmamaktadır. Gülen'in ABD'deki varlığı herhangi bir politik kararla değildir. Bir Yeşil Kart sahibi olarak Gülen, statüsünün gerektirdiği bütün ayrıcalıklara sahiptir. Gülen'in ABD'deki konumu Amerika'nın Türkiye'ye yönelik politikasının bir yansıması olarak görülmemelidir."

JOE BIDEN'DAN DARBE ÖZÜRÜ

Darbe girişiminden 1 ay sonra, ABD Başkan Yardımcısı Joe Biden Türkiye'ye geldi.

Ziyaret sırasında, "düşük protokollü karşılama, Meclis kapısında bekletme ve asık suratlı hoşgeldin" dikkat çekti.

Türkiye'nin Suriye'ye hava ve kara operasyonu da, kasten ziyaretle aynı güne denk getirilmişti.

Biden'ı, havaalanında karşılayan en üst düzey isimler

Türkiye'nin Washington Büyükelçisi Serdar Kılıç ve Ankara Vali Yardımcısı'ydı!

Biden, Meclis kapısına geldiğinde TBMM Başkanı İsmail Kahraman kapıda yoktu. Kahraman, Biden'ı 5 dakika da kapısında bekletti.

Biden havalanından şehir merkezine gelirken "Baydın Biden" diye kelime oyunlu vatandaş protestolarının organizatörü AKP'li Melih Gökçek'ti.

Ankara'da "istenmeyen adam" durumuna düşen Biden, Türk tarafını alttan aldı. "Darbe girişimine karşı çok daha erken ve net tavır alamadıkları" ve Türkiye'ye çok geç geldiği için özürler diledi. Darbecilere karşı çıkan Türk halkını övdü.

Klasik ABD'li politikacı gibiydi, geri adım atacağı yeri biliyordu. Çünkü, Ankara'da hava çok gergindi.

ABD'nin darbenin arkasında olduğunu yalanladı, Gülen'in iade edilebileceğini söyledi ama "kararı ABD yargısı verecek, ona uymaya mecburuz" dedi.

Gönül almaya çalıştı ama ilişkilerin iyiye gitmediğini biliyor olmalıydı.

"İlk kez" bir ABD'li yetkili Ankara'da böylesine "güçsüz"dü!

BAŞBAKANDAN SUUDİ PARMAĞI İTİRAFI MI?

Türkiye, Suriye'de politika değişikliğine gitmeden, Suudi Arabistan'la da birlikte davranıyordu.

ABD, Türkiye'deki tavır değişikliğinden rahatsız ise, Suudiler de rahatsızdı.

Kalkışmada ABD parmağı varsa, "ABD'nin uydu

devleti" Suudi parmağını da aramak gerekiyordu.

Türkiye'nin Rusya ve dolayısıyla Esad'a yakınlaşmasından dolayı darbe teşvik edilmişse, Suudiler de işin içinde olabilirdi.

Başbakan Yıldırım'ın, "Suudi Arabistan'ın darbedeki rolü" sorusuna verdiği cevap çok manidardı:

"Ateş olmayan yerden duman çıkmaz."

ERDOĞAN ABD'DE YİNE YÜZ BULAMADI

Erdoğan, ABD tarafından dışlandığını biliyordu. Kalkışma öncesi, Haziran ayında Muhammed Ali'nin cenazesine gitmiş, gösterilen ilgiden memnun olmayarak ABD'den erken dönmüştü.

Muhammed Ali'nin yakınlarından bile yüz bulamamıştı. **Konuşma yapma şansı tanınmayınca**, bozulup son gün **törenlerine katılmamıştı.**

Cenaze vesilesiyle gelmişken, Obama ile temasta bulunma hayali de gerçekleşmedi.

Erdoğan BM toplantısı vesilesiyle, Eylül sonunda yine New York'a uçtu.

Darbe atlatmış bir lider olmasına rağmen BM salonunda bomboş koltuklara konuştu!

Yine ayaküstü de olsa görüşmeler ayarlayamadı, tüm dünyada istenmediğini iyice hissetti.

Tıpkı Muhammed Ali'nin cenazesinde olduğu gibi gezisini 1 gün erkenden keserek Türkiye'ye döndü.

"Türkiye'ye mutsuz dönüşü"nde, damadı cemaatten tutuklandığından beri kıvranan Kadir Topbaş gibi birlikte fotoğraf için kıvranan biatçı bir kitle kendisini bekliyordu.

Dünya lideri(!) Türkiye'ye hapsolmuştu!

ERDOĞAN HAYATINI RUSYA'YA MI BORÇLU?

Kalkışmadan 4 gün sonra, Makedonya Uluslararası Haber Ajansı'nın internet sitesinde Gorazd Velkovski imzalı, "ABD yönetimindeki darbede Erdoğan hayatını Moskova'ya borçlu" başlıklı haber-analizde çarpıcı iddialar vardı.

CNN'den Christian Amanpour, darbeden 2 gün önce Ankara ve İstanbul'da büro açmıştı(!) Bu önemli bir işaretti(!) Yani ABD medyası darbe için hazırlık yapmıştı(!)

Yazıdaki kayda değer iddia, Moskova'nın "Türkiye'de olacak ABD güdümlü darbeden haberdar" olduğu iddiasıydı.

Moskova, Putin'in danışmanlarından birini gizlice Ankara'ya göndermişti.

Bu kişi Aleksander Dugin idi. Putin'in özel temsilcisi(!) Dugin, 14-15 Temmuz tarihlerinde Ankara'da kritik görüşmeler yapmıştı.

Güya, Ankara'ya Türk yönetimini darbeye karşı uyarmaya gelmişti. Sadece uyarmaya da gelmemiş, darbeye karışan isimlerin geniş bir listesini de beraberinde getirmişti!

Erdoğan'ı uyarıp, hayatını kurtarmışlardı!

Peki ama niye?

Kalkışma öncesi ABD ile Rusya arasında "Türkiye'yi kapma yarışı olduğu" görülüyordu.

ABD ve Batılı gizli servisler, Rusya ve AKP hükümetinin birbirleriyle yakınlaşmasını görmemiş ve engellemeyi düşünmemiş olamazlardı.

Analizdeki Rus uçağının düşürülmesi kısmı önemli:

"Moskova, aylar öncesinden Türk pilotların konuşma ve veri iletişimlerini takibe almıştı. Bunun nedeni ise Rus SU 24 Savaş uçağını kimin düşürdüğünü bulmaktı.

Bu takibatta ortaya şu çıktı: Rus uçağını düşüren 2 pilot da Amerikan yerleştirmesiydi ve Rusya ile Türkiye'nin arasını bozmak için bu eylemi kasıtlı olarak planlamıştı.

ABD, İngiliz taktiği olan böl ve yönet politikası uyguluyordu. İncirlik Üssü'nde düzinelerce ABD yerleştirmesi (FETÖ kastediliyor) havacı ve karacı subay vardı. Bunların tamamı şu anda tutuklandı."

Yani, Rusya "uçağının düşürülmesindeki ABD parmağına" çok önceden inanmıştı!

DARBECİLERE KARŞI RUS UÇAKLARINDAN YARDIM İDDİASI

Haber analizdeki ilginç bir iddia da, kalkışma gecesi Karadeniz üzerinde turlayarak, İstanbul ve Ankara semalarında boy gösteren darbeci savaş uçaklarına karşı Rusların harekete geçmesiydi.

Suriye'nin kuzeyindeki 7 Rus savaş uçağı ve 2 ayrı S400 füze sistemi darbeci Türk jetlerine kilitlenmişti.

Daha önce Türkiye tarafından uçağı düşürülen Ruslar, darbeyi bilmeden "refleks olarak" alarma geçmiş olabilirdi.

En uçuk iddiaya gelince...

Ruslar darbeci pilotları uyarıp, radarda yanlış bir hareketleri görülürse doğrudan vurulacaklarını iletmiş, Erdoğan'ın uçağının peşindeki darbeci Türk F-16'lar bu yüzden paniklemişlerdi.

Gerçekten de, Ahlatlıbel Radar Üssü görevlileri, 15 Temmuz akşamı Karadeniz'de olağanüstü bir Rus hava filo hareketliliği gözlemliyor.

Kalkışma henüz bilinmediğinden, aralarında "Rusya'nın Türkiye'ye müdahale olasılığı mı var?" diye konuşuyorlar.

Ertesi gün Rus uçaklarının radar izlerinin Balıkesir Bandırma'ya kadar geldiği ortaya çıkıyor!

Ruslar bilmeden(!) Atatürk Havalimanına inmeye çalışan havadaki Erdoğan'ı korumuşlar!

RUS TEMSİLCİ NİYE GÖKÇEK'LE GÖRÜŞTÜ?

Putin'in danışmanı(!) Dugin, darbe öncesinde geldiği Ankara'da Büyükşehir Belediye Başkanı Melih Gökçek'le de buluşmuştu.

Gökçek'e "ABD parmaklamalarını" anlattı. Gökçek, anlatılanları muhtemelen "Rus propagandası" olarak dinledi. AKP'nin inanmak istediklerine oldukça uygundu.

Ama görüşmenin üzerinden 24 saat bile geçmeden darbe girişimi gerçekleşince, Gökçek'in jetonu düştü. Anlatılanlar, "fantezi" değildi, somut darbe istihbaratı yoktu, ama tahminler tutmuştu.

Gökçek, darbe gecesi, televizyona çıkıp, bu darbenin arkasında Washington'un olduğunu, bunun bilgisini önceden aldığını (Dugin ile görüşmesini) ilan etti.

AKP'NİN SARILDIĞI DUGİN PERİNÇEK'İN KANKASI VE TAM BİR PALAVRACI

AKP "darbede ABD parmağı var" diyen ve güya darbeyi 1 gün önceden haber veren(!) Dugin'i Kasım 2016'da Türkiye'ye getirtti.

Dugin, AKP grup toplantısında baş köşede ağırlandı. Binali Yıldırım ile hatıra fotoğrafları çektirdi.

Meclis Darbe Komisyonu'na bilgi vermek üzere geldiği söyleniyordu, ama palavra çıktı.

"Dugin darbeyi haber verdi, Rusya darbeyi biliyordu ve Türkiye'ye iletti" iddiaları da palavra!

Meclis Darbe Araştırma Komisyonu, ifadesine başvurmanın doğru olup olmayacağına karar vermek için Dışişleri'nden bilgi istedi.

Gelen yanıtla şaşırdı! Dugin Türkiye'de pompalandığı gibi Putin'in danışmanı değildi! Hiçbir resmi sıfatı yoktu!

Sadece, kalkışmanın 1 gün öncesi Ankara'daydı.

Meclisin hemen yakınındaki Rixos Otel'de, aralarında AKP'li vekillerin de bulunduğu bir dinleyici kitlesine hitap etti.

İddia edilenin tersine, bırakın ertesi gün darbe olacağını, darbeden hiç bahsetmedi!

ABD-Türkiye ilişkilerinin iyi gitmediğini, Türkiye ile Rusya'nın menfaatlerinin örtüştüğünü anlattı.

Dugin'in şanssızlığına(!) bakın, Meclis Darbe Komisyonunun AKP'li Başkanı Reşat Petek, malum toplantıdaydı. Sorana söylüyor:

"Dugin darbeyi-marbeyi haber vermedi, lafı bile geçmedi."

Peki kimdi bu Dugin?

Dugin, kendisi gibi ABD ve AB'ye karşı "Avrasyacı" düşünceleri olan Vatan Partisi Genel Başkanı Perinçek'in kankasıydı.

Ergenekon davası sürerken de, yargılanan "ulusalcılara" destek vermişti.

Defalarca Türkiye'ye gelip, Perinçek'le basın toplantılarında boy göstermişti.

AKP, Perinçek'in adamına sığınmıştı!

DARBEDE RUS PARMAĞI OLABİLİR Mİ?

CIA ajanları değil de, Dugin gibi isimler darbeyi kışkırtmak için Türkiye'ye gelmiş olabilir mi?

Cemaat, MİT, Genelkurmay hatta CIA bile aslında "Rusların oyunu"na gelmiş olamaz mı?

Türkiye'nin uçağını düşürmesi sonrası arasının açıldığı Rusya, eli kolu bağlı mı duracaktı?

Erdoğan'ın Putin'den özür dileyip, Rusya'ya tekrar yaklaşmasından kaygılanan ABD'nin nasıl eli ayağı durmayacaksa, Rusya da "Türkiye'yi ABD'den koparacak" önlemler düşünmüş olmalı.

Putin eski KGB şefi, tam bu işlerin adamı!

"CIA görüntüsüyle" cemaati kışkırtan da, Rusya olabilirdi! MİT'e ihbar edip başarısız olmasını sağlayan da!

Sovyetler dağılınca KGB'nin yerini alan FSB'nin,

KGB'den aşağı kalır tarafı yok.

ABD, soğuk savaşın sona ermesinden yıllar sonra, ilk kez Aralık 2016'da, 35 Rus diplomatı, boşuna mı sınır dışı etme kararı aldı!

Soğuk savaş dönemi entrikaları 2000'li yıllarda, geri geldi! "ABD-Rusya sıcak savaşı", Türkiye ve Suriye gibi ülkeler üzerinden yaşanıyor!

Kalkışmanın "olağan şüpheli" Gülen'i barındıran ABD'ye mal edilmesi, Türkiye'yi Rusya'ya yakınlaştıracaktı!

Darbe girişimi en çok Rusya'ya yaradı!

Ankara'da Aralık 2016'da Rus Büyükelçinin suikaste kurban gitmesindeki "dinci parmak"la, 15 Temmuz'daki "dinci parmak" aynı değil mi!

Suikast de, kalkışma gibi Rusya'ya yaramadı mı!

Genel kuraldır, "faili meçhul işlerin kime yaradığına bakmak lazım"…

DARBENİN AVRUPA AYAĞI VAR MI?

Kalkışmada, ABD parmağı varsa, AB'nin parmağının eksik kalmayacağı çok net!

Der Spiegel'in kalkışmadan sonraki Türkiye kapaklı sayısı, Avrupa medyasının AKP'ye bakışının negatif olmaya devam edeceğini gösteriyordu.

Derginin kapağında "Diktatör Erdoğan ve Zavallı Batı" üst başlığı dikkat çekerken, ana başlık olarak "Bir Varmış Bir Yokmuş, Bir Zamanlar Bir Demokrasi Varmış" ifadesi vardı.

AB'nin lokomotif ülkeleri Almanya ve Fransa, Erdoğan'a ve siyasal İslamcılığa tepkiliydi. Kaygıları daha çok Erdoğan'ın kalkışmayı "kendi sivil darbesi" için kullanacağına ilişkindi.

Darbe başarılsa, ABD gibi AB'nin "bir an önce demokratik rejime dönülmesi..." denilerek, yarım ağızla aslında darbeye destek vereceğini görürdük!

Zaten kalkışmanın üzerinden aylar geçmesine rağmen, tek AB üyesi ülkenin devlet başkanının bile Türkiye'ye gelmemiş olması her şeyi anlatıyordu.

ALMAN GİZLİ SERVİSLERİ İŞİN İÇİNDE Mİ?

Merkel'in ve Alman kamuoyunun Erdoğan'dan nefret ettiği aşikardı.

Alman televizyonlarındaki şov programlarında Erdoğan'la dalga geçiliyor, Alman medyasında Erdoğan "diktatörlük"le suçlanıyordu.

Almanya, Erdoğan'ın sert tepki gösterdiği bir deklarasyonla, Türkiye'deki tüm siyasi muhaliflere iltica hakkı tanıyacağını açıkladı.

Almanya demek AB demekti ve kalkışma sonrasında, "Erdoğan'ın daha da diktatörleşebileceği" uyarısını yapıyordu.

Almanya'nın "İslamcı Erdoğan'ın gitmesini" en çok isteyenlerden olması, CIA'in kardeş kuruluşları Federal İstihbarat Servisi *Bundesnachrichtendienst ile Askeri Karşı İstihbarat Servisi Militärischer Abschirmdienst*'i de "olağan şüpheli" yapıyor.

Almanya'nın Federal İstihbarat Servisi'nin Türkiye'yi

2009'da "aydınlatılması gereken ülke" ilan edip, "dinlemeye aldığı"nı Der Spigel Dergisi açıklamıştı.

Cemaatle temasta olduğu bilinen Alman gizli servislerinin, Türkiye'deki "dinlemelerde" cemaatle de işbirliği yaparak, CIA'ye bölgesel destek sağlaması oldukça muhtemeldi.

İTALYA İLE BİLAL RESTLEŞMESİ

Kalkışma, AKP'lilerin "hesabını veremedikleri" ve konuşulmasından hoşlanmadıkları konularda cesaretlenmelerine yol açtı.

"Cemaat işi" olsa da içeriği tamamen doğru olan 17-25 Aralık yolsuzluk operasyonları da, artık "darbeci cemaatçilerin bir önceki darbe girişimi"ydi(!)

Zarrab'dan aldığı paralar tapelere yansıyan Egemen Bağış ortaya çıkıyor, "Gördünüz mü, bizi de bunlar, yalanlarla yok etmeye çalıştı" diyordu.

Babasıyla "sıfırlama" tapeleri medyaya yansıyan Bilal Erdoğan, İtalya'ya master yapmak için yerleşmeye çalışmış, ama İtalyan medyasında hakkında çıkan haberler yüzünden İtalya macerasını yarıda kesmişti.

Kalkışma sonrası İtalyan RaiNews24'e konuşan Erdoğan, fırsatı kaçırmayarak, "İtalya benim oğlumu tutuklamaya uğraşacağına, kendi mafyasıyla uğraşsın" deyiverdi.

İtalya Başbakanı Matteo Renzi, twitter sayfasından, Erdoğan'ın sözlerine, "Bu ülkede yargıçlar, İtalyan yasaları-Anayasası'na göre hareket eder, Türk Cumhurbaşkanına göre değil. Bu hukukun üstünlüğüdür" diyerek, tepki gösterdi.

Bilal'in "tutuklanma korkusu yüzünden İtalya'dan geri geldiği" haberi doğrulanmış oluyordu.

Erdoğan İtalya'ya saldırıyordu ama, Bilal Erdoğan isminin itibarsızlaştığının farkındaydı.

Nitekim Bilal Erdoğan Kadıköy'deki "Clean Sheet" isimli "itibar" şirketiyle, hakkında internette yer alan haberleri sildirmek için anlaştı.

Sümeyye Erdoğan da aynı şirketle anlaşmıştı!

YENİ DARBE GİRİŞİMİ ÖNCE "EKONOMİ" ÜZERİNDEN Mİ?

Tarih ileride, 2016 yılını şöyle yazabilir:

"ABD ve AB, 15 Temmuz darbe girişiminden sonra da, Erdoğan'ı yaşatmamaya kararlıydı. Önce ekonomik darbe girişimi, olmazsa da emir-komuta zinciri içinde Amerikancı bir NATO darbesi konuşulmaya başlanmıştı."

Lüksemburg Dışişleri Bakanı Jean Asselborn, demokrasiyi iyice askıya alan Türkiye'ye AB'den ekonomik yaptırımların gelebileceğini söyledi.

AB, böyle kararları hemen almazdı ama ağır ağır Türkiye'ye saldırılacağı kesindi.

Erdoğan ve Binali Yıldırım'ın açıklamalarında "yaklaşan ekonomik kriz" gizliydi.

Batı kaynaklı, "ekonomik darbe girişimi"nin farkındaydılar. Yurt dışına para kaçışını, bankadan para çekilip, yastık altı yapılmasını istemiyor, "örtülü" olarak herkesi tehdit ediyorlardı.

Sıkıntıyı açığa vuran ilk haber, yandaş Sabah

Gazetesi'nin ismini vermeden, Ülker'i parasını ve yatırımlarını yurt dışına kaçırmakla suçlaması oldu.

Rivayet oydu ki, bu yüzden "cemaat finansörlüğünden" Ülker'e de operasyon gelecekti.

Operasyon palavraydı ama, Türkiye içerde kıvranırken, AKP Türkiye'sini güvenilir bulmayan Ülker'in, yurt dışına yönelmesinin Erdoğan'da kızgınlığa yolaçtığı doğruydu.

Ekonomideki cadı avı, İslamcıların kendi evlatlarına yönelmişti.

Ülker'in önemli özelliği, sıradan bir siyasetçi olduğu yıllarda, Erdoğan'ın geçimini Ülker'in Anadolu yakası dağıtımcılığından kazanmasıydı.

"Siyaset üstü kalmaya özen gösteren Ülker"in pek bilinmeyen başka bir "asıl suçu" vardı:

Erdoğan başbakan olunca, "etik değil" diyerek Ülker dağıtımcılığına son vermesi!

AB'YE ELVEDA MI?

Kasım 2016'da, Avrupa Birliği'ne üye 28 ülkenin dışişleri bakanlarının **Türkiye** ile müzakerelerin durdurulması başlığını konuşmak için buluştuğu, yepyeni bir süreç başladı.

Toplantı öncesi yayımlanan İlerleme Raporu, 2000'li yıllardaki, Türkiye aleyhindeki en sert rapordu.

Darbe girişiminden sonra yargı bağımsızlığı, ifade özgürlüğü ve diğer temel demokratik standartlarda geriye gidişin iyice arttığı ifade ediliyordu.

Erdoğan'ın rapora gösterdiği sert tepkiye, AP Türkiye

Raportörü Kati Piri'nin verdiği yanıt da sertti: Vereceğimiz tek yanıt ilişkileri dondurmak!

24 Kasım 2016'da Avrupa Parlamentosu, Türkiye'nin AB ile müzakerelerinin geçici olarak askıya alınması kararını aldı.

Erdoğan ve Yıldırım'a göre, "AP kararının hiçbir önemi yoktu, ilişkiler zaten kerhen yürüyordu."

ERDOĞAN OLDUKÇA, AB YOK!

Kalkışma sonrası Batı düşmanlığı zirve yaparken, Türkiye'yi içine kabullenmekte zorlanan AB'nin de "yeni bahanesi" Erdoğan'dı.

Ağustos sonunda Alman Bild gazetesine konuşan Avrupa Birliği Komiseri Günther Oettinger Türkiye'nin AB üyeliğinin "Cumhurbaşkanı Erdoğan sonrasının konusu" olduğunu söylüyordu.

"Batılılaşmayı" hedef alarak kurulan Türkiye Cumhuriyeti, yaklaşık yüzyıl sonra, bambaşka bir yere gelmişti.

NEO-CON'DAN YENİ DARBE İDDİASI

Ergenekon-Balyoz süreçleri öncesinde, komutanlar arasında "darbe tartışması" olmuş ama "Batı'dan tepki görürüz" gerekçesiyle vazgeçilmişti.

15 Temmuz 2016 öncesine gelindiğinde, dünyada hava değişmiş, AKP'nin darbeyle indirilmesinin "görmemezlikten gelineceği" belli olmuştu.

Batı, "AKP ve Erdoğan'dan kurtulduk" diye göbek atacak haldeydi.

Darbe emir-komuta zinciri içinde olsa, büyük olasılıkla

başarılı olacak ve Erdoğan'dan kurtulmak isteyen dünyada geniş destek bulacaktı!

Ortaya çıkan bu hava, emir-komuta zinciri içindeki yeni bir darbe girişimini heveslendirebilir.

Hele de kutuplaşma sürer, terör doruğa çıkar ve Suriye macerası kaos doğurup, ekonomik sarsıntılarla iç kargaşalar da yaşanırsa!

Amerikalı Neo-con yazar Michael Rubin, Amerikan Enterprise Institute'ün web sayfası AEI.org'da yayınladığı 12 Ekim 2016 tarihli yazısında, "Erdoğan'ın hayatını kaybetmesine sebep olabilecek şiddette üçüncü bir darbenin yaklaşmakta olduğu" iddiasında bulundu:

"Benim kendi okumam, bazı Kemalist subayların da cemaatçilere katıldığı yönünde. MİT ve AKP içinde bulunan herkesin ellerinin temiz olmadığını düşünmek için de elde yeterli bilgi var.

15 Temmuz'da kalkışılan darbeye nazaran, Erdoğan'ın sivil darbesi Türkiye'nin dokusuna ve demokrasisine daha fazla zarar verebilecek niteliktedir. Erdoğan'ın entelektüel terbiyesi ve Makyavelist politik görünüşü bu noktayı işaret ediyor.

Üçüncü bir darbe girişiminin yolda olduğuna dair şimdiden bazı fısıldaşmalar yapılmaya başlandı bile.

Erdoğan kendisinin bir sultan olduğuna inanabilir, gerçekte ise, kendisi aslında sadece yürüyen ölü bir adam olabilir."

Rubin adeta felaket tellalıydı ve Erdoğan'ın tepkisi gecikmedi:

"Şimdi 3. darbe gelecekmiş. Bir tane ukala kendini bilmez, köşesinden bir şeyler yazıyor."

ARTIK ABD'Lİ TÜM AİLELER YURTDIŞINA ÇIKARILDI

Washington Post gazetesi, 15 Temmuz'dan 6 ay sonra, Türkiye'yi 2017'de darbe riski yüksek ülkeler arasında 5'inci sıraya yerleştirdi.

ABD'nin 2017'den itibaren Türkiye'de yine "bir şeyler olmasını beklediği" aşikardı.

Öyle ki, Ekim 2016 sonunda Amerikan elçiliklerinde çalışanların hepsinin aileleri, gelen talimatla uzun süre geri gelmemek üzere ABD'ye gönderildi.

15 Temmuz darbe girişiminden önce ise "sadece" tüm askeri personelin aileleri ABD'ye gönderilmişti!

Demek ki, ya iç kargaşa, ya da yeni darbe girişimi bekleniyor!

"Yeni bir şeylerin pişirilmeye" başlandığını görmemiz gerekiyordu.

Yeni tezgahlardan ürken Türkiye, ABD'nin tüm diplomatik aileleri gönderme kararına çok bozuldu.

Türk Dışişleri de, "intikam olarak" Trump'ın başkan seçilmesi sonrası ABD'de protestoların artmasını gerekçe göstererek(!) Türkiye vatandaşlarına ABD'ye seyahat uyarısı yaptı!

"EYVAH TRUMP" MI?

ABD, Kkasım 2016 başkanlık seçimlerinde şok yaşadı. Donald Trump kamuoyu yoklamalarının tersine başkan seçilmişti.

Gelişi, epeyce Erdoğan'ın gelişine benziyordu.

Cehaleti, kabadayılığı, deli cesareti, ağzına geleni

söyleyebilmesi, bilmeden konuşması, elitler tarafından hiç sevilmemesi, "göbeğini kaşıyanlar" tarafından seçilmesi, o kadar çok benzerlik vardı ki...

ORC'nin anketine göre, Türkiye'de halkın yüzde 65'i Trump'ın başkanlığını destekliyordu. "Göbeğini kaşıyan" ve cahil olan ne varsa bayılıyorlardı!

Oysa, Trump, ırkçı ve İslam karşıtı söylemlerinden ötürü, Erdoğan'ın defalarca eleştirdiği bir isimdi.

"İslam karşıtı söylemleri olan" Trump'ı telefonla arayıp tebrik eden ilk devlet adamlarından biri Erdoğan oldu. İlk yurt dışı ziyaretini Türkiye'ye yapmasını rica etti.

Trump'ın Gülen'i ABD'de tutmayacağı ve AKP Türkiye'si ile iyi ilişkiler kurabileceği hayali vardı.

Trump Suriye ve Irak'ta IŞİD'e karşı savaşan Kürtleri çok sevdiğini ve Türkiye ile Kürtlerin arasını düzelteceğini de söylemişti.

Kürtlerin PYD'sinin aslında PKK olduğundan bile habersizdi!

Trump ve Erdoğan huyları benzediğinden bir anda dost da olabilirlerdi, çok sert düşman da!

Hillary Clinton kazansa ne yapacağı belliydi, ağır ağır Erdoğan'ın ipi çekilmeye devam edilecekti.

İslamdan hoşlanmayan Trump artık İslamcı Erdoğan için hiç olmazsa bir "umut"tu!

TRUMP UMUT, AMA YA EKİBİ!

Trump'ın beyin takımı "tehlike" sinyalleri veriyordu.

Neredeyse hepsi katı muhafazakar, milliyetçi ve anti-İslamcı'ydı.

Tek örnek vermek gerekirse, Trump'ın CIA Başkanı Mike Pompeo, darbenin başarısız olduğunun anlaşılmasından sonra Türkiye'yi öven İran Dışişleri Bakanı Cevad Zarif'e şu tweet'i atmıştı:

"İran da Türkiye Cumhurbaşkanı Erdoğan'ın hükümeti kadar demokratik... Her ikisi de İslamcı totaliter bir diktatörlük."

Yani, ya devirecekler, ya devirecek

ONUNCU BÖLÜM
DARBENİN SİYASİ AYAĞI

OHAL DÖNEMİYLE GÖRÜLMEMİŞ TUTUKLAMA, GÖZALTI VE TASFİYE

AKP, 22 Temmuz 2016'da OHAL ilan edip, ülkeyi OHAL kararnameleriyle yönetmeye başladı.

"Askeri darbe" atlatılmış," sivil darbe"ye geçilmişti!

2016 sonuna kadar çıkarılan 12 KHK ile 122 bin kişi hakkında FETÖ'cü ya da PKK'lı oldukları gerekçesiyle idari işlem yapıldı.

İlk 6 ayda, 103 bin kişi "şüpheli" ilan edildi, 10 bin 165 soruşturmada 44 bin kişi tutuklandı, 49 bin kişi gözaltına alınıp serbest bırakıldı.

85 bin 771 kişinin kamudaki görevine son verildi. 70 binden fazla mağduriyet başvurusu yapıldı.

Kaçağa çıkan yaklaşık 5 bin kişi hakkında yakalama kararı çıkarıldı.

Ocak 2016 itibarıyla, FETÖ'den suçlanarak tutuklanan ya da işini kaybeden 22 kişi intihar etmiş, çok sayıda kişi de intihar girişiminde bulunmuştu.

Anayasa Mahkemesi Başkanı Zühtü Arslan'ın bile, "Adalet herkese her konuda eşit davranılmasını gerektirmez!" açıklaması yapabildiği hukuksuz günler başlamıştı!

MEDYAYA YASAK, SANSÜR VE TUTUKLAMA

New York Times'ın, başına bir şey gelmemesi için Türkiye muhabirinin ismini gizleme ve haberlerini "imzasız yayınlama" kararı aldığını düşünün!

İşte "O-HALDE"ydi Türkiye!

179 medya kuruluşu kapatıldı, 2 bin 500'e yakın gazeteci ve medya çalışanı işsiz kaldı.

Yüzlerce medya kuruluşu kapatılırken, aralarında sadece cemaat medyası değil, İMC TV gibi HDP çizgisindeki TV'ler de vardı, Caferilerin ve Alevilerin radyo ve televizyonları da!

OHAL yasağına 3 kez uymayan TV'nin lisansının iptal edileceği bir süreç başlamıştı.

Kapatılan gazeteler arasında, Baykal'a kaset kumpasının görüntülerini Habervaktim.com sitesinden yayınlayıp, o dönem çalıştığı Akit Gazetesi'nde haberini yaptıran cemaatçi gazeteci Yener Dönmez'in kurduğu Vahdet Gazetesi de vardı. Dönmez artık kaset kumpasından tutukluydu; oysa yıllarca ismi bilindiği halde korunmuştu.

Gazetecileri Koruma Komitesi (CPJ) 13 Aralık 2016 günü yayınladığı duyuruyla, "Türkiye'de hapisteki gazeteci sayısının, 1990 yılından bu yana en yüksek sayıya ulaştığını" açıkladı.

Cumhuriyet Gazetesi'ne düzenlenen operasyonda 10 yönetici, yazar ve çizeri tutuklanırken, 2016 sonu itibarıyla toplam 149 gazeteci tutukluydu.

Tutuklu gazeteciler arasında kuşkusuz PKK başta terörle ilişkili ve gazeteciliği tartışmalı olanlar vardı ama, AKP'ye göre, Cumhuriyet Gazetesi yazarları dahil herkes teröristi(!)

Aralık 2016'da, çoğu cemaat gazetelerinde çalışmış hapisteki 54 gazetecinin, hayatları boyunca edindikleri tüm malvarlıklarına da el konuldu.

Firarilerin de vatandaşlıktan çıkarılması ve mal

varlıklarına el koymayı öngören kararnameler çıkarıldı.

Ergenekon sürecinde Gülen'cilerin kumpasıyla hapise atılan gazeteci Ahmet Şık bu kez de, FETÖ'ye hizmet ettiği gerekçesiyle hapise atılmıştı.

Gerisini siz hesaplayın!

YÜZLERCE GAZETECİNİN BASIN KARTI İPTAL

Çoğu cemaat ve Kürt medyasından ama bir çoğu da sadece muhalif yüzlerce gazetecinin pasaportları ve sarı basın kartları iptal edildi.

TBMM'ye girişi yasaklanan gazeteci sayısı 200'den, iptal edilen sarı basın kartı sayısı 600'den fazlaydı.

2017 yılına, AKP'yi yazılarıyla kızdıran Economist Dergisi'nin muhabiri Amberin Zaman'ın sarı basın kartının "milli güvenlik gerekçesiyle'' iptal edilmesiyle girecektik.

DİYANET'E KALKIŞMA VE OHAL SONRASI TERÖRDE BÜYÜK TIRMANIŞ

OHAL ilan edildikten 2017 yılbaşına kadar geçen sürede, 13 terör saldırısında aralarında yabancıların, bir büyükelçinin, polis, asker ve sivil yurttaşların da olduğu 204 kişi yaşamını yitirdi, 767 kişi yaralandı.

Türkiye o kadar kötü bir 2016 geçirmişti ki, son günü de kötü noktaladı.

31 Aralık 2016'yı 1 Ocak 2017'ye bağlayan gece, IŞİD'çi terrorist, Boğaz'daki Gece kulübü Reina'yı taradı. 29'u yabancı uyruklu 39 kişi öldü.

"Dini motifli" Reina saldırısı "yaşam tarzına yönelik ilk büyük terör saldırısı" olarak da algılandı.

Diyanet İşleri Başkanlığı, yılbaşı gecesinin hemen arefesindeki cuma hutbesinde, yılbaşı eğlencelerini "gayrimeşru davranış" olarak ilan etmişti.

Türkiye, artık yılbaşı kutlayamaz hale getirilmek isteniyordu!

KÜRT SİYASETÇİLERE VE SOLCULARA BÜYÜK GÖZALTI

Ocak 2017 itibarıyla kapatılan toplam 1600 dernekten 175'i geri açıldı. Çoğu cemaate aitti, ama solcu dernekler de, fırsat bu fırsat kapatılıyordu.

2017 başı itibarıyla, HDP'nin 27 milletvekili gözaltına alındı, eş genel başkanları dahil 12 milletvekili ve bin 478 HDP üyesi tutuklandı.

Belediyeler ve üniversitelerin KHK'lerin verdiği güçle belirlenen yöneticiler tarafından idare edilmesinin önü açıldı.

Bu kapsamda 50 belediyeye kayyum atandı. "Eşbaşkanlık" ünvanını kullananların 2 yıl hapis istemiyle yargılanmalarının önü açıldı. 2016 sonunda tutuklu eşbaşkan sayısı 71'di.

TSK, POLİS VE YARGIDA BÜYÜK TEMİZLİK

Kalkışmadan sonraki 6 ayda, FETÖ soruşturmalarında 78'i darbe girişimine ilişkin 1235 dava açıldı.

Ocak 2017 itibarıyla, TSK'nin muvazzaf personelinden 4 bin 594 subay tutuklandı. 5 bin 674 kişi FETÖ ile irtibatlı oldukları gerekçesiyle ihraç edildi. 733 personel geçici süreyle görevden uzaklaştırıldı.

Ocak 2017'de 3'ü general, 333 subay firardaydı.

16 bin 423 askeri öğrencinin de TSK ile ilişiği kesildi. 2 bin 855 personel hakkında ise 2016 sonu itibarıyla hala soruşturmalar devam ediyordu.

Harp Okulları Milli Savunma Üniversitesi'ne, GATA Sağlık Bakanlığı'na bağlandı.

Kuvvet komutanlıkları da Milli Savunma Bakanı'na bağlandı. Genelkurmay Başkanı aradan çıkarılmıştı.

Jandarma tamamen sivilleşti, "TC Jandarması" adını aldı. Sahil Güvenlik de İçişlerine bağlandı.

Başbakan Yardımcıları, Adalet Bakanı, Dışişleri Bakanı, İçişleri Bakanı YAŞ üyesi oldu. Böylece YAŞ'ta sivil çoğunluk sağlandı. Milli Savunma'nın sivil müsteşarına "orgeneral" rütbesi verildi.

İÇİŞLERİ'NDE OPERASYON: "GEZİ"NİN VALİSİ BİLE TUTUKLANDI

Emniyet Genel Müdürlüğü'nde yürütülen soruşturmalar kapsamında toplamda 10 bin 29 polis ihraç edildi. 7 bin 503 polis tutuklandı.

Gezi direnişi sırasında İstanbul Valisi olan Hüseyin Mutlu'da FETÖ'den tutuklananlar arasındaydı.

Mutlu'ya Gezi direnişi süresince "gençleri şiddete başvurmadan eylemden vazgeçirmek için attığı tweetle" soruldu.

Öyle ya, Gezi de AKP'ye göre "darbe girişimi"ydi, İstanbul Valisi cemaatçiyse "Gezi darbesi(!)"ne destek vermiş olmalıydı!

YARGIDA OPERASYON: ŞAİBELİ GENEL SEÇİMLERİN ADETA İSPATI

2 bin 263 hâkim ve savcı ile 142 Danıştay ve Yargıtay üyesi tutuklandı. 3 bin 696 hakim ve savcı açığa alındı; 173'ü yüksek yargıdan olmak üzere 3 bin 659'ü hakkında ihraç kararı verildi.

İhraç edilen hakim ve savcı sayısı, yargı bürokrasisinin yaklaşık 5'te 1'ine denk geliyordu.

Her seçimde YSK ve seçim şaibeleri çok konuşulur.

11 yüksek mahkeme üyesinden oluşan YSK'nın 3 üyesi tutuklandı. İl seçim kurulu başkanlarından 11'i, il seçim kurulu üyesi 59 kişi, ilçe seçim kurulu başkanı 210 hakim de görevden uzaklaştırılan ve tutuklananlar arasındaydı.

Muhalefetin henüz hilelere uyanmadığı seçimlerde, cemaat AKP lehine kimbilir ne hileler yapmıştı!

KAMUDA EN FAZLA İHRAÇ MİLLİ EĞİTİM'DE

2016 sonu itibarıyla, Milli Eğitim'de toplamda 30 bin 402 öğretmen ihraç edildi. 13 bin 480 öğretmen PKK ile ilişkisi gerekçesiyle açığa alındı. "Suçsuz" çıkan 10 bin 300 öğretmen görevine iade edildi.

FETÖ ile irtibatlı 1060'ı özel okul, 345'i özel öğretim kurumu ve 844'i özel öğrenci yurdu olmak üzere, toplam 2 bin 249 özel kurum kapatıldı.

KHK'lerle kapatılan 15 üniversiteki 64 bin 533 öğrenciden, başka üniversitelere kaydırıldı.

Sağlık ve yardımcı sağlık hizmetlerinde çalışan 4 bin 792 hekim ihraç edildi.

Diyanet İşleri Başkanlığı'ndan, FETÖ'cü din adamı oldukları gerekçesiyle 1826 personel ihraç edildi.

İhraçların dağılımında, ilk sıradaki Milli Eğitim'i, İçişleri ve Sağlık Bakanlıkları takip ediyordu.

19 Aralık 2016'da Rusya'nın Ankara Büyükelçisinin öldürülmesi olayında gördüğümüz üzere, AKP döneminde "dinci suikastçi polis" bile kadrolanmıştı!

CEMAATIN ALENİ ADRESİ AKP!

Cemaat, AKP'nin ta kendisiydi.

AKP kendi büyüttü; cemaatten milletvekilleri, il başkanları, belediye başkanlarını bilerek içine aldı.

15 Temmuz'dan sonra, bunlardan "aşırı ve bariz" olanların üzerine gitti.

Kalkışma öncesinde, 17-25 Aralık yolsuzluk operasyonları sırasında partisinden istifa ederek rengini belli eden eski AKP İzmir milletvekili İlhan İşbilen tutuklanmıştı.

Kalkışma sonrası, eski AKP Trabzon milletvekili Prof. Aydın Bıyıklıoğlu ve eski AKP Burdur milletvekili Hasan Hami Yıldırım tutuklandılar.

Kayseri'deki operasyonda, AKP eski milletvekili Ahmet Öksüzkaya ve AKP eski İl Başkanı Ömer'in evleri basıldı. 2014'te AKP'den istifa eden Öksüzkaya yurt dışına kaçmıştı. Dengiz ise tutuklanarak cezaevine gönderildi.

AKP'li 7 belediye başkanı FETÖ'den haklarında işlem yapılarak AKP'den ihraç edildi.

Örnekleri çoğaltmak mümkündü.

Cemaatçi eski AKP'li vekiller tutuklanırken, parlamentoda olanların üzerine gidilmedi.

Çünkü, yasama dönemi sonuna kadar ihtiyaç vardı!

Suat Kılıç, Sadullah Ergin, Hüseyin Kılıç, Abdülkadir Aksu, Cemil Çiçek, Bülent Arınç gibi bakanlık yapmış olanların da üzerine gidilmedi.

Çünkü Erdoğan'la "özel sırları'' çok fazlaydı.

Darbe girişiminin siyasi ayağı AKP'nin içindeydi!

CADI AVI'NDA BÜLENT ARINÇ BAŞ HEDEF

Bülent Arınç asla cemaatçi değildi ama AKP içinde Gülen'le teması sağlayan isimdi.

Kalkışmaya kadar, cemaata yönelik operasyonların aşırılıklarına karşı çıktı. AKP'lilerin hedefi oldu.

Kalkışma sonrası "cemaati anlayamayarak ahmaklık etmişim" diye günah çıkarttı.

Arınç'ın ailesinde bolca cemaatçi vardı. Örneğin, ağabeyi Prof. Dr. Ümit Doğay Arınç'ın oğlu İbrahim Said Arınç ve damadı Ekrem Yeter memuriyetten ihraç edildiler.

Kızı gibi rahmetli oğlu da sıkı cematçıydı!

Erdoğan'a mektup yazıp, övgüler yağdırarak, ailesiyle uğrayabileceği bir operasyona gard aldı.

İŞTE DARBECİ(!) AKP'LİLER

Birilerini "darbeci'' olarak suçlamak öyle kolay ki! Oysa bu ülkede herkes kendi darbecisini sever!

Mesela darbecilere saydıran Melih Gökçek, Cemil Çiçek ve Hüseyin Gülerce aslında "darbeci"ydi.

12 Mart 1971 askeri müdahalesi öncesinde aralarında Cemil Çiçek, Melih Gökçek ve şimdiki "itirafçı" cemaatçilerden Hüseyin Gülerce'nin de olduğu bir grup, "Yeniden Milli Mücadele" adlı dergide açıktan orduya darbe çağrısı yapıyordu.

12 Mart darbesinden günler önce 16 Şubat 1971'de, dönemin Genelkurmay Başkanı Memduh Tağmaç'ın fotoğrafının yer aldığı "Komünistlere karşı ordu-millet el ele" başlıklı dergi kapağı arşivlerde duruyor.

TEK BİR ÖRNEK: NURETTİN CANİKLİ!

Giresun'da yaşanmış ve medyaya hiç yansımamış bir vaka, aslında her şeyi anlatıyor.

Giresun'da düzenlenen cemaat operasyonunda tanınmış işadamı K.F. gözaltına alınır.

Savcı işadamına sorar:

"Pensilvanya'ya gidip, Gülen'i ziyaret etmişsin. Niye gittin?"

İşadamının cevabı karşısında savcı dumura uğrar:

"Bana niye gittiğimi soracağınıza kiminle gittiğimi sorun! AKP'li (Başbakan Yardımcısı) Nurettin Canikli, aldı beni götürdü. Hem de zorla!"

Savcı panikler, işadamı serbest kalır!

"SİYASİ AYAK" GÜL İLE DAVUTOĞLU MU?

11. Cumhurbaşkanı Abdullah Gül, 17-25 Aralık yolsuzluk operasyonları sırasında, üniversiteden ev

arkadaşı gazeteci Fehmi Koru aracılığıyla, Gülen'le barış yolunu aramış, ama başarılı olamamıştı.

Memleketi Kayseri'deki yakın dostu Boydak ailesi de, cemaat operasyonunda içeri alındı. Gül'ün cemaatle yakınlığı sorgulanır hale geldi.

Gül'ün AKP'de önünü açtığı Davutoğlu da, cemaatle yoğun ilişkideydi. İddiaya göre, cemaat darbesi başarılı olsa, Gül ve Davutoğlu, "yıldızı parlayacaklar" arasındaydı.

Gül'e ve Davutoğlu'na dokunamadılar ama, Gül'ün danışmanlığını yapan ve Ahmet Davutoğlu'nun Dışişleri Bakanlığı döneminde özel kalem müdürü olan, eski büyükelçi Gürcan Balık cemaatten tutuklananlar arasındaydı.

Gürcan Balık, 2013'te Davutoğlu ile Gülen'in Pensilvanya'da görüşmesinde kilit rol oynamıştı.

Gürcan Balık, "Cemaatçi değilim" diyordu ama Cemaat okullarında okumuştu ve Bank Asya'ya el konulunca destek hesabı açacak kadar "militan"dı.

Gülen'le kalkışma öncesi "son barışma teması kuranların" Gül ve Davutoğlu olması ne ilginç değil mi?

Gül, Koru'yu Erdoğan'la danışarak Gülen'e göndermişti. Davutoğlu da Meclis Darbe Komisyonu'na verdiği ifade de, Erdoğan'ın bilgi ve onayıyla, Pensilvanya'ya gittiğini söyledi!

Sivil ayak "en başta"ydı!

SON SÖZ
ARTIK NE OLUR?

Türkiye 15 Temmuz'u yaşadığı 2016'yı; doların atağa geçtiği ekonomik kriz sinyalleri ve Aralık ayındaki PKK'nın Beşiktaş stadyumu ve IŞİD'in Reina'ya yönelik iki büyük terör eylemiyle noktaladı.

2017 ve sonrası için, istikrar açısından iyimser olmak pek mümkün değildi. Suriye batağından çıkması yıllar alacağından, "birileri" hep içerden vurup, karıştırmaya devam edecekti.

Görünen köy kılavuz istemiyor!

Askeri darbe olasılığını aylar öncesinden görmeye başlamıştık. ABD çok net bir şekilde İslamcı Erdoğan'ın ipini çekmek istiyordu.

Suriye'de Esad'a savaş açılması karşılığında, AKP ve PKK'nın eline, siyasi çözüm-açılım "maması" verilmişti.

ABD'nin dediğini yaparlarsa, iki taraf da akıllarınca kara geçecekti(!)

Evdeki hesap çarşıya uymadı. Açılım, AKP'ye oy kaybettirmeye başladı. PKK'ya "Suriye'de devletleşme şansı" doğdu.

Şaşkına dönen AKP, Suriye'de ABD zoruyla desteklediği "mezhep kardeşi" IŞİD'e ABD zoruyla savaş açmak zorunda kaldı.

Keza, kalkışmadan sonra, ABD zoruyla desteklediği PKK'nın PYD'sine de kara harekatıyla savaş açarak

"Suriye'de ABD'ye diklenmeye" başladı.

ABD de, Kürtlere AKP Türkiyesi'nden daha fazla güvenmeye başladı. Geleneksel müttefiği Türkiye'nin, AKP'ce Türkiye-Rusya-İran üçgenine kaydırılmaya çalışılmasından rahatsız oldu.

AKP "aldatıldığını" anlıyor ama itiraf edemiyordu.

Önce "Irak'taki hatanın itirafı" gerekiyordu ki, Suriye'ye de sıra gelsin!

Başbakan Yıldırım Ocak 2017'de Irak'a gidip, AKP'nin yıllardır kavgalı olduğu Bağdat yönetimi ve Barzani yönetimindeki peşmergelerle görüştü.

Türk askeri Başika'dan çekilecek, karşılığında PKK'nın Türkiye ve Suriye'ye daha yakın olacak şekilde Kandil'den Sincar'a taşınması önlenecekti.

Köprülerin altından daha çok sular akar ama; AKP sonunda Bağdat'a ve Irak Kürtlerine teslim olmuştu.

Aynı günlerde, Başbakan Yardımcısı Numan Kurtulmuş da, "Suriye politikasının baştan beri yanlış olduğunu" ilan edip, ABD'nin hoşuna gitmeyecek şekilde "Suriye politikasından ricat"ı başlattı.

Artık çok daha dikkatli olmak gerekiyordu, çünkü

burada bir parantez açmak gerekiyor!

2. Irak savaşında Türk Ordusu ABD'ye ve AKP'ye diklenmiş, "ABD'ye karşı Rusya-İran'la ittifağa girilebileceği" tezi ilk kez Harp Akademileri'nde MGK Genel Sekreteri Tuncer Kılınç tarafından dillendirilmişti.

Ardından AKP'lilerden de gelen fireler ile, meşhur Irak tezkeresi Meclis'te reddedilmişti.

Tezkerenin reddinde fatura askere çıktı. Rusya-İran ittifağını savunan Türk Ordusu, muhtemelen ABD kaynaklı kışkırtmalarla, cemaat tarafından AKP ile el ele Ergenekon-Balyoz kumpaslarıyla vurulmuştu.

Tarih tekerrürden ibarettir!

Artık aktörlerin rolü değişti. Ergenekon-Balyoz'da askere yapılan, AKP'ye yapılacaktı!

İçeriği yüzde 99 doğru olsa da, 17-25 Aralık yolsuzluk operasyonları cemaat işiydi ve AKP'yi devirmeye yetmemişti.

Cemaatin TSK'dan temizlenmek istenmesi ile ABD'nin askeri müdahaleye sıcak bakacak hale gelmesinin "kesişmesiyle" 15 Temmuz yaşandı.

AKP, ya ABD'ye ve 15 Temmuz'dan itibaren özüne dönmeye başlayan TSK'ya teslim olacaktı; ya da 15 Temmuz'un devamı "bir başka şekilde" gelecekti.

Nasıl, 15 Temmuz öncesi Batı'daki "Erdoğan'dan kurtulma havası" çok net alınıyordu ise; 15 Temmuz sonrasında da, "olası yeni denemeler" hissedilmeye başlandı.

"3. deneme"nin "ekonomik darbe" yoluyla olacağı sinyalleri, Eylül 2016 sonunda gelmeye başladı.

Standart and Poors'tan sonra Moody's de Türkiye'nin notunu düşürerek "yatırım yapılabilir ülke" olmaktan çıkardı. AKP mesajı aldı ve sert tepki gösterdi.

Şurası gerçek ki, AKP'li ilk yıllarda refah ve sosyal devlet uygulamaları artmıştı. Ama AKP gerekli finansmanı ulusal ekonomik değerleri satarak sağladı. Yurt dışından gelen sıcak parayla ayakta durmaya çalıştı. Cari açık sorununu hep öteledi.

Özellikle ABD güdümündeki Suudi Arabistan ve Katar-Kuveyt gibi ülkelerden akan sıcak para kesilirse olabilecekleri kestirmek çok zor değil!

2017 başında "tek adam sistemi" için halkoylamasına

gidilirken, öncelikli umut "Ekonomi kötü giderse, Erdoğan da gider"di.

Kalkışma öncesi 3 liranın altındaki dolar, kalkışma sonrasındaki ilk 6 ayda 4 liraya yaklaşmıştı.

Erdoğan, herkesi dolarını TL'ye çevirerek, dolarla savaşmaya çağırıyordu.

Gerçekçiliğiyle dikkat çeken nadir AKP'lilerden Maliye Bakanı Mehmet Şimşek ise yalan söyleyemiyordu:

"1. Dünya Savaşı'ndan sonra en zorlu dönemden geçiyoruz!"

Gezi'yle, 17-25 Aralık yolsuzluklarıyla, 7 Haziran ve sonrasında 1 Kasım seçimleriyle, en sonunda da 15 Temmuz askeri darbesiyle devrilemeyen AKP, artık "ekonomik darbe"yle test edilecekti.

Ekonomik darbe girişimi de başarılı olmazsa; yani halk sandıkta Türkiye'nin önünü açmadıkça(!), "Neler olacağını yaşayarak" görecektik!

Ya sivil darbe, ya askeri darbe; "Darbeler mevsimi" başlamıştı!